KB130303

이승만의 나라
김일성의 나라

이승만의 나라
김일성의 나라

초판 1쇄 발행 2020년 2월 15일

지 은 이	박요한
발 행 인	권선복
편 집	권보송
디 자 인	김소영
전 자 책	권보송
발 행 처	도서출판 행복에너지
출판등록	제315-2011-000035호
주 소	(07679) 서울특별시 강서구 화곡로 232
전 화	0505-666-5555
팩 스	0303-0799-1560
홈페이지	www.happybook.or.kr
이 메 일	ksbdata@daum.net

값 25,000원
ISBN 979-11-5602-778-2 (93340)

Copyright ⓒ 박요한, 2020

* 이 책은 저작권법에 따라 보호받는 저작물이므로 무단전재와 무단복제를 금지하며, 이 책의 내용을 전부
  또는 일부를 이용하시려면 반드시 저작권자와 〈도서출판 행복에너지〉의 서면 동의를 받아야 합니다.
* 잘못된 책은 구입하신 곳에서 바꾸어 드립니다.

도서출판 행복에너지는 독자 여러분의 아이디어와 원고 투고를 기다립니다. 책으로 만들기를
원하는 콘텐츠가 있으신 분은 이메일이나 홈페이지를 통해 간단한 기획서와 기획의도, 연락
처 등을 보내주십시오. 행복에너지의 문은 언제나 활짝 열려 있습니다.

이승만의 나라
김일성의 나라

- 미·중 패권 전쟁과 한반도의 운명 -

박요한 지음

도서
출판 행복에너지

이 책은 방일영문화재단의
지원을 받아 저술·출판되었습니다.

감사의 글

졸저 『이승만의 나라 김일성의 나라: 미·중 패권 전쟁과 한반도의 운명』이 세상에 나오기까지 가르침과 도움을 주신 분들을 기록합니다.

1. 석사과정과 석사학위 지도교수이신 고려대학교 조정남 교수님께 감사드립니다.

2. 박사과정과 박사학위 지도교수이신 숭실대학교 이정철 교수님께 감사드립니다.

3. 불교적·무신론적 Chaosmosing 세계관과 김일성 주체사상을 전수해 주신 시인 고규태 님께 감사드립니다.

4. 하나님의 영원한 시간성 속에 잠깐 결합된 현재진행형의 인간존재를 말씀해 주신 이재철 목사님께 감사드립니다.

5. 하나님(= 우주적 진리)은 주어이며 인간은 동사(= 행위자)임을 가르쳐 주신 신철범 목사님께 감사드립니다.

6. 이승만의 역사를 새롭게 조명하여 주시고, 천착·핍진하도록 격려하여 주신 전광훈 목사님께 감사드립니다.

7. 바다 건너 미국 땅에서 나를 기다리는 가족, 김동신(Dongsin Kim), 박지홍(Jihong Pak), 박유빈(Youbin), 박정빈(Joubin)님께 감사드립니다.

서문

나는 한국의 어느 구석진 곳, 어둠 속에 서 있는 지식인이다. 어쩌면, 비주류·흙수저 지식인으로 불릴 수도 있겠다. 흙수저·비주류들은 대부분 먼저 문을 열고 나가는 문열이들이다. 시대가 몰고 오는 화살촉들은 먼저 문열이의 뼈부터 사무치게 때린다. 문열이 지식인에게는 눈물과 고통이 숙명으로 주어진다. 불에 덴 발등, 바늘에 찔린 손가락에게 안식은 없다. 온몸으로 전율되는 통증은 잠들지 못한 영혼을 어둠 속 보초병·장승으로 세운다. 깨어 새벽을 맞는 장승 앞에 동터오는 산등성이 실루엣은 눈물겹다.

그러나 절대자 앞에 서면 어제도 내일도 없다. 다만, 오늘 이 순간 이 자리가 진행되고 있을 뿐이다. 어제는 축적된 오늘이고, 오늘은 오래된 미래이며, 내일은 구현될 오늘이다. 깨어있는 장승에게는 모든 시간은 현재진행형일 따름이다.

모름지기 지식인이란, 시간·시대·역사를 꿰뚫어 빛을 투사해야 한다. 어두운 시대가 던지는 결정적인 물음들을 분간하고 대안을 내놓는 사명을 띤다. 때로는 말·언어가 아니라 먼저 행동으로 양심을 말해 줘야 한다. 침묵(= 생각)은 거대한 우주의 보편언어이다.

목숨을 건 순결하고 숭고한 행동의 발걸음은 말·언어가 필요 없는 진리의 세계로 나아간다. 생각, 말이 행동을, 행동이 운명을 결정한다. 진실하고 거룩한 영혼들에게는 생각과 말과 행동과 운명이 일치된다.

침묵한 채 '행동하는 양심'이 나아가는, 바로 그 자리에 '시대정신'이 서 있다. 시대정신은 인간과 역사와 신의 만남의 총화이다. 시대정신과 결합한 인간은 거룩하다. 이승만은 건국, 박정희는 배고픔으로부터의 해방, 김대중은 민주화와 국난극복이라는 시대정신과 만나, 목숨을 걸고 결합하여 성공했다.

2016년, 필자는 박근혜 정권 퇴진을 외치는 촛불광장을 향하여 언론인으로서 탄핵에 따른 극단적 급변사태의 위험성을 경고했다. "임기 1년을 앞둔 여성대통령의 치마폭을 건들지 말라. 그는 우리들의 또 다른 얼굴이다. 거국내각과 선거를 통한 합법적·질서 있는 퇴임과 권력교체의 프로세스를 실현해야 한다"고 주장했다. 그러나 촛불 주류들은 여성대통령의 시간의 목을 뎅강 잘라 버린 것(= 탄핵)도 모자라 감옥에 처박아 버렸다.

그리고 어느 날 촛불광장에 슬그머니 나타나 숟가락을 얹어 놓았던 한 사람, 문재인은 2017년 그 권좌를 차지했다. 문재인 대통령 취임사 제목은 필자의 눈을 놀라게 했다. "한 번도 경험해 보지 못한 나라를 만들겠다." 그리고 불과 2년, 촛불광장은 태극기 광장으로 돌변했다. 촛불보다 더 놀라운 일은 청와대 앞이 아예 광야교회의 철야·농성장으로 돌변했다는 점이다. 깨어 있다면, 한국의 지식인들은 냉철하게 자문·자답·자증해야 한다.

2년 전 촛불광장은 정의롭고 거룩하며, 숭고한 행동이었는가?

2년 후 지금 태극기 광장은 정의롭고 거룩하며, 숭고한 행동인가?

박근혜와 문재인, 각자에게 주어진 시대정신과 사명은 무엇인가?

지금 시대정신의 눈동자는 무엇·어디·누구를 가리키고 있는가?

이런 질문들은 지난 2년간 축적된 시간과 함께 또 다른 질문으로 연동·확장된다.

왜, 조지. W. 부시는 노무현의 초상화를 그려 들고 10주기 추도식에 나타났을까?

왜, 트럼프는 김정은과의 베트남 하노이 정상회담을 결렬시켰을까?

왜, 김정은은 트럼프에게 시원스럽게 한반도 비핵화 약속을 하지 못하는가?

왜, 문재인은 트럼프, 김정은, 시진핑, 아베 틈새에서 외교력을 발휘하지 못하는가?

왜, 문재인 정부의 국가비전의 핵심, 한반도 신경제지도는 난항에 부딪혔는가?

지식인들의 사명은 시대가 안겨 주는 수많은 물음에 답하고 대안을 공동 모색하는 데 있다. 그러나 한국의 주류 지식인들은 대답해 주지 않았다. 아니, '고뇌'라는 사명을 회피했다. 그들은 잠들고 취해 있다. 전환사적 변화에 둔감하고, 촛불이 만들어 준 한 줌 권력에 도취했다. 그 모습이 미국의 공격을 당한 중국·시진핑·공산당과 한 올 오차 없이 닮은꼴이다. 미국은 최소 2008년부터 10여 년 동안 미중패권전쟁을 치밀하게 준비해 오고 있었다. 그러나 중국 대륙은 잠들고 베이징은 취해 있었다. 시진핑 공산당 일당 체제는 일인 종신체제 권력에 안주했고, 중국경제는 미국시장이 주는 달콤한 이익에 도취하여 있었다.

2019년 6월 베트남 하노이 북·미 정상회담의 결렬은 세계사적으로 유례가 드문 미증유의 사건이다. 외교적 날벼락을 맞는 순간, 김정은은 맨 먼저 후견인 시진핑과 촉매자 문재인을 떠올리고, 내심 탄식했을 법하다.

"시진핑·문재인 당신들의 예상은 모두 빗나갔다. 트럼프는 나, 아니 우리의 패(card)를 모두 읽고 있었다. 낭패다."

고뇌해야 한다. 고뇌는 인간을 존엄하고 고결한 존재로 만든다. 고뇌는 과학의 문을 열고, 인간을 신의 세계로 연결해 줬다. 2018년 12월 트럼프·미국이 중국 화웨이 회장 런정페이의 딸을 캐나다 공항에서 체포, 간첩죄로 구금시켰다. 이때 미중 세계 신냉전은 이미 본격화되고 있었다. 김정은·시진핑·문재인은 그날, 깨어나 구현될 오늘(= 미래)을 고뇌했어야만 한다.

2018년 트럼프 연두교서에 따른 미중패권 전쟁이 확정된 이상, 북한 핵은 대중국 패권전쟁의 종속변수 혹은 예속요인에 불과하다. 트럼프에게 북한·김정은·핵무력은 중국·시진핑·공산당의 핵체제 연합군에 불과하다. 미국·트럼프로서는 공산주의·공산당, 일인 종신집권, 핵체제를 갖춘 시진핑·중국과 김정은·북한의 국가 정체성을 별도로 분리할 이유가 없다. 트럼프는 "만약 김정은이 중국·시진핑의 핵체제 연합·동맹이 아니라면, 미국·트럼프·비핵화의 길을 선택하여 입증해 보라"고 강요하고 있다. 입증의 첫 단계는 PVID, CVID의 선언일 수밖에 없다.

김정은·시진핑·문재인은 트럼프를 잘못 읽었다. 이들은 제 각각 자신들의 국익이라는 돋보기 렌즈 속에 트럼프를 욱여싸 넣는 해석의 오류를 범하고 말았다. 그 결과 트럼프의 실체적 진면목이 아닌, 자신들이 원하는 그림·환상에 빠지고 말았다. 트럼프는 바보·맹인이 아니라 '5G·드론·만리경'이었다.

시대정신과 실사구시는 잠들고 도취한 한국의 지식인들을 일갈하여 깨우고 있다. 2013년 북한 핵무력은 이미 고도화 체제를 완성했다. 고도화 체제란, 절대무력과 정치체제의 결합, 핵무력이 북한의 운명으로 일체화·진화되었음을 뜻한다. 따라서 물어봐야 한다.

과연, 김정은 핵무력의 CVID · PVID(= 한반도비핵화) 결단은 가능한가?

비핵·한국·문재인 정부가 핵보유국 미국과 북한을 중재할 수 있는가?

중국·시진핑의 역사 정체성은 남·북·한반도에게 친구인가, 적인가?

왜, 한국은 미중 패권전쟁에서 먹잇감이자, 최대피해국이 되었는가?

반도국가 한국이 두 고래의 새우가 아니라, 새로운 고래가 되는 길은 없는가?

미중 패권전쟁 전개과정은 한반도·남·북에 어떤 영향을 미치고 있는가?

고뇌하는 인간은 아름답다. 고뇌하는 인간은 자기반성·자기검증·자기정화에 강하다. 국가운명 노선에 관한 모든 오판과 오류는 세계관과 역사철학에서 비롯된다. 인간의 왼쪽 눈동자는 오른편 동공을 보지 못한다. 한쪽만을 바라보면 외눈박이가 될 뿐이다. 이념과 진영 대결논리만을 고집하면, 기껏해야 49%를 볼 뿐이다. '사악하고 더러운 진보', '썩고 도태한 보수'의 민낯들만이 남을 뿐이다.(문재인의 조국과 박근혜의 최순실이 다를 게 무엇이 있겠는가?)

양쪽 눈은 실사구시이다. 실사구시로 바라보면 그 기원과 과정이 잡힌다. 그 기원을 발견하면 모든 역사 과정의 맥락이 포착되고, 당면한 국면(= 현안, 딜레마)들이 손아귀에 잡힌다. 우리 몸이 병중이 심각할 때, 의사는 꼭 가족·부모·형제의 병력·DNA를 묻는다. 현재 환자 몸의 병의 기원을 포착·진단하려는 근원적이고 탁월한 관점·입장·방법론이다.

똑같다. 나라가 총체적 위기라고 생각할 때, 그 기원에 대한 고뇌로 되돌아가야 한다. 우리 대한민국 건국은 3위 일체의 실체(국민, 영토, 주권)를 빼앗긴 상하이 임시정부가 아니다. UN이 실체를 갖춰 감시·승인·참전한 한반도 유일한 합법정부, 1948년 8월 15일 수립된 대한민국 정부이다. '법통'이란 역사적 기원의 또 다른 말이다.

시대정신과 실사구시에 입각하여 들여다보면, 건국의 기원·중심점에 이승만은 홀로 우뚝 서 있다. 평생을 이승만과 함께 걸어왔던 김구는 건국 직전에 제 갈 길을 선택하고 말았다. 건국대통령 이승만이 없으면, 박정희의 산업화혁명도, 김대중의 민주화 혁명과 국난극복도 없다. 이승만이라는 본 뿌리를 잡지 않으면, 한국의 현대사는 박정희와 김대중이라는 "군부독재 대 민주항쟁"을 다투는 양극단의 싸움, 굿판만 남는다. 두 역사적인 영웅은 기형적 대결의 '굿판'의 볼거리 검투사로 전락한다. 우리는 북한을 '극장국가'라고 한다. 그들은 우리를 '굿판국가'라고 비웃고 있다.

이승만 건국의 절반 부강한 대한민국은 박정희의 산업화로, 이승만 건국의 절반 자유민주주의 시장경제는 김대중에 의해 완성되었다. 이승만·박정희·김대중은 각각 다른 시대정신과 사명의 길을 걸어간 세 사람(Actors)이자, 통사 속에서는 한 몸(Only one)이다. 이승만·박정희·김대중은 한국 건국과 현대사의 3위 일체이다.

본 뿌리(= 근본) 이승만에 입각하면, 박정희와 김대중은 우에서 좌의 한 몸으로 연결·연동·통합된다. 그러나 박정희만을 신격화하거나(= 조갑제), 김대중만을 역사화하면(= 김민석) 갈등·대립·충돌만 일어난다. 그 결과 3인방 모두 역사 속에서 실종된다. 이승만 중심의 역사를 복원하지 않으면, 온전한 한국통사는 성립되지 못한다. 한국사는 단절·분절·파편화된다.

그 실상은 김대중 노선을 배반한 노무현 정부 때부터 실제화·현상화된다. 북한은 김일성·제2김일성(= 김정일)·제3김일성(= 김정은)으로 한 몸이다. 김대중의 대북정책은 박정희의 시간(= 김종필·박태준·정주영)을 토대로 하고 있었다. 그러나 노무현 때부터 한국은 한시적인 5년 단임 임기의 정부로 대응해 왔다. 5년이란 핏줄 3대 역사가 엮여진 북한과 비교하면 시간전쟁 면에서 '새 발의 피'다. 백전백패였다. 북한 핵체제 완성이 그 결과다. 노무현 집권 4년차 2006년 10월 9일 제1차 핵실험을 때려 맞았다.

그러나 이승만·박정희·김대중의 융합·통괄역사를 회복하면,

애기는 전혀 달라진다. 시간전쟁 면에서 지속성·다양성·역동성·창조성을 지닌 막강역사로 '비월'한다. 거꾸로 북한이 '새 발의 피'가 된다. 백전백승할 수밖에 없다. 한국의 지식인들은 경각해야 한다. 이승만·박정희·김대중은 하늘과 역사와 민족이 남겨준 고귀하고·살아 있는 현재진행형의 유산(heritage)이다. 한국의 지식인들은 이승만으로 돌아가 박정희·김대중의 손을 틀어쥐고, 질문과 답을 구해야 한다.

김정은이 가장 두려워하는 남쪽의 힘의 근원과 방법론은 무엇인가요?
왜, 김정은은 '개혁개방의 구조적 제한'에 걸려 오도 가도 못 하는가요?
한국의 핵무력개발 구조적 제한과 자주의 역설은 극복이 불가능한가요?
미중 패권전쟁에서 시진핑·중공이 패한다면, 중국은? 북한은? 한국의 미래는요?
한국정부가 트럼프·미국의 압박을 역전시킬 수 있는 회심의 숨겨진 카드는 없는가요?

2020년 현재 국면에서 우리들의 신화·역사, 우리들의 영웅·지도자, 이승만·박정희·김대중 3인방은 모든 질문에 흔쾌히 정답과 대안들을 선물한다. 알고 보면, 이들 3인의 선인들은 대한민국 현대사의 화신(化神)들이다.

2013년 7월 박사학위 논문(지도교수 이정철)에서부터 지금까지 필자는 일관되게 정리·역설해 왔다. "북한 핵무력은 김일성 주체사상의 물리적 구현"이자 북한은 "핵무력 아카데미 국가"이다. 2019년 9월,

볼턴 전 백악관 안보보좌관이 말했다. "북한은 핵 아마존 국가이다." 볼턴은 6년 전 Ph. D. 요한이 규정한 북한 핵무력의 정체성을 확인해 줬다.(땡큐! 볼턴)

2020년 현재, Ph. D. 요한은 트럼프와 볼턴이 숨기고 말하지 못한, 북한 핵무력에 은닉된 비밀을 공개·기록한다. 실사구시와 실용, 시대정신에 입각하여 역사를 바라보면, 트럼프·미국은 북한·김정은, 중국·시진핑보다 '미래 한국'을 더 무서워하고 있다.

① 이승만 사관에 따르면, 북한 핵의 개발·진화·핵체제 구현은 모두 역사적·현실적인 미국의 오판과 책임으로 귀결된다. 미국은 한국에게 보상하고 대안을 내놓고, 미래를 함께 책임져야 한다. 미국이 한국에게 내놓아야 할 대안은 무엇인가?

② 이승만을 계승한 박정희에 따르면, 한국이 북한 핵에 대응하는 차원에서 자주·자생·자위적 핵무력 개발과 진화를 추진할 수밖에 없는 한반도 안보위기 구조가 명백하게 드러났다. 박정희는 오직 자주적인 핵개발과 미사일 역량으로 북한과 맞서야 한다고 밀고 나간다. 미국은 한국의 핵무장체제를 양해하고, 핵을 공동 관리하되, 전시 결정주권은 한국에게 있도록 해야 한다.

③ 이승만·박정희를 계승한 김대중에 따르면, 국제적으로는 쉼없이 대화하면서 국내적 첨단 핵체제 안보역량을 강화한다. 한국이 자생적 핵을 보유해야 하는 이유를 미·중·일·러 4강과 세계, 그리고 북한에게 실제적으로 설명한다. 동시에 핵실력은 물론, 우주

항공무력과 제해 무력까지 전방위적으로 국가안보역량을 강화하려 든다.

트럼프는 '미래한국'을 보았다. 미국 · 트럼프로서는(시진핑 · 김정은 에게도 마찬가지지만) 이 지구상 안보딜레마 가운데 '한국의 자생적 · 자 위적 핵무장 체제'보다 공포스러운 상상은 없다. 미국주도 인도 · 태 평양전략과 대서양전략은 근본부터 망실된다. 그 증거는 트럼프 스 스로가 보여주고 있다. 깊숙이 들여다보면, **2019년 현재 트럼프가 펼치는 비핵 한반도 · 북한 친미국가 유도 · 경제발전노선은 다름 아 닌 2000년 김대중 햇볕정책**(+ 비핵북한 친미국가화)**전략노선과 한 치 의 오차도 없이 일치한다. 트럼프가 2018년에 제시한 '포괄적 한반 도 비핵화와 북한 경제발전 프로그래스와 로드맵'은 2000년 김대 중이 추진했던 '비핵한반도 북 · 미 · 남 공동번영 프로세스', 즉 비핵 북한의 친미국가화 노선의 '트럼프 버전**(= 미국판)**'이다.**

한국의 지식인들은 되돌아봐야 한다. 이승만을 들여다보면 미 국 · 트럼프, 중국 · 시진핑, 북한 · 김정은, 일본 · 아베, 러시아 · 푸틴 의 역사와 현재진행형의 오늘, 그들의 취약점과 그들의 미래 공포 의 핵심들이 모두 한 손바닥 안에 포획된다.

대한민국 건국의 기원 · 이승만으로 돌아가면, 박정희 · 김대중이 화해 · 동맹하여 함께하는 한국의 미래비전과 현실 대안과 교훈이 라는 선물 · 복을 받는다. 이승만 · 박정희 · 김대중 역사를 융합 · 통 괄할 때, 우리 대한민국은 떳떳한 미래를 맞을 수 있다. 조선의 망 명 독립운동가 이승만은 잠든 미국을 흔들어 일깨우며 경고음을 던졌다.

"산불은 저절로 진화되지 않는다. 자그마한 불씨는 처음에는 지구 밖 행성의 일로, 그 다음에는 연기 기둥으로, 나중에는 구름에 반사되는 화염으로 보이더니, 지금은 미국·미국인의 안녕을 삼켜버릴 정도의 사나운 불길이 되어 가까이 접근하고 있다. 미국은 이제 아시아와 태평양 전쟁에 직접 개입하여 해결해야 한다."

"동양에서 일어난 사태들은 말해준다. 일본의 한·일 합병은 불씨였고, 청·일, 러·일, 중·일 전쟁은 큰 산불이 되었다. 일본이라는 현재 진행형의 전쟁 화마는 이제 미합중국의 코앞에 닥쳤다. 그날이 오면, 아시아와 태평양은 천황(天皇)이, 유럽은 파시스트와 나치가 정복한다. 그들은 강대하고 기계화된 군대를 갖고 전 세계를 점령·지배하는 것을 운명으로 믿고 있다."

"처음엔 하나의 점이라고 여겼다. 화성이나 다른 별에서 일어난 일처럼 우리와는 상관없는 남의 일이라고 생각했다. 그 불씨 하나가 자라나 불길이 되고, 요원을 태우는 들불로 번지고, 머지않아 우리 자신을 태우려는 불기둥이 되어 닥친다."

"이와 똑같이 미국도 당한다. 1882년 조미수호조약을 배반하고 1905년 가쓰라·테프트 밀약을 맺은 미국의 불씨 하나가 한국에게는 한일병탄의 불길이 되었다. 그 불길은 1937년 중국대륙을 침공하는 요원의 들불로 번졌고, 마침내 미국 본토 태평양 서해안을 협박하는 불기둥으로 닥쳐오고 있다. 미국은 전체주의 바다에 고립된 섬이다. 대일본전에 나서지 않으면 미국은 침공당한다. 전체주의에 맞서 싸우지 않으면 미국은 없다."

훗날 대한민국 건국대통령, 이승만은 바로 이 책『일본의 내막: 그 가면의 실체』를 통해 세계적 석학의 반열이자, 세계 제2차 대전의 모세적 선지자로 평가받았다. 『대지』의 작가 펄벅 여사는 "이 박사의 통찰력 있는 경고에 미국은 경악했고, 한국을 알려 주어 감사하다"고 평가했다. 그로부터 6개월 후 1941년 12월 7일 아침, 일본 해군은 하와이 진주만을 공격한다. 미국의 지식인들은 '이승만 열독'에 빠진다. 그 후예들, 2018년부터 미중패권 전쟁을 전개하고 있는 미국의 전략가들은 이승만에 입각하고 있다. 마이클 필즈버리, 피터 나바로 등 미국 트럼프의 브레인들은 이승만이 적시한 '일본천황 군국주의'를 일란성 쌍생아처럼 똑같이 '시진핑·중공'에 적용하고 있다. 알고 보면, 우리가 이승만을 서울 동작동 국립묘지 한쪽 구석에 유폐시켜 둔 동안에, 미국의 지식인들은 이승만을 세계사의 방향을 틀고 세계질서를 바로잡는 현재진행형의 나침반이자 모세적 교훈으로 실용·적용하고 있었다.

한국의 지식인들은 반성·경각해야 한다. 실사구시와 실용, 시대정신에 입각하여 건국 이승만, 부강한 대한민국 이승만(= 박정희), 자유민주주주의 이승만(= 김대중)의 중심축을 다시 세워야 한다. 그 날들이 오면, 이승만의 우측에 박정희, 좌측에 김대중의 손을 깍지 끼고, 떳떳한 미래, 통일 대한민국의 길로 나아갈 수 있다.

Ph. D. 요한은 기록한다.

"누군가는 깨어 깊숙이 들여다봐야 한다. 크리스천 이승만·김구의 공통된 건국의 꿈은 '예수한국·복음통일'에 집약되어 있다. 지식인이 잠들고 취하면 그 나라는 망한다. 통찰은 깨어있는 지식인의 사명이고, 영감은 우주(= 신의 영역)로부터 오는 음성이다. 장승은 낮에 보면 돌덩이에 불과하지만, 밤이 오면 어둠과 맞선 파수꾼이 된다. 깨어 새벽을 맞은 장승 앞에 동터오는 산등성이의 실루엣은 눈물겹다."

2019년 11월 2일
미국 UNC Chapelhill Davis 도서관에서 Ph. D. Yohan

목차

제1부 미중패권전쟁과 한반도의 운명

I. 세계관과 사관

II. 미중패권전쟁의 내막: 중공의 도전(축적된 오늘, 과거)

제2부 이승만의 나라

제3부 김일성의 나라

이승만의 나라
김일성의 나라

제1부

미중패권전쟁과
한반도의 운명

Ⅰ.

세계관과 사관

1. 세계관

세계는 '오늘 우리가 살아가고 있는 삶의 현장'이다. 세계(世界)에서 세(世, time)자는 과거·현재·미래를 통괄하는 시간성을 말하고, 계(界, space)는 동서남북·사방팔방·상하 10방위의 공간을 의미한다.

시간이란, 언제나 현재진행형(ongoing)이다. 시간은 할아버지로부터 물려받아 내 손목에 채워진 시계의 바늘처럼 현재진행형으로 운동하고 있다. 모든 시간은 오늘이다. 과거는 축적된 오늘이고, 현재는 오래된 미래이며, 미래는 구현될 오늘이다. 오늘은 과거·현재·미래가 통괄적인 하나로 엮여 역동되는 현재진행형이다. 계(界, space)는 시간성에 의해 지배받는 고정 불변성의 공간이다. 시간에 의해 공간은 비로소 생명 현장으로서 의미와 가치를 지닌다. 그러나 눈에 보이는 뉴턴의 3차원적 지구상의 개념이 아니라, 물렁물렁하고 다차원적인 팽창하는 우주공간의 개념이다.

우주(宇宙)란 시간의 집(宇, time)과 공간의 집(宙, space)을 말한다.

시간이 없으면 공간도 없다. 시간이 없는 공간은 정지된 상태, "무엇이라고 말할 수 없음의 상태", 혼돈(Chaos)이다. 공간은 시간에 의해 질서가 잡히고 꾸며진다. 따라서 세계와 우주라는 말은 똑같은 말이다. 다만 세계는 인문학적 느낌에 가깝고, 우주는 자연과학적 느낌에 좀 더 가깝다. 우주란, 영원무궁·광대팽창의 시공간 속에서 무한생명을 창진하여 가는 과정 자체이다.

인간은 스스로가 우주적 존재임을 깨닫는 존재이다. 주어진 하늘(Heaven)과 땅(Earth) 위에서 삶을 영위하는 우리 인간(human)은 우주의 당당한 '지구적 단위의 참여자'로서 존재의 지위를 부여받았다. 그 현장태가 세계(world)이다. 현장(現場)이란 현(today, time)과 장(field, space), 시공간의 현재진행형 양상이다. 인간의 참여로 인하여 역동되는 우주·세계관계가 현장이다.

이렇게 인간과 우주관계를 압축시켜 세계라고 칭한다. 시간을 시원(origin)으로 삼고 삶의 현장의 발자취를 하나로 묶어, 문자 기록화하면 역사(history)가 된다. 역사는 시간을 기준으로 인간과 세계 속에서 축적된 발자취. 즉 인류문명이다. E. H. Car는 역사를 과거와 오늘의 대화, A. H. Toinbee는 도전과 응전의 현재진형형 운동과정으로 표현하기도 한다.

관(觀, view)이란 응시(凝視, 鷹視)하는 눈길이다. 응시란, 대상을 깊숙하고 분명하게 바라본다는 뜻이다. 응시(凝視, fixation)는 젖꼭지를 물고 있는 아가의 얼굴에 사랑·기도의 마음으로 초점을 맞춘 어머니의 눈길이다. 응시(鷹視, contemplation)는 구만 리 장천을 날아가는 기러기 떼들이 지평선과 수평선을 바라보고, 날씨의 변화를 감지하고, 땅의 형세를 살펴 목적지와 방향노선을 획득하는 고뇌의 안목이다.

하여, 세계관이란 인간이 삶의 현장을 바라보는 관점과 입장을 의미한다.

관점과 입장의 출발점은 "① 우주란 무엇인가, ② 인간은 어디로부터 와서 어디로 가는가, ③ 인간과 세계를 이끌어 가는 주인은 누구인가, ④ 어떻게 살 것인가"라는 네 가지 자연스럽고 아름다운 질문에서 비롯된다.

"우주·세계는 고정불변의 세계이다"라고 정의하면 뉴턴의 세계관이 되고, "4차원 시공간의 곡률이다"라면 아인슈타인, "빅뱅이 있었고 팽창한다"고 하면 현대과학의 우주관이 된다.(= 과학적 차원).

인간과 세계, 즉 "우리 삶의 현장과 운명을 이끌고 가는 주인은 살아 계신 신이다"라면 기독교, "이 세상은 허무하며 또 다른 차원의 세계로 간다"면 불교, "오로지 삶의 현장인 이 세계가 전부이니까 도덕의 실천이 중요하다"라면 유교적 세계관에 해당한다.

"어떻게 살 것인가"라는 방향성에 대한 고뇌는 실존적 차원의 물음으로서 세계관에 따라 달라진다. "주인은 누구인가"로 바라보는 관점과 입장에 따라 세계관과 실존적 삶의 노선(-ism)이 달라진다. 세계관은 다양할 수 있다. 모든 세계관은 진리성을 추구하고, 그 진리의 얼굴은 역사 속에 있다. 세계관과 진리관의 기준에 따라 역사관도 달라진다.

요컨대 모든 존재의 삶은 오늘, '지금·이 자리', 현재진행(Ongoing)

의 생명과정에 있다. 지구적 차원의 역사는 현재진행형이다. 역사는 과거·현재·미래가 행위자(actor)와 함께 엮어내는 사건관계의 통괄적 양상이다. 오늘은 오래된 미래이고, 어제는 오늘의 축적이며, 내일은 구현될 오늘이다.

2. 사관:
현재진행형으로서의 역사

1) 실사구시(實事求是)

사관이란 현재진행형의 역사적 사실을 바로 보고, 오늘의 실제에 적용하는 관점(viewpoint)이다. 역사를 엮어 가는 행위자(actor)는 모든 인간과 사회, 집단과 국가, 비인간과 자연환경을 포괄한다. 행위자는 주인(ownership)이나, 주체(self-ego)를 의미하지 않는다. 인간은 자신의 운명은 물론, 가족과 집단, 사회와 국가의 주인·주체가 될 수 없다. 생명의 시작과 끝이 있는 한시적인 존재는 이 세상의 주어(주체·주인)가 될 수 없다. 주어가 되려면 우주자연과 동일한 영생의 시간생명을 갖고 있어야 한다.

인간은 행위자로서 주도자·반려자·중매자의 지위와 역할을 수행하는 협력관계의 일원일 따름이다. 행위자·우리는 항상 누군가·무엇인가와 연결되어 상호작용과 공명, 융합과 교직을 하는 존재이다. 따라서 주체·주인이라는 단어는 사실상 실체가 없는 허상에 불과하다. 인간은 주도적 행위자일 따름이다.

실사구시는 과학정신이다. 과학(科學, science)은 보편적이고 명증한 진리와 법칙을 찾아내기 위한 목적의 논리정연한 지식체계를 의미한다. 과학적 진리탐구는 경험성·객관성·합리성을 토대로 하여 문제의식·인과관계(이론 설계)·실험검증·진리성 입증의 과정이 모두 일치하여여 한다.

조선 실학의 선구자 추사 김정희 선생은 "널리 배우고 힘써 행하되, 오로지 실사구시 한마디 말을 주로 하여 실천하면 된다."(務實力行 實事求是)라고 이야기했다. 중국 전통사상은 현실적 경험을 중시한다. 중국사상에서는 "사물과 사건의 궁극적 진리를 실제에서 탐구한다"라는 뜻으로 통용되었다. 마오쩌둥은 『모순론』에서 "실사구시는 변증법"이라고 정의했고, 덩샤오핑은 1978년 개혁개방 노선 선회 당시 "실천만이 유일한 진리검증의 기준"이라 하여 '실천'을 강조했다. 덩샤오핑은 실사구시의 방법론으로 '실천'을 강조하면서 마오쩌둥 체제를 공칠과삼(功七過三)으로 평가한 뒤, 실용에 입각한 노선 전환과 개혁개방을 꾀했다. 그러나 마르크스 레닌주의에 입각한 중국 공산혁명가 덩샤오핑이 보지 못한 대목이 있다.

실사구시는 격물치지(格物致知)와 같다. 『대학』의 주석인 주희(朱熹)의 『대학장구(大學章句)』에 따르면, "사물의 이치가 궁극에까지 이른 다음에 내 마음의 지식이 극진한 데 이른다(物格而後知至)" 우주자연과 인간의 법질서를 두루 통찰하여 형통함이 밝다는 '활연관통(豁然貫通)'의 경지를 말한다. 진리의 지평선을 딛고 선 실사구시와 격물치지는 곧 과학정신이다.

실사구시·격물치지는 무실역행(務實力行)·지행합일(知行合一)로 귀결된다. 말·진리는 곧 행동·실천으로 실행되어야 한다. 덩샤오핑의 "실천만이 진리 검증을 위한 유일한 기준", 이승만의 학문세계와 정치이론, 김대중의 "행동하는 양심, 서생적 고뇌와 상인의 셈법"은 모두 실사구시·격물치지의 과학정신에 의한 무실역행·지행합일의 실천역량을 뜻한다.

역사를 정확하게 바라보는 유일한 방법론은 실사구시다. 실사구시에 입각하면, '너와 나, 그리고 우리'라는 삼자일체적 행위자의 결합관계의 실상을 포착할 수 있다. 실사구시·격물치지는 역사의 맥락과 현실적인 국면, 구조의 변화에 대한 인간의 적응양상을 볼 수 있게 한다.

2) 유물론과 유신론으로 양립된 역사

유물사관에 기초한 인간주체 실천이란, 사람이 주인 된 세상에 대한 주체적 혁명론을 의미한다. 혁명과정에서 '창조적 소수자'인 공산당과 지도자는 우상화·신격화되고 결국 공산당 국가·중공의 미래상은 전체주의와 독재, 패권무력과 중화주의로 귀결될 수밖에 없다. 인간이 우주적 차원의 주인·주체가 된다면, 스스로의 지위를 무서울 게 없는 인간, 즉 화신(化神)으로 격상시켜 버린다. 우상화·신격화된 인간은 신도 아닌 것이 인간도 아니다.

그 대표적 실례로 소련·레닌, 중국·마오쩌둥, 베트남·호치민, 북한의 김일성·김정일 부자가 모두 신격화된 점을 주목할 필요가 있다. 이들은 모두 레닌과 스탈린주의자들이었고 죽어서 방부·밀랍처리된 미라가 되어 존치되어 있다. 죽어 영면하지도 못하고, 살아 숨 쉬지도 못하는 중간세계의 역사적 기념품(= 인형)에 해당한다.

상대적으로 서구사회는 기독교적 유일신관이 역사와 문명의 정신적 기초를 이루고 있다. 기독교적 세계관에서 '피조물'인 인간은 자력만으로는 결코 신이 될 수 없다. 물론 인간은 결코 인간 자신의 주인(owner)이 될 수 없다. 창조할 때 신은 인간에게 자유의지를 부여했고, 인간은 신의 섭리하에서 개인과 가정과 사회와 국가를 이루고 함께 살아가고 있다. 인간이 아닌 창조주이자 절대자인 유일신 앞에서 "인간은 모두가 자유롭고 평등하다" 따라서 인간 아래에 인간이 없고, 인간 위에 인간이 없게 된다.

동양과 서양, 공산주의와 자유주의는 극명한 차이가 있다. 중국적·동양적 세계관과 역사는 인간이 주체가 되어 신이 된다는 유교적인 성인·화신론(聖人·化神論)을 보여 준다. 그러나 미국, 유럽적·서양적 세계관과 역사는 신이 주체이며 인간은 신이 될 수 없다는 기독교적 유일신론 위에 서 있다. 정반대의 관점과 입장이다. 따라서 진리추구의 방법론 또한 달라진다. 기독교 성경은 믿음은 바라는 바의 실상이라고 제시한다. 믿음은 절대적 창조주와 예수 그리스도에 대한 믿음이고, 바라는 바 소망이란 곧, 재림할 예수에 의해 다가올 미래상을 마중하기 위한 이 땅 위의 현실적 삶의 실천이다.

따라서 마르크스·레닌 공산당 혁명가 덩사오핑의 실천과 기독교 사도 바울의 실천 개념은 하늘과 땅만큼이나 다르다. 역사를 바라보는 관점과 입장도 매한가지다. 유물사관과 무신론, 중화사상에 입각한 중국 중심의 공산당 사관은 유일신론과 기독교사상에 입각한 미국유럽사회의 정신의 역사를 이해조차 할 수 없을지 모른다.

신(God)이라는 존재는 보이지도 않고, 만질 수도 없는, 인간으로선 인지 불가능한 그 어떤 존재, 초월적 차원의 존재이다. 그러나 인간과 항상 동행하여 주는 현실적·이상적인 존재라는 양면성을 갖고 있다.

미국유럽 정신의 토대인 기독교원리에서는 정신과 물질은 융합되어 있다. 정신이 육체를 주도하고, 육신은 정신을 반려하며, 환경은 정신과 육체를 중매한다. 지구적 역사 차원에서는 신과 인간이 분리된 것이 아니라 융합되어 상호작용한다. 현대과학 혁명이 과학과 종교의 융합의 길을 열었다.

기독교는 정신이 육체를 떠나면 죽은 사람이라고 여긴다. 유물론자들은 육체의 죽음과 함께 정신도 소멸된다고 규정한다. 그러나 우리 인간은 부모의 몸에서 태어나기 이전에 어디로부터 왔고, 죽은 뒤에 어디로 가는지 알지 못하는 존재이다. 동서고금을 막론하고 소크라테스에서 공자까지, 그 어떤 철학자도 탄생 이전의 배경과 죽음 이후의 세계에 대해 제시해 주지 못했다. 다만, 기독교 성경(신약과 구약)에만 유일하고 분명하게 제시되어 있다. 이 지점에서 실사구시는 말해 준다. 기독교를 중심으로 자유민주주의와 공산주의독재를 봐야 한다.

3) 실용(實用)

실용이란 현실에의 쓸모·가용성을 의미한다. 과거의 역사와 교훈은 현실생활에 유용하게 가용되지 못하면 그 가치와 의미가 상실된다. 중국사에서 여실히 볼 수 있다. 마오쩌둥의 중화혁명(중국 한족 제일주의, 흥)은 대약진운동과 문화대혁명을 거치며, 3,000만 명이 굶어죽는 참담한 실패로 귀결되었다.

마오쩌둥의 실패를 반면교사로 삼은 덩샤오핑은 '검은 고양이든 흰 고양이든 쥐만 잡으면 된다(부관흑묘백묘론, 不管黑猫白猫)' 즉 자유주의든 공산주의든 이념을 넘어서 중국의 경제를 살리는 선부론(先富論)을 주창했다.

대륙의 실용주의자 덩샤오핑이 선부론의 교훈으로 차용한 본보기는 한국의 박정희임에 틀림없다. 박정희는 이미 덩샤오핑보다 20년 이전에 "국민을 배고픔에서 해방시키겠다"면서 경제개발 정치독재의 양극단의 길을 강행했다. 그리고 경제 혁명은 성공했으나 결국 정치 독재자 자신은 비참한 죽음을 맞았다. 선부론에 따른 개혁개방과 공산당 독재유지라는 두 축은 박정희의 근대화와 독재의 복사판이다. 덩샤오핑은 마오쩌둥을 버리고 박정희를 선택했다.

덩샤오핑의 미래 또한 박정희와 똑같은 귀결점에 도달했다. 중국 경제는 눈부신 비약적 성공을 거둔 듯했으나, 공산 일당 독재의 틀에 안주하던 중국특색 사회주의는 자유민주주체제 도입이라는 거대한 도전 앞에 직면해 있다.

즉, 실용은 우선 곧 사실상 경제·민부론(民富論)에 적용된다. 국민을 굶주리지 않고 고르게 잘 살게 하는 게 지도자의 제일 덕목이자 사명이다. 그 다음이 체제안정이다. 그 실례로, 1978년 덩샤오핑의 개혁개방 성공의 토대에 선 시진핑 중공체제는 2018년부터 국가존망의 기로에 섰다.

시진핑 체제는 '기존의 중국 특색의 공산당일당 독재를 유지하면서 중화중심 세계질서를 창조하는 중화 세계혁명을 도모할 것인가? 아니면, 자유민주주의 체제로 편입하는 도전·모험을 감행할 것인가?'라는 양단간의 선택의 기로에 서 있다. 전자는 외부의 힘에 의해 불가능하며, 후자는 내부 체제의 전복위기를 안고 있다.

결국 실용이란 역사적 추세에 따라 달라진다. 이 대목에서 한국의 70년대 경제화 혁명, 87년 이후 민주화 혁명을 성공한 한국의 역사가 시진핑·중국에게는 반면교사가 될 수 있다. 아무리 잘 짜인 전략노선과 정책대안도 실사구시와 실용에 입각하지 않으면 현실에 부합되지 않거나, 공상적 실패로 귀결된다. 박정희 산업화혁명과 김대중 민주화혁명의 토대에 선 노무현·이명박정권의 실패가 극명한 실례이다.

노무현 정부의 수도이전론, 행정도시 건설과 국가균형발전론, 이명박 정권의 경부대운하 사업과 자원외교는 실사구시 없는 실용이 얼마나 허망한가를 입증했다. 그들 임기 내 수십조 원의 국가예산을 쏟아붓고 신성장동력은 획득하지 못했다. 그들의 참담한 실패는 실용과 실사구시의 불일치에서 비롯되었다.

노무현도 이명박도 실용과 실사구시란 시대에 따라 변동되는 추세임을 읽지 못했다. 한마디로 세계변동의 추세를 읽는 실사구시적 안목도, 현실적용의 실용도 결여한 채, 자신들의 이상적 목표나 눈 앞의 현실적 이익만 추구한 결과이다. 실사구시에 입각하여 공과비 판을 하면, 노무현, 이명박 모두 최소 절반 이상은 실패한 정권, 참 담한 대통령이 될 수밖에 없다. 오직 실사구시와 실용에 입각해야 만 세계사와 한국사, 역대 정권이 올바르게 평가될 수 있다.

4) 시대정신[1](spirit of the time, 時代精神)

시대정신(時代精神). 시대정신이란, 당대 국민들의 합의·통일된 마 음이자 지향점이다. 역사·국가·국민들이 생존과 번영을 위해 현실 적 합의로써 지향해 가야 할 미래 목표와 현실적 노선이다. 시대정 신은 국민들이 합의하여 요구하는 현재진행형의 국민노선이다.

시대정신은 국제정세, 한반도, 남북, 한국, 사회 내부의 공동체, 개인의 삶과 마음을 결정한다.

① 시대정신이란, 변동하는 세계정세를 냉철하게 읽어내고(= 실 사구시) 그 의미와 가치를 수렴하여 자국의 이익으로 실현해야 한

---

1. 일반적으로는 한 시대에 지배적인 지적·정치적·사회적 동향을 나타내는 정신적 경향으 로 정리된다. 시대정신이라는 개념은 18세기 후반 독일의 철학자 헤르더가 민족정신, 인 류사는 인간정신의 완성으로 향하는 보편의 역사라고 파악한 데서 시작한다. 변증법 철 학을 주창한 헤겔은 민족정신(= 국민정신)에서 보편적인 '세계정신'으로 발전한다고 봤 다. 빌헬름 딜타이는 헤겔의 관념론적 구성과는 달리, 주어진 삶의 현실로부터 출발해야 한다고 했으며, 시대정신을 지·정·의의 '작용 연관'으로 파악했다. 이 이론들은 모두 인 간 중심론에 기반하는 점에서 필자가 제시한 역사현실적 시대정신과 차이가 있고, 좁혀 말하자면 딜타이에 좀 더 가깝다고 하겠다.

다.(= 실용) 동시에 통합된 국민을 안전하고 행복한 삶의 미래노선으로 이끌고 가는 리더십과 국가전략과 노선이다.

② 한반도의 시대정신이란, 반도의 분단된 두 개의 한국이 격동하는 미중과 아시아 관계 속에서 어떻게 서로 도와 비핵·평화를 구축하고 공존번영을 도모할 수 있는가를 고뇌하고(= 실사구시), 남북 국민들이 동의하는 통합된 통일 노선을 구축하여, 미래 한반도의 평화구축과 공동경제협력을 추진해가는 실천노선이다.(= 실용)

③ 한국의 시대정신이란, 충돌하는 미중패권 전쟁 속에서 비핵 한반도 평화체제를 구축하기 위해, 어떻게 남한의 안보와 경제면의 국가동력을 증강하고, 북한과 관계를 맺어가야 할 것인가를 고뇌하여(= 실사구시), 진보와 보수를 떠나 이념을 포괄한 통합된 통일 방안과 그 노선과 로드맵을 국민 동의·협약과 협력 속에서 추진하는 정치 역량이다.(실용)

④ 시대정신을 인식한 정치인은 세계정세, 한반도정세, 남한의 현실상황을 엄정하게 판단하고 역사와 국가와 국민들에게 공통된 비전과 목표를 제시하고, 미래노선으로 함께 공진하는 실천강령으로 구현한다. 그 실례들이 이승만의 반공건국, 박정희의 잘살아보세, 김대중의 금 모으기 운동이다.

이 네 가지 시대정신의 틀 속에서 역대 지도자들의 통일정책을 평가하면, 그 공과가 비교적 간단명료하게 정리될 수 있다. 우리

나라 국민들 스스로 자문자답하면, 3위일체적 자중성을 획득할 수 있다.

모든 역사는 당대의 시대정신을 지닌다. 세계사적으로 볼 때, 제1, 2차 세계대전에서 나찌즘, 파시즘, 일황군국주의 등 전체주의는 미국·유럽·중국·소련 등 전 세계가 이겨내야 할 공동의 목표이자 전쟁노선이 시대정신이었다.

지혜와 역량은 오직 실사구시와 실용, 시대정신에서만 비롯된다. 필자는 지구적 차원에서 미국과 중국의 대결, 한반도의 이남과 이북, 국내적으로는 이승만·박정희·김대중을 역사적 통합·융합시키려 노력한다. 그 융합의 3대 틀이 실사구시와 실용, 시대정신이다.

II.

미중패권전쟁의 내막
: 중공의 도전(축적된 오늘, 과거)

1. 인화점:
시진핑·중공의 기만술과 김정은·북한 핵

1) 2018년, 미국 UNC에서 바라본
트럼프의 정치정체성과 미중패권전쟁

　2018년 가을 필자는 미국 노스캐롤라이나 주립대학교(University of North Calolina)에 방문학자 자격으로 건너왔다. 연구 분야는 미국 패권과 중국관계, 그리고 한반도 비핵화와 한반도의 미래이다. 자연스럽게 트럼프의 정치정체성과 외교노선을 나름대로 깊숙이 들여다보고 정리할 기회를 얻게 되었다.

　미중 패권전쟁의 기원과 전개과정, 한반도 비핵화 협상을 위한 북미, 싱가포르 정상회담과 하노이 회담, 그리고 미국 내 트럼프에 대한 여론과 반응을 현실감 있게 바라볼 수 있었다. 트럼프·미 행정부 등장 이후 미국은 명실상부한 세계 중심국가의 면모를 재현하고 있다. 임기 2년 만에 셰일가스를 양산·수출하여 세계 유가를 주도하고, 인도·태평양 안보역량을 강화하고, 국내 산업을 일으켜 일자리 창출에 성공하고 있다.

2019년 임기 3년 차를 맞은 트럼프는 미중 패권전쟁과 대이란, 대북한 비핵화 제제와 협상을 전개하고 있다. 2016년 9월 대선현장의 트럼프 후보에게서는 발견할 수 없었던, 완전히 다르고 독특한 스타일의 세계적 리더십(Global Leadership)을 발현하고 있다. 트럼프의 정치 정체성은 역대 전통적인 미국 대통령은 물론, 세계사에서 유례를 찾아보기 어려울 정도로 독특하다. 필자가 나름대로 미국 현지에서 정리한 트럼프 리더십의 정체성을 파악하면, 그에 대한 평가의 관점과 기준이 전환될 수 있다.

○ 트럼프, 시간 중심의 정치를 하다

　2019년 2월 28일, 미 하원에서 열린 청문회에서 도널드 트럼프 대통령의 오랜 개인 변호사였던 마이클 코헨은 트럼프를 가리켜 "산전, 수전, 공중전을 모두 집결한 악인의 표상"이라고 증언했다. 코헨 변호사는 2018년 11월 29일 뉴욕의 연방법원에서 열린 재판에서 8개항의 유죄를 인정하고 미 의회에서 러시아에 관련하여 거짓 증언했다고 밝혔다. 트럼프는 코헨을 '허약한 사람(Weak person)'이라며 형량을 줄이기 위해 거짓말을 하고 있다는 입장을 견지해 왔다.

　같은 시각, 트럼프는 베트남 하노이에서 김정은과의 정상회담을 결렬시켰다. 김정은은 최소한 단계적·스몰딜(small deal)은 이뤄지리라고 낙관했음에 틀림없다. 김정은은 전용열차 편으로 평양역에서 베이징역까지 1,300km(25시간) 이동하고 베이징에서 출발하여 3,700km(38시간) 등 2박 3일간 총 63시간을 달린 베트남 랑선성 동당역에 도착했다. 그러나 트럼프는 회담에서 김정은에게 영변 외 지역 핵시설 자료를 들이밀며 PVID(영구적이고, 검증가능하며, 불가역적인 핵폐기)를 요구했다. 회담은 결렬됐고 트럼프 협상단은 즉각 귀국해버렸다.

북한·김정은 본인은 물론 중국·시진핑, 한국·문재인 등 관련 국가들과 전 세계가 경악했다. 그 누구도 예상치 못한 초유의 정상회담 결렬이었다. 그리고 곧장 귀국한 트럼프는 "나는 (김정은에게) 아무런 약속도 하지 않았다"고 선언했고, 미국 조야와 언론들은 열렬히 환영했다. 미국 내에서는 성공한 회담으로 평가받았다. "어떻게 이와 같은 일이 가능한가?"라는 질문에 대해 정확히 대답할 수 있는 사람이 없다. 트럼프 자신도 행동의 패턴을 인지하지 못하고 있을 수도 있다.

트럼프의 생각과 말과 행동은 공간과 인물에 대한 관심이 아니라, 시간과 사건에 초점을 맞춘다. 예를 들어 김정은과의 만남의 경우, 트럼프는 중국·시진핑, 한국·문재인, 북한·김정은, 일본·아베를 중심으로 생각하지 않는다. 트럼프의 초점은 과거·현재·미래의 통괄된 시간 속에서 '바로 이 순간'에 김정은이 이루고자 하는 사건(목표와 의도)에 맞춰져 있다. 트럼프는 그 사건을 자신이 유리한 시간으로 끌어당겨 결과를 만들어 낸다. 베트남 하노이는 김정은의 시간이었다. 따라서 트럼프는 김정은의 시간을 전몰시켜버렸다. 그 결과 김정은은 시간의 화살표를 잃은 미아가 되었고, 트럼프는 당당하게 트럼프 자신·미국시간으로 되돌아왔다. 시간전쟁에서 승리했다.

트럼프는 시간 창조의 정치와 외교술을 구사한다. 시간 창조 정치란 사건·상황·인과관계가 자신에게 유리하도록 시간을 제작·

조정·조작·통제·생성·소멸시킨다는 뜻이다. 상대방이 있는 관계 세계에서 일방적인 자신의 시간 창조를 위해서는 권력을 갖추고 있어야 한다.

미국 대통령 트럼프는 자신이 세계의 표준시계를 갖고 있고, 자신이 시간을 조작할 수 있다고 믿는다. 뮬러 특검 속의 코헨 청문회도 똑같다. 뮬러와 코헨의 시간은 거짓이라고 잘라 말한다. 상대·적의 시간은 중단·소멸시키고, 트럼프 자신의 시간은 연장·강화시킨다.

시간이 조작되면 사건은 혼돈(chaos) 상황에 빨려들고 인과관계의 순서가 뒤틀린다. 일종의 섬머타임(summer time)제를 연상하면 된다. 시간을 앞당기고, 뒤로 미루고, 연장·중단·역행·급진시키면 상대방은 혼란에 빠지게 된다. 상황의 혼동은 사건의 인과관계 질서를 모두 흐트러트리고 조건은 백지화·수평화된다. 관계성의 세계에서 나의 시간을 조작하면 상대방의 시간질서가 무너지고, 우리의 시간을 재조정해야 한다. 이런 시간조작 행위는 강자만이 할 수 있다. 트럼프는 시간 창조(제작·조정·조작·통제) 정치를 하고 있다.

트럼프의 시간 제작 정치는 2016 미국 대선과정에서 전개되었지만, 그 누구도 알아채거나 정리하지 못했다. 트럼프는 경선과 본선 캠페인 과정에서 전통적 패러다임과는 전혀 다른 전략과 노선, 전술을 펼쳤다. 공화당 경선과정에서는 '위대한 미국의 재건'이라는 슬로건을 제시했다. 레이건의 '위대한 미국'을 집약·제시하여, '재건'이라는 강력하고 안정적 이미지를 구축했다. 그리고 후보들과의 토론·언론과의 대화를 거칠고, 강하고, 역설적 상황으로 주도해 가는 데 성공했다. 기존의 신사적이고, 품위 있고, 지성적 이미지의 주류 공화당 후보들에게 국민들의 삶과는 거리가 먼 케케묵은 자신들의 시간성을 누리는 낡은 기득권 이미지를 덧씌우며, 초토화시켰다.

트럼프는 물렁물렁하면서도 강한 내공을 갖추고 있었다. 방청자가 쉽고 명쾌하고 즐거움을 느끼게 하는 즉문즉답 역량과 표정과 순발력, 주제와 메시지와 삶의 일관성 전달이 모두 6년간의 방송 활동 경험에서 비롯되었다. 방송진행이란 한정된 시간 속에서 말과 사건을 제작하는 창조행위이다. 트럼프는 지역, 인종, 계층, 세대에 맞춰 그들의 가슴이 요구하는 대답을 꿰뚫어 보고 선제적으로 명쾌하게 응답한다. 당연히 유권자들은 가슴이 뻥 뚫리는 공감과 함께 통쾌한 일체감을 느낀다.

시간을 역행하는 애리조나 국경장벽 설치 공약, 과거의 시간을 재현하겠다는 디트로이트의 기업유치 공약, 미래시간을 제시하는 텍사스 오일정책 공약, 현재의 시간을 강화하겠다는 일리노이 등 농업지역 공약 등이 모두 여기에 해당한다.

따라서 트럼프가 접촉하는 모든 유권자 집단은 제각각의 비전과 기대감을 갖게 된다. 부지불식간에 다른 경쟁후보들은 퇴적된 과거의 유물·퇴물들로 이미지화된다. 천부적인 기업가이자 권력주의자 트럼프는 시간철학의 절대적 묘미를 온몸에 축적하고 있는 사실을 깨닫지 못할 수도 있다.

시간철학의 기준에서 볼 때, 2016년 7월 말 이후 전개된 트럼프와 힐러리의 본선은 불과 2개월 만인 9월에 판가름 났다. 트럼프는 힐러리를 미국이 청산해야 할 과거 창고의 퇴물들로 이미지화하는 데 성공했다. 그는 힐러리 후보를 '개인의 영달을 위해 대통령이 되려는 과거의 금수저 여성'으로 묘사하여 특권의식에 대한 반감에 불을 질렀다. 심지어 당시 현직 오바마 미 대통령에 대해 "미국 태생이 아니다"라는 해괴한 말 폭탄을 터트렸다. 힐러리의 미국 정부 E-MAIL 활용의혹과 건강이상설을 급속도로 확산시켰다. 트럼프에 의해 서민과 극빈층을 위한 오바마 케어는 미국 백인 중산층들의 가슴에 반감의 불을 질렀다.

불과 2개월 동안 전개된 트럼프의 말 폭탄은 미 국민들의 마음속에 민주당 정치와 힐러리, 오바마 현 대통령을 하나로 묶어 별 쓸모없는 과거의 추억만 남은 창고에 몰아넣었다. 결국 트럼프는 대선에서 승리했다. 산전·수전·공중전이란 사업가와 방송인을 거친 전쟁 복합형 인물이라는 점이고, 주어진 모든 관계를 자기중심의 시간으로 만드는 악마적 역량을 터득했다는 얘기다.

대통령이 된 뒤부터는 미국이라는 세계 패권국의 지위와 역량이 고스란히 트럼프의 개인역량과 융합되어, 권력의 힘이 증폭된다. 집권 3년 차에 진입한 트럼프의 시간정치는 외교정책에서 유감없이 발휘된다. 시간을 뒤로 돌려 의회를 혼란스럽게 하고(멕시코 장벽), 시간을 정지시키거나 질질 끌고(중국과의 무역협상), 시간을 엉키게 하고(아랍과 시리아 철군), 시간을 중단시키거나 끊어버린다(이란과 북한 핵에 대한 제재와 협상). 상대 국가와 지도자는 초유의 시간 혼돈양상 속에서 극단적인 심리적 공황장애 상태라는 블랙홀로 빨려 들어간다.

미래시간의 불확실성·무질서는 곧 인간의 공간지각 능력과 이성적 균형판단력을 잃게 하고, 시간축적의 압박감은 집중력·지구력·저항의지를 약화시킨다. 트럼프 시간정치의 배경에는 기업가

였을 때 축적한 악마적 상술과 재력에 있다.

○ **"나, 트럼프이니까, 시진핑 · 문재인 · 김정은을 요리할 수 있다"**

2019년 2월 27~8일 양일간 베트남 하노이에서는 트럼프와 김정은 간 북미정상회담이 열렸다. 이틀째 협상은 돌연 결렬되었다. 시간을 끊어버린 대표적인 사례이다.

트럼프의 하노이 정상회담의 결렬(break-up)의 표적은 국내적으로는 마이클 코헨의 의회청문회 등 악화된 여론을 누그러뜨리고, 지구적 외교차원에서는 김정은뿐만 아니라, 그를 이용하는 시진핑, 그를 돕는 문재인에 대한 경고적, 역공적 성격이 짙다.(실질적으로 하노이 정상회담 결렬 이후 미중 무역전쟁이 본격화된다) 트럼프는 김정은, 시진핑, 문재인을 모두 동일공간에 포괄시켜 올려놓고 있다.

미 · 중 간에 전개될 역사 · 패권전쟁, 그와 직결된 한반도 비핵화와 이란 핵문제 등, 앞선 시간을 면밀하고 정확히 내다보고, "나 트럼프이니까 할 수 있다"는 신에 버금가는 자기파멸적(sociopass) 혹은 자기창조적(self organic) 자신감이 버티고 있다. 이를 통해 "나 트럼프이니까 김정은을 설득할 수 있다. 그리고 시간은 나 트럼프의 승리를 입증해 줄 것"이라며 판 위의 바둑돌을 쓸어버린 뒤, "이만 돌아가 시간여유를 갖고 잘 생각해 보고 시진핑과 나(트럼프) 둘 중 한쪽을 선택하라"며 회담을 중단한다.

또한 돌아가는 대통령 전용 공군 1호기(airforce one)에서 중재자인 한국 · 문재인에게 전화하여 "내가 제시한 포괄적인 비핵화 프로그래스와 로드맵이 전제된 또 다른 한 판을 만들게 김정은에게 올바른 메시지를 전달해서 설득해 달라"고 주문한다.

판을 쓸어버리는 행위는 지금까지의 협상을 백지화시키는 행위다. "만약 김정은이 핵·미사일 실험 등으로 물리적으로 저항한다면 먼저 중국 시진핑에게 책임을 물어 미·중 간의 극단적 안보긴장 국면과 그 책임을 중국에게 묻겠다. 그리고 미·중 간 무역전쟁과 얽히게 되면 미중관계는 신냉전, 제3차 대전의 케이어스 국면으로 전환될 수 있다. 중국·시진핑이 견딜 수 있겠는가?"라는 경고에 해당한다.

트럼프는 이미 2003년~2013년 10년간 중국 주도의 6자회담 실패과정을 면밀하게 들여다보고 반성·평가·향후 미래대안을 마련했다. 그 대안은 북한·김정은을 향한 전략이 아니라 중국·시진핑을 상대로 한 차원이 좀 더 정확하다.(김정은·북한 핵은 자동적으로 중국·시진핑의 하부변수로 종속된다)

트럼프는 2003년 이후 미중관계의 과거시간을 읽고 2018년 이후 미래시간을 말하고 있다. 2003년 이후 한반도 비핵화를 전제로 하여 미국은 중국에게 중국의 WTO체제 진입, 미국시장개방의 특혜라는 전방위적 시간을 열어주었으나 '중국은 북한 비핵화를 위해 종이 한 장 나른 게 없다'는 결론에 이르렀다. 오히려 중국은 북한 핵시설에 대한 제한적 물리적 타격을 억지하는 후견국가의 역할을 하고 있다는 것. 또 중국 시진핑 체제는 북한의 경제성장을 결코 바라지 않고, 김정은의 북한을 도와줘봐야 '간당간당하게 먹고 살 만큼뿐이다'라는 북·중간의 한계점을 읽고 규제(봉쇄·제재)를 강화시킨다.

트럼프는 동시에 남쪽 문재인 정권에게는 "내가 원하는 PVID(=포괄적 협상) 상황·사건이 충족되는 협상테이블의 시간을 위한 북미

대화협상 중재노력을 해야 한다"고 부드러운 지침을 준다. 알고 보면 "함부로 나서지 말라"는 경고로 읽힐 수 있다.

강조컨대, 트럼프는 시간성 창조원리 속에서 인도태평양과 중국, 동북아, 한반도, 남북한 공간을 손금 읽듯 하고 있다. 시진핑·김정은은 시간과 권력의 긴장성을 결여하고 있다. 중국 시진핑 체제는 2017년 이후 종신집권 체제를 확립한 뒤부터 시간과 권력 간의 긴장성을 상실했다. 영구집권 유일 권력자인 김정은은 시간성의 변동에 무감각하다. 중재자로 나선 문재인은 안보는 한미동맹, 경제는 친중국이라는 공간성의 토대 위에서 국가이익이라는 투트랙(= 양다리)을 걸치고 있다. 시진핑, 김정은, 그리고 중재자 문재인은 모두 공간성을 중심으로 이익공동체적 관계를 맺고 있다. 공간 자체만 들여다보면, 자기중심성이 강해서 객관적 시간을 보지 못한다. 트럼프는 시간성 속에서 공간을 들여다보고, 공간마다 제각각의 시간을 창출해 낸다. "나, 트럼프이니까 가능하다"는 것.

2) 트럼프, 미국 위기의 근본원인으로 중국을 지목하다

트럼프는 후보시절부터 대통령이 된 이후에도 지속적으로 미 국민들을 향해 일관된 메시지를 던진다. "2001년부터 16년간 미국 경제 실패의 원인은 어디로부터 비롯되는가."라는 물음이다. 그 답은 중국이다. 트럼프의 답은 중국으로 시작(A)하여 중국으로 귀결(Ω)된다.

클린턴·부시·오바마 행정부를 거친 16년 동안 이라크전쟁에서부터 미국발 금융위기를 겪으면서 미국은 경제·안보·패권 구심력을 급속도로 잃어갔다.

그 정책의 시작은 2001년 클린턴 행정부 말기의 오판으로 중국을 섣불리 WTO 체제에 가입시킨 것. 클린턴은 중국이 가까운 장래에 자유민주주의 시장경제체제로 변모하리라고 기대했으나, 완전한 오판이었다는 평가였다.

특히 2003년 부시행정부는 중동전쟁(이라크전쟁) 실행에 광분한 나머지, 중국을 아예 안보와 경제의 파트너로 삼아 최혜국대우로 미국시장을 개방했다. 동북아 화약고인 한반도 북한 핵 개발억지를 위한 대리(outsourcing agent) 행위자로서 중국을 선정하여 6자회담 주도국 지위를 부여했다. 오랜 혈맹역사를 엮어온 한국의 핵 안보 중재 외교주권을 빼앗아 중국에게 넘겨준 꼴이었다. 중국은 이후 10년간 북한 핵 억지를 위해 종이 한 장 나른 사실이 없고, 2013년 북한 핵은 완성되며, 자동적으로 중국 주도 6자회담은 폐기되었다.

"중국이 WTO에 가입해 시장 경제에 편입되면 미국과 세계경제에 유리하다.(중국 공산당 일당체제는) **개개인이 꿈을 실현하면** (정부)**에 더 많은 요구를 하게 될 것이다. 인터넷 발전과 더불어 중국은 미국**(자유민주의 와 시장경제)**처럼 변모하게 될 것이다. 중국의 WTO 가입은 미국의 국익에도 도움이 될 것이다."** (2001년 3월, 빌 클린턴 미국대통령 의회연설)

중국은 WTO체제하에서 개발도상국에게만 부여되는 수입품 상호 간 차별을 금지하는 최혜국대우, 미국 내 상품과 수입품 간 차별을 금지하는 내국인 대우까지 받았다. 1947년 GATT(관세 및 무역에 관한 일반협정)체제가 결정한 22% 평균관세율은 2000년 이후 3%로 떨어진 뒤 2019년 현재까지 중국에 적용되고 있다.

미국시장은 내국인 대우조치와 함께 중국에게 완전히 개방되었고, 미국기업과 동맹국들의 자본과 기술은 13억 인구라는 시장에 현혹되어, 역으로 중국행 러시를 이루었다. 중국은 세계의 공장을 자임하게 됐고, 2008년까지 매년 10% 안팎의 눈부신 경제성장을 구가한다.

세계와 미국의 자원·자본·기업·기술·달러는 블랙홀·중국을 향해 빨려들어 갔다. 자원·자본·기술들은 다시 값싼 공산품으로 재생산되어 미국시장과 세계에 범람하게 되었고, 다시 달러 화폐와 미국채가 되어 중국정부로 수렴되었다. 중국은 세계 경제에서 생산과 소비의 구심력이자 원심력 국가로 거듭났다. 부시 집권 2년 차인 2003년부터 2016년까지 세계 경제 시계는 완전히 중국을 중심으로 돌아갔다.

2001년 GDP(국내총생산) 1조 3393억 달러에 불과하던 중국경제는 2017년 12조 2,377억 달러 규모로 성장했다. 중국의 외환보유액은 2001년에는 2,122억 달러에서 2006년에는 1조 663억 달러가 되어 세계 1위의 외환보유국으로 올라선 뒤, 2017년에는 3조 2천억 달러대를 기록한다.

미국과 유럽은 13억 거대시장을 얻기 위해 제각각 자국의 시장을 개방했다. 그러나 착각이었다. 알고 보면 중국은 제한된 시장을 개방했을 뿐이고, 전 세계 선진국들의 자본과 기술이 중국으로 밀려들어 갔다. 2001년 470억 달러에 불과했던 외국인투자액은 10년 후 2011년에는 1,240억 달러로 확대된다. 2008년 미국발 금융위기가 초래한 세계적 경기 침체 국면 속에서도 중국은(환율 인하정책과 국가보조금정책으로) 7%대의 성장을 유지했다. 그해 미국 GDP의 40%선에 도달하고, 10년 후 2018년에는 미국 GDP의 65%선까지 육박하여 G2를 자임하기에 이르렀다.

MIT공대 데이비드 교수팀 연구에 따르면, 상대적으로 미국의 대중 무역적자는 눈덩이처럼 커지고, 제조업체는 중국으로 떠나고, 일자리는 줄고, 가계빚의 무게는 가중되었다. 2001년부터 2011년까지 미국에서는 240만 개의 일자리가 사라졌다. 2008년 미국발 경제위기는 미국 제조업의 중국 이전과 노동 고용시장의 악화, 중국 중심 경제발전 속에서 달러화와 금융위기가 겹쳤다는 분석이다. 이때부터 미국에서는 행정부, 의회와 공화당과 민주당, 사법부 할 것 없이 위기감이 확산되고, 자성과 비판의 목소리들이 봇물 터지듯 한다. 2018년 4월 도널드 트럼프 미국대통령 트위터의 간단한 문구는 의미심장했다.

"중국은 큰 경제권력이지만 WTO에서는 개발도상국으로 특혜를 누리고 있다. 이게 공평한가? WTO는 오랫동안 미국을 부당하게 대우했다. WTO가 개혁되지 않으면 미국은 탈퇴할 수 있다."

처음에는 대부분 '뻥쟁이' 트럼프의 엄포로 받아들이는 분위기였다. 그러나 이는 트럼프 행정부가 세계를 향해 미중패권전쟁의 준비가 끝났음을 암시하는 메시지였다.

요약하면, 트럼프는 "어리석은 미국은 '웅크린 호랑이 중국'을 오판했다"는 자성론으로 시작한다.(클린턴·부시·오바마 행정부의) 중국의 WTO 가입 지원과 미국시장 개방과 우대정책들은 부메랑이 되어 미국 경제를 망치는 결과를 초래했다. 중국의 이익과 발전은 미국의 손실과 경제쇠퇴로 직결되었다. 어리석은 지도자는 클린턴, 아들 부시, 오바마를 통괄한다. 이들 세 지도자가 직설적이고 거친 트럼프 스타일을 언짢게 생각하는 이유의 하나이다.

미국 클린턴 대통령의 기대는 완전한 망상으로 귀결·확인되었다. 공산당 일당독재 체제의 중국은 자유민주주의 시장경제 체제로 전환되기는커녕, 정반대로 2016년 시진핑 공산당 독재 영구집권 체제와 국가독점 자본주의, 즉 소련·스탈린체제로 퇴행·역행하고 있다. 중국은 미국의 통제권을 벗어나 중국식 공산주의 대 자유민주주의 진영이라는 양극화된 강력한 경제와 안보 패권 대립전선을 구축했다.

2016년 대선 캠페인에 나선 힐러리 클린턴 후보는 같은 당 소속 현직 대통령인 오바마의 실정을 공격할 수 있는 입장이 아니다. 그러나 공화당 트럼프 후보는 전혀 달랐다. 트럼프는 클린턴부터 부시, 그리고 오바마까지를 싸잡아 묶어 솔직하고, 거칠고, 강하게 공격했다. "클린턴은 오판했고, 부시의 친중국 정책은 어리석은 오류를 범했고, 오바마는 미국의 당면 현안인 대중국 경제전쟁을 회피한 채, 인권 등을 내세우며 인류평화 리더십인 양 위선과 허구의 시간을 허비했다"고 비판했다.

트럼프는 후보시절부터 미국의 미래 생존전략인 대중국 정책기조를 명확하게 제시했다. "당선되면 중국을 환율조작국으로 지정하고, 중국에게 빼앗긴 미국의 부를 되찾아 올 것이며, 명실상부한 세계 안보경제 중심국가 미국을 재건하겠다"는 게 그 요지다. 그 근거로는 중국은 미국과 같은 자유민주주의 시장경제체제 국가가 아니고, 중국의 체제전환이 없는 한 미국의 영광은 없다는 절박함과, 결국 미국이 승리할 수밖에 없다는 확신이 버티고 있었다. 결국 미 국민들은 시대정신 적임자로 트럼프를 선택했다. 중국의 국가정체성에 대한 미국·영국·일본 등 세계적 학자들과 언론들의 견해 또한 대동소이하다.

"중국 경제는 성장할수록 정치적 통제가 강력해지는 국가 통제 자본주의이다. 중국은 시장경제 국가 간에 발생할 수 있는 무역분쟁과는 비교할 수 없을 정도의 큰 규모로 세계무역을 왜곡했다. 중국정부가 국유기업에 보조금을 지급하는 관치경제, 중국 투자기업에 대한 합작회사 및 기술이전 강요 의무조항 등은 대표적인 불공정사례이다."

한마디로 중국은 공산당 일당독재 국가자본주의 통제국가로서 WTO 체제의 특별한 혜택을 받아 성장하면서, 오히려 세계 자유시장 질서를 크게 왜곡시켰다는 평가·결론으로 압축된다. 이런 관점과 입장에서 본다면, 트럼프의 당선은 전혀 이변이 아니다. 트럼프의 출현은 세계사적 추세와 미국의 시대정신, 그리고 트럼프의 독특한 리더십과 스타일이 맞물린 필연적 결과에 해당한다. 미국으로서는 '오래된 미래'의 구현이다.

3) 트럼프, 2016 슬로건 '위대한 미국의 재건'

(Make Great America Again)

2016년 미국 대통령 선거에 나선 트럼프 후보의 슬로건은 '위대한 미국의 재건'이었다.

재건은 "무너진 구조물을 다시 새롭게 세운다"는 뜻이다. '위대한 미국의 건설'은 1984년 레이건의 대선 슬로건과 취임식의 키워드로서 '강력한 미국의 건설'을 의미했다. 트럼프 공화당 후보 진영은 왜 과거형 슬로건인 '위대한 미국의 재건'을 내세웠을까? 트럼프의 슬로건은 위대한 미국이 이미 무너졌거나, 회복할 수 없을 정도로 무너질 수 있는, 즉 국가의 운명이 백척간두에 선 상황이라는 절박한 위기감에 대한 자기고백을 반영할 때만 가능하다.

결국 트럼프 캠프의 통찰력 있는 판단과 자기비판적인 고백은 먹혀들었다. 드러내지는 않았지만, 미국인들 가슴 속에는 분명히 "위대한 미국은 무너졌다"는 공감이 자리 잡고, 이미 세계중심국가 시민이라는 자존감을 상실하고 있었다.

세계 패권국가 미국의 영광은 찬연했다. 위대한 미국은 세계 2차대전을 승리(1945)로 이끌고 구소련을 해체(1989)하고, 단극 패권체제(2000년) 국가로서 55년간 세계질서를 주도했다. 그러나 아놀드 토인비가 간파했듯이 역사란 도전과 응전의 현재진행형적 과정이다. 미국이라고 예외일 리는 없다.

2000년 클린턴 행정부를 이어 2001년 출범하여 2007년까지 재임한 아들 부시(George Walker Bush) 미 행정부(2001~2007) 때부터 미국은 요동치기 시작했다. 미국은 안보와 경제면에서 두 번의 충격적인 국가위기를 맞게 된다. 2001년 미국은 더 이상 세계에서 가장 안전한 나라가 아니었으며(9·11테러), 2008년 미국발 금융위기는 미국이 세계에서 가장 부강한 나라가 아닐 수도 있다는 민낯을 드러냈다. 부시 재임 8년 동안 위대한 미국이라는 영광의 빛은 간데없이 소멸하고 말았다. 알고 보면 아들 부시 정권은 미국 역사상 최악의 정권이었다.

아들 부시 정권을 이은 오바마 행정부(2009-2017)는 공적자금을 투입하여 서민과 극빈층의 삶을 추스르고, 무너진 중소기업들을 보호하며, 2010년 셰일가스를 발굴하며 경제회생에 안간힘을 다해야 했다. 그러나 오바마 행정부는 8년간 산소 호흡기를 떼었을지언정, 미국 경제재건의 뚜렷한 회복과 건강성은 되찾지 못했다. 일종의 '수술과 회복기'에 해당했다.

2017년 1월 20일, 오바마의 뒤를 이은 트럼프 미 대통령은, 후보시절부터 아들 부시 재임 시기 8년 동안 미국이 세계중심국가로서 지위와 역량을 잃었다는 통렬한 반성을 숨기지 않았다. 이 지점이 같은 공화당 출신의 선후배 대통령이면서도 부시와 트럼프의 인간적 관계가 소원한 근본적인 이유라고 할 수 있다. 트럼프는 부시 정권의 과오를 극복하지 못한 오바마의 실책을 비판하는 토대 위에 미국에서 가장 인기 있는 대통령 레이건의 슬로건을 세웠다.

미국인이라면 그 누구라도, "미국의 세계 리더십이 무너졌다"는 현실을 침묵으로 외면하고 싶던 때였다. 트럼프의 충격적인 '미국 스스로의 고백'은 풀 죽은 미국인들의 가슴에 자기비판과 자기극복의 강한 불씨를 지폈다. 그리고 '할 수 있다'는 자신감과 함께 미국

대륙 전역으로 요원의 들불처럼 번져 나갔다.

트럼프가 슬로건에서 제시한 '위대한 미국의 재건'은 지향해야 할 시대정신에 해당한다. 미국의 영광이 무너진 현실이란, 부시와 오바마 행정부의 실정을 과학적이고 비판적으로 바라보는 실사구시이며 재건해야 한다는 의무감은 현재진행형의 실용에 해당한다.

그리고 트럼프 캠프의 통찰과 프레임워크(framework)가 옳았음은 공화당 후보경선과 본선 모두 트럼프가 승리함으로써 입증됐다. 기라성 같은 전통적인 주류 정치인들이 망라된 공화당 후보들을 '훅' 하는 순간에 제압하는 과정은 오래된 공화당의 자기검열·자기파괴·자기쇄신·자기정화의 혁명과정 자체였다. 나아가 본선에서 세계적인 지명도를 자랑하는 '난공불락' 힐러리 클린턴 후보를 제압하는 과정은 미국 특유의 창조적 자기파괴·자기정화의 실천적 과정에 해당했다. 그 근원적인 힘은 실사구시와 실용, 시대정신에 대한 트럼프의 통찰력과 역서철학의 인식에서 비롯된다.

2016년 트럼프 대선과정이 시사하는 바는 크다. 우리들은 트럼프의 정신과 정체성을 깊숙이 들여다보아야 한다. 트럼프가 대통령에 당선될 때만 해도 성공한 사업가, 경박한 언행의 소유자 등 피상적인 이미지만 갖고 있을 뿐이다. 미국의 전통은 자기 분야에서 성공한 전문인을 존경하는 풍토가 있다. 따라서 트럼프 또한 그런 성공한 기업인 정도라고 여겼을 따름이다. 트럼프는 독립적으로 기업을 세우고, 언론방송의 길을 개척하여 성공한 미국인이다. 그러나 그는 우리가 알고 있던 그 이상이었다. 독립기업 경험, 그 과정 속에서 정치권과 협업경력, 오바마 환상에 대한 배신감, 그리고

2004년부터 2015년까지 미국 NBC의 리얼리티 방송 어프렌티스(Apprentice)를 진행한 방송경험은 그를 역사철학과 전략과 목표를 가진 현장 정치인으로 재탄생·재무장시켰다.

11년 동안의 방송경험은 트럼프가 세계중심국가로서 미국의 미래를 연구하고 통찰한 학자들과의 만남을 가질 수 있는 중요한 계기가 되었다. 시간은 트럼프를 이익을 추구하는 사업가에서 가치를 추구하는 국가 미래전략을 겸비한 정치인으로 진화시켰다. 트럼프가 대통령직에 당선되는 순간까지 그의 당선을 예측·기대하는 사람들이 거의 없었던 원인이 여기에 있다. 한국계 미국인으로서는 김창준(1939년) 전 공화당 연방의원이 8월 한국을 방문하여 트럼프의 당선을 주장했으나, 그의 견해를 귀담아듣는 측은 많지 않았다.

그렇다면 사업가 겸 방송인 트럼프가 미국의 위기를 깨닫고 인식의 전환을 하게 된 지점, 즉 미국의 안보적·금융적·패권국가적 위상과 역할의 위기는 언제·어디에서부터 비롯되었는가라는 본질적·핵심적 질문이 제기된다. 트럼프의 초점은 2001년 9·11테러와 2003년 중동전쟁, 그리고 2008년 미국발 금융위기의 근본적 원인을 찾아내는 데 초점이 맞춰져 있다.

4) 트럼프 2020 대선 전망, '위대한 미국의 행진(Keep Great America)'

① 미국 대선의 특징, 코커스, 선거인단 간접선거제도, 승자독식제도

2020년 미국 대선은 2019년 6월 26~27일 플로리다주 공화당 트럼프 연설과 민주당 후보자 TV토론회가 열리면서 시작됐다. 플로리다는 미국 최대의 접전지역으로 꼽힌다. 트럼프는 6월19일 선거운동을 시작했다.

공화당과 민주당 후보 선출의 출발점은 2020년 2월과 3월이다. 2월에는 아이오와, 뉴햄프셔, 사우스캐롤라이나, 네바다 등 4개주에서 코커스와 프라이머리가 시작되고, 3월초 10여 개 주가 동시에 경선을 개최하는 '슈퍼 화요일'이 각 당 후보 선출의 분수령을 이룬다. 코커스는 등록된 당원만 투표에 참여할 수 있고, 프라이머리는 일부 유권자까지 참여할 수 있다. 정당별 전당대회는 민주당은 5,000명 이상, 공화당은 2,000명 이상의 대의원을 뽑는다. 이들 대의원들이 2020년 7월 공화당 민주당 후보를 최종 선출한다.

본격적인 미국 대선은 공화·민주 양당 후보 선출 이후 본격적으로 전개된다. 지역별 순회 선거캠페인으로 시작하여 선거 막바지 TV토론 열기로 선택의 정점을 찍는다. 마침내 11월 3일 미국민들은 자신들이 지지하는 후보를 대리한 선거인단을 선출한다. 선거인단은 메인주와 네브라스카주를 제외한 48개주에서 1위 후보가 각 주의 선거인단 전원을 차지하는 승자독식 방식에 따른다. 전미 50개주 538명의 선거인단은 캘리포니아(55명)가 가장 많고, 텍사스(38명), 뉴욕주·플로리다주(각각 29명), 일리노이·펜실베이니아주(각각 20명) 순이다.[1]

그렇다면 야당인 민주당은 현직 대통령인 공화당 트럼프 후보를

---

1. 2016년 대통령 선거사례를 참조하라.

누르고 정권교체에 성공할 수 있을까? 그 가능성은 얼마나 될까? 민주당 후보의 승패 여부에 따라 시진핑의 도전이 합리적 선택·도전의 전략적 승리가 될지, 아니면 오판에 의한 모험, 즉, 미국 선거에 중국의 운명을 건 도박·배팅을 감행한 것인지 판명난다.

필자가 입각하는 미국 대선 분석과 전망의 틀은 한국의 여론조사 등 분석 틀과는 좀 다르다. 모든 나라의 선거에는 국제관계·국내정세·선거리더십과 연동된 시대정신이 뒤따른다. 미국의 대선은 미국 내부뿐만 아니라 국제관계 질서를 결정하는 세계권력 창출 메커니즘이다. 이런 사실을 미국인들은 너무나 잘 알고 있다. 이와 관련 언어학자 조지 레이코프는 『코끼리는 생각하지 마』(2014)에서 구도(framework)의 중요성을 강조했다. 구도는 시대정신과의 부합도, 실사구시적 과거비판의 수렴 정도, 그리고 실용적인 현실대안에 따라 강도와 내용이 판이하게 달라진다.

앞에서도 언급했지만, 2016년 트럼프가 공화당 미국 대통령후보로 선출되는 과정 자체가 구시대적 매너리즘과 8년간 침체되었던 공화당의 자기쇄신·창조적 자기파괴 과정 자체였다. 트럼프의 2016년 구도(framework)는 '위대한 미국의 재건'이라는 슬로건 속에 압축되었다. 그 쇄신 상대는 공화당으로 시작하여, 클린턴·부시·오바마 정부의 실정이 포함되어 있었고, 당면과제로는 미국경제의 회복, 미래표적으로는 중국이 설정되었다. 그리고 트럼프는 예선을 일사천리로 통과하고 본선에서 승리했다. 2020년 슬로건은 '위대한 미국의 행진'(Keep Great America)이다.

② 미국 정치사: 프레임워크(framework), 트럼프 대 반트럼프의 함정

민주당 후보 tv토론이 시작되면서 후보들은 너나 할 것 없이 "내가 트럼프를 이길 적임자"라는 반트럼프 전선을 선언했고, 언론은 선거구도를 '트럼프 대 반트럼프'의 인물전으로 요약했다. 상대 후보 트럼프의 슬로건은 2016년 '위대한 미국의 재건'에서 딱 한 걸음 나아간 2020년 '위대한 미국의 행진'(Keep Great America)이다. 2016 미국 재건의 비전과 목표는 구현되었고, 이제부터는 트럼프가 지켜나가겠다는 메시지다.

조지 레이코프의 구도론에 따르면, 민주당은 프레임 게임에서부터 지고 있다. 민주당 후보들이 모두 반 트럼프를 내세우면, 지구가 도는 원리마저도 트럼프 잘못으로 귀결되어야만 설득력과 지지를 얻어낼 수 있다. 역설적이게도 민주당 후보들은 '미국의 꿈과 미래'가 아닌, '트럼프'를 외치게 된다. 반트럼프라는 용어에는 유권자들에게 '트럼프'만을 각인시키는 함정이 깔려 있다. 시진핑 또한 "미중무역협상 대상자는 트럼프만 아니면 된다"는 같은 태도이다. 자칫, 시진핑의 미중패권전쟁 대응전략에 트럼프만 보이고 중국의 미래는 실종될 수 있다.

한편 미국의 선거 기초 환경을 환기할 필요가 있다.

미국은 다민족 이민자 연합 국가이다. 2016년 조사된 인구분포도를 보면 인종적으로는 백인이 전체 인구의 75.1~81.1%, 흑인 약 12.3~12.6%, 아시아계 3.7~3.9%, 미국 원주민 0.8%다. 백색인종이 주류이고 그중에서도 영국계, 독일계, 아일랜드계 등이 가장 많다. 종교적으로는 유럽에서 온 청교도 등 이민이 주체를 이루고 있기 때문에 기독교인이 압도적 다수를 차지한다. 개신교가 주류이고, 가톨릭교회, 유태교, 이슬람 등 다양한 종교가 있다.

미국인들은 신앙심도 매우 높다. 신 또는 영혼의 존재를 믿는 사람의 비율이 94%에 달한다. 기독교인 비율이 70.6%이다. 개신교 신자는 46.5%이고, 가톨릭교회는 20.8%이고, 미국 정교회는 3%다.

미국에서는 대통령 취임식이나 학교 졸업식 행사가 대부분 개신교 목사의 기도로 시작된다. 한마디로 미국사회의 주류 인종은 백인, 주류 종교는 개신교이다. 이들은 대선 여론조사에서 좀처럼 마음을 드러내지 않아서, '침묵의 다수'로 불린다. 2016년 9월 요한 기자가 트럼프 승리를 예측할 수 있었던 주요 취재원은 중·동·남의 미국 백인 목사들이었다.

연합국가라는 말의 뜻에는 하나의 미국은 물론, 50개 주 각각의 숙원 현안과 시대정신이 별도로 존재한다. 이들이 개별적으로 상호작용과 공명, 융합과 교직으로 결합되고, 연동되어 U.S.A라는 총괄적인 얼굴로 생성된다.

중국적 사고방식이란, 98%의 한족 단일종족, 역사화된 중화중심 세계질서, 무신론적 인간중심사상과 가족주의, 마오쩌둥 사상과 공산당 일당체제가 내재한 단일성, 구심력, 획일성, 강제성, 배타성이 빚어내는 중화적 의식세계의 특징인 통일성·종족성·전통성을 뜻한다.

미국적 사고방식이란, 미국의 건국이 축적한 다양성, 복잡성, 개별성, 현실성, 원심력, 이상주의 등이 융합되어 생성되는 연합국가 미국의 경쾌함과 역동성을 의미한다. 중화주의적 사고방식의 렌즈로 보면, 다인종·이민자·연합국가인 미국의 현재진행형적 양상과 특징을 분간하여 내기란 쉽지 않다. 다인종·이민자·연합국가인 미국 체제와 미국의 선거제도가 갖는 특이점에 숨은 메시지를 찾아내기란 더욱 어렵다.

트럼프는 2016년 2월 선거 출발점만 해도 주류 가운데서 따돌림 받는 '이방인', 비주류 취급을 받았다. 그러나 트럼프는 들불처럼 번진 지지도 강세를 일으키며 백인·기독교라는 주류사회의 지지를 거머쥐었고 승리했다. 그 결과 트럼프는 2020 대선에서는 주류 중의 주류로 그 위상이 역전되었다. 즉, 백인 인종과 기독교, 그리고 각 주의 이익을 포괄하여 대변하고 견인하고 있다. 경합주(swing state)인 플로리다, 오하이오, 펜실베이니아, 미시간, 위스콘신은 중간선거에서는 민주당을, 대선에는 트럼프를 선택할 가능성이 높다(swing boat).

나아가 트럼프는 미국민들에게 자신을 미국 이익의 대변자, 혹은 보안관의 모습으로 연출한다. 2016년 야당 공화당 트럼프 후보와 2020년 현직 대통령 트럼프의 정체성은 비월적으로 진화되었다. 트럼프의 '침묵하는 다수'의 숨은 지지도는 2020년 7월경, 민주당 후보가 결정된 후 2개월 뒤 9월경 대세는 표면 위로 나타날 전망이다. 민주당 후보가 트럼프를 압도하지 못하는 한, 게임은 일방적인 트럼프 주도 양상으로 전개될 가능성이 높다.

③ 실용과 비전과 정책, 현재 트럼프인가 대 과거 오바마 정책인가
트럼프 취임 이후 3년 동안 미국은 경제회복의 기쁨을 누리고 있다. 2001년 그리고 2008년의 악몽을 잊을 만큼이다. 경제성장률 4%대, 역대 최저 3%대 실업률, 0%를 지향하는 금리, 최고의 고용율, 안정된 물가지수, 최고의 환율과 주식시장지수, 각종 경제지표는 우상향 성장곡선을 거듭하고 있다. 취임 1기 트럼프의 경제재건 성공에 대해 그 누구도 토를 달지 않는 분위기다. 중간선거 상원 승리와 뮬러 특검 '러시아 의혹 혐의없음' 결과 발표로 탄핵론도 소멸되었다.

트럼프의 비전과 목표는 2024 세계제조업의 중심 미국의 부활이다. 셰일혁명은 새로운 기업과 일자리를 창출하고, 중국 등지로 떠나갔던 미국의 제조업들이 미국으로 돌아오고 있다. 미국을 반드시 4차 산업 혁명시대를 이끌 첨단 5G, 인공지능, 로봇, 바이오산업의 중추국가로 부흥시켜야만 위대한 미국은 향후 수백 년간 지속될 수 있다. 그 추동력의 바탕에는 셰일혁명의 성공이 있고, 반드시 까부쉬야 할 적(Enemy)은 미국에게 공공연히 도전을 선언한 중국이다.

미국과 중국의 패권전쟁은 필연적이다. 이제 와서 미국이 물러선다면 중국에게 덜미를 잡힐 수가 있다. 둘 중 하나는 쓰러져야 중단된다. 패권전쟁에 적절한 타협이란 존재하지 않는다. 트럼프의 거칠고 감성적인 트윗과 언어는 미국민들에게 미중 패권전쟁이 미국의 미래운명을 결정한다는 위기의식과 도전의식을 고취하고 있다.

이민자 연합국가의 특성은 도전과 모험, 상호존중과 예의에 따른 사회규범에 있다. 대부분의 이민자란 고국에서 실패한 사람들이다. 따라서 이들은 근검절약하고 열심히 일하면서 자녀들 교육에 평생을 헌신한다. 그 심리의 저변에는 "멈춰서면 퇴보한다"는 위기의식, 실패에 대한 두려움이 도사리고 있다. 그리고 미국인들은 2등을 생각하지 않는다. 우리는 당연히 세계 1위라는 자부심과 긍지 속에서, 이겨내야 할 상대는 자기 자신이라고 생각한다. 미국인들은 시대정신을 바로 보고, 개척정신과 도전의지를 실용화하여 비전과 책략을 제시하는 지도자를 원한다.

한마디로 미국은 미국이 세계의 중심축, 첨단 제조업의 중심, 에너지 관련 사업의 중심, 세계안보질서의 중심, 새로운 문명의 중심, 자유민주주의와 시장경제와 인권의 중심국가로서 신이 선택하고 축복해 준 나라로 여긴다. 세계에서 가장 풍요롭고, 가장 물가가 싸고, 가장 잘살며, 가장 행복한 나라를 꿈꾸고 나아간다. 트럼프의 '위대한 미국의 행진'이라는 슬로건은 바로 미국의 시대정신과 실용을 충족하고 있다.

중국인은 부모에게서 태어나면서부터 세계의 중심이라는 중화적 인간중심사상 속에 살아간 뒤 흙으로 돌아간다. 미국인들은 나는 모국에서 실패한 인생이었지만 하나님의 축복으로 인해 세계 으뜸 중심국가에 살게 했다는 감사함과 애국심 속에 살아간다. 시진핑과 트럼프의 미중패권전쟁의 또 다른 이름은 '중화민족주의 대 청교도 다인종·이민자연합주의 전쟁'이다.

④ 시대정신과 인물: 중국과의 패권 전쟁을 승리로 이끌 인물

트럼프·미국은 패권전쟁의 승리를 위해 중국과의 인연을 끊고, 저임금 노동 상품은 인도와 베트남 등을 생산기지화하고 권역별로 동맹을 나누어 배치하며 세계질서를 재조정한다. 트럼프 미 행정부의 미중 패권전쟁 승리를 위한 국가목표는 불과 2년도 채 지나지 않아 미국의 시대정신으로 정립되었다. 2010년부터 개발된 세일혁명의 공짜 부산물, LNG가스는 이제 미국 가정과 자동차, 그리고 기업의 값싼 동력원으로 제공되어 생활과 피부에 체감되기 시작했다. 소비자 물가는 안정되어 있고, 금리는 인하되고, 기업들이 돌아오고 있고, 일자리는 계속 창출되고 있다. 트럼프는 그 원인을 지난 17년 전 지도자들의 중국에 대한 오판 때문이었다고 자성적으로 비판했고, 이제 그 목소리가 국민적 동의와 설득력을 얻어 가고 있다.

중국위기론은 오바마 정권 때부터 시작되었다. 미국 지식인층에서는 한반도 비핵화가 이뤄지지 않자 북한 핵억지 중국무용론이 고개를 들었다. 중국이 경제성장과 함께 중국의 팽창야욕을 노골적으로 드러내면서부터 미국 내에는 '중국위기론'이 급부상했다.

2011년 오바마 행정부는 대외정책 기조를 '아시아로의 회귀(Pivot to Asia)로 설정한다. 오바마는 중국을 견제하기 위한 전략으로 태평양 함대를 증파하고, 새로운 통상협력 프레임인 환태평양동반자협정(TPP: Trans-Pacific Partnership)을 출범시키는 등 중국의 부상을 견제하기 위해 정책역량을 집중했다. 그러나 연성권력(soft power)을 기반으로 한 오바마 정책노선은 중국의 팽창을 막기에는 역부족이었다는 평가를 받았다.

이와 관련하여 오바마 행정부 국무장관을 지낸 힐러리 클린턴은 자서전 『힘든 선택들(Hard Choices)』에서 (본인의) 임기 중 급성장하는 중국을 견제하기 위해 아태지역 핵심 동맹국인 한국, 일본, 호주와의 관계증진과 이를 통한 대중국 압박을 위해 큰 노력을 기울였다고 언급했다.

이런 분위기를 반영하여 2017년 1월 취임한 트럼프 대통령은 대선캠페인 때부터 중국에 대한 경제적 공격을 예고했다. 미중 갈등은 언제 시작되느냐의 시기문제였지 기정사실화되고 예정된 충돌이었다. 힐러리는 오바마 미 행정부 국무장관 시절 아시아로의 회귀 전략은 중국 위기론에 기반한다고 밝히기도 했다.[2] 미중 패권 전쟁은 무역전쟁, 금융전쟁, 지역전쟁, 인도태평양 제해권전쟁, 우주개발전쟁, 미국제조업 부흥전쟁, 4차 산업혁명이 모두 연동되어 있다.

미국은 클린턴부터 부시, 오바마 행정부의 17년간을 통렬하게 반성하고 있다. 공화당과 민주당 할 것 없이 미국의 정가는 미중 패권전쟁의 승리에는 한 목소리를 낸다. 오히려 민주당 쪽 후보들의 목소리가 더 높다. 민주당 후보들 모두 타도 트럼프를 외치고 있지만, 그의 '위대한미국의 행진'을 능가할 슬로건도 없고, 후보들의 검증된 실천역량도 없다. 현재 민주당 후보군 가운데 트럼프를 능가할 인물이 있으리라고는 분석되지 않는다. 동서고금을 막론하고 "전쟁 중에 장수를 바꾸지 않는다"는 격언이 있다. 하물며 세계 패권 전쟁 중인 대통령을 바꿀 미국 국민들은 없을 것이다.

⑤ 중국, 지구전과 대장정은 마오쩌둥과 공산당 최후의 몸부림, 시대 퇴행적 몽상

중화주의적 관점과 입장만을 고집하면, 미국의 대선 판을 원시적으로 도해할 수 없다. 중국은 국가를 넘어 하나의 문명단위로 평가하는 학자도 있다. 그러나 그 국가와 문명이 자유민주주의와 시

---

2. 박준석 주홍콩총영사관 선임연구원, "미중패권경쟁, 최후의 승자는", '나라경제', 〈2019년 2월호〉

장경제, 인권과 인류보편 가치를 추구하는 세계적 질서와 조화된 나라와 문명이 아니라면, 미래시대가 청소해야 할 반동 역사적 괴물·리바이어던에 불과할 수 있다. 그 괴물이 소련·스탈린, 그 동맹국 중국 공산주의·공산당 일당독재 일인 영구집권 권위주의 체제이다. 소련의 마르크스와 레닌 혁명사의 붕괴는 중국 시진핑 체제에게는 축적된 오늘의 살아있는 교훈이다.

권력의 억압과 인민의 복종, 획일적 제도와 통일적 행동은 자율적 다양성과 창조역량을 파괴시킨다. 자유선거의 경험이 전무한 중공·중화주의 굴절된 렌즈로 미국을 판단할 수 없는 노릇이다. 미국이라는 다양하고, 다층적이며, 복합적이며, 자유로운 다인종 이민자 연합국가의 민주주의 대통령선거 분석과 전망에 접근한다는 자체가 모순이다. 미중 패권전쟁의 역사성을 깨닫고 응전하는 트럼프는 시대를 앞서가는 시간의 리더십을 보유한 행위자(actor)이다.

Ph. D. 요한은 분석하고 전망한다. 2020 미국 대선은 천재지변과 그 수준과 규모에 해당하는 돌발변수가 트럼프 신상에 없다면, (신이 아닌지라) 98% 트럼프의 승리로 경로가 결정되어 있다. 그 시점은 2018년 미중관세전쟁이 발발하면서부터이다. 혹여 2%의 반전 가능성을 인정하여 민주당의 어느 후보가 미 대통령으로 당선된다고 해도, 미중 패권전쟁은 트럼프를 뛰어넘는 수준과 강도로 전개된다. 미국의 시대정신은 민주당이 집권한다고 해도 중국과의 패권전쟁을 포기하는 것은 상상할 수 없다. 미국과 국민정서, 시대정신이 역사적 패권 전쟁으로 결집되고 구조화되었다.

"미국이 세계국가냐, 중국이 세계국가냐"를 묻는 전쟁에서 패배를 원하는 미국인은 없다. 미중패권전쟁을 역사전쟁으로 규정한 트럼프 책략의 무서운 점은 여기에 있다. 미국 대선의 경로는 미국이 사느냐, 중국이 사느냐의 사생결단의 외길로 획정되었다. 트럼프 재선전략의 역설, 프레임의 함의이다.

시진핑은 덩샤오핑의 도광양회·유소작위 100년간 유지권고를 스스로 버리고, 주동작위·대국굴기를 선언했다. 그리고 시진핑의 새로운 중국 특색의 사회주의, 중국몽·위대한 중화민족의 부흥을 새로운 비전으로 제시했다. 중국몽이란 현몽이 될 수도 있지만, 악몽·중국망(亡)으로 끝날 수도 있다. 어찌 짐작인들 했겠는가. 2008년 세계적 위기에 처한 미국에 2010년 셰일석유 기술혁명이 개발될 줄을. 인간이란 그런 존재이다. 불과 2년 앞을 보지 못하는 존재다.

Ph. D. 요한은 기록한다. 미중 패권전쟁은 처음부터 승패가 결정된 게임이다. 일부 세계는 중국의 국가정체성을 G2라고 오판했고, 미국 단극질서의 시대가 저물고 있다고 예단했으며, 셰일혁명의 미국 국가 역량 강화요인을 헤아리지 못했다. 그 결과, 미국시장을 잃은 중국은 아메리카라는 푸른 대나무 대륙벌판을 잃고 배고픔에 헤매는 판다를 연상케 한다. 알고 보면 중국에게 미국시장은 태평양과 전 세계를 선물로 받은 것과 같은 복이었다. 중국은 다시 척박한 대륙에 갇힌 일당독재 공산당 체제로 돌아가는 반동·반역사적 위기에 처했다.

2. 제국의 자기반성 1 :
미국 우선주의 공산주의 경계론의 지식인들

2001년 미국 내에는 중국의 WTO 가입을 강하게 반대한 소수의 전문가들이 있었다. 그 가운데 한 인물이 통상전문변호사 로버트 라이트하이저(Robert Lighthizer, 1947년생)이다.

"중국이 WTO에 가입하면 지배적인 무역국가로 떠오를 것이며, 미국 내 모든 제조업 일자리가 안전하지 않을 것이다."(2001년, 뉴욕타임즈 기고문)

그의 예측은 불과 8년 만에 미국발 금융위기로 입증되었고, 그로부터 9년 뒤 그는 2017년 트럼프 미 행정부 통상정책의 수장, 미무역대표부(USTR) 대표로 발탁되었다.

"중국이 WTO에 가입하도록 미국이 지원한 것은 실수였다. 그 후 중국은 시장경제로부터 더욱 멀어지고 있다. 중국이 시장을 개방하지 않고 공정 경쟁에 참여하지 않음으로써 WTO 기본원칙을 위반하고 있

다. 중국은 미국 기업의 지적재산권과 첨단 기술을 도둑질하고 있다. 중국을 바꾸기 위해 WTO와 독자적인 조치를 취해 나가겠다."(USTR 대표 의회제출 연례보고서)

트럼프의 입장에서 볼 때, 미국의 위기는 빌 클린턴의 오판, 아들 부시의 중국 오판과 중동전쟁, 버락 오바마 행정부의 무대응 등 16년간 쌓인 대중국 전략과 정책의 실패와 폐단에서 비롯되었다. 이런 실사구시적 비판은 미국 내부와 국제관계의 모순, 즉 세계사적 흐름과 미국의 내부의 변화추세의 맥락을 철두철미하게 파악해야만 가능하다. 부동산개발 사업가 출신인 트럼프는 로버트 하이저 등 수많은 실사구시와 실용의 전략연구자들과 교분을 통해, 실력을 배양하게 된다.

1) 조지 프리드만(George Friedman, 1949년) : 500년 영원한 제국 대 2020년에 붕괴할 공산국가

조지 프리드만, 미국과 중국의 미래 흥망성쇠를 구체적으로 제시한 첫 미래전략가로 꼽힌다. 프리드만은 『다가올 100년』(THE NEXT 100YEARS, 2000)에서 미국과 중국의 미래관계를 제시했다.[3] 별명이 미국의 노스트라다무스로 불릴 정도로 예측력을 높게 평가

---

3. THE NEXT 100YEARS는 국내에서는 '100년 후'라는 제목으로 번역되어 출판되었다. '100년 후'라 하면 100년 동안의 단절과 공백감이 놓여진다. 안타깝지만 필자는 만약 개정본이 나온다면 '다가올 100년'이 좀 더 프리드만이 제시한 메시지에 가깝다는 생각이다. 프리드만의 방법론은 토인비와 마찬가지로 현재진행형으로서의 역사이기 때문이다.

받고 있는 그는 코넬대 정치학박사 출신이다. 1996년 설립한 정치·경제·외교 싱크탱크인 미국 스트랫포(STRATFOR: STRATEGIC FORECASTIMG의 약자)의 CEO이다.

여기서 매일 발간되는 정세예측 보고서는 '그림자(Shadow) CIA'로 불리며 수백만 명의 유료독자, 금융계, 경제계, 미 국방부 조간 브리핑(Early Bird)에도 올라간다. 코소보전쟁, 아시아 외환위기를 정확히 예측했다. 10년 뒤인 2011년에는 『다가올 10년』(THE NEXT DECADE)을 출간하여 자신의 예측력을 500년으로 연장하고, 그 구체적 전략과 설명력의 지평을 확장한 바 있다.[4]

○ **미국과 중국의 상반된 국가·역사 정체성**

미국은 제국에 대항하여 혁명을 일으킨 첫 국가였다. 대영제국에 대한 독립선언은 대영제국이 아니라 제국이라는 아이디어 자체를 비판한 것이다. 미국은 자신이 현재와 같은 지위와 역할을 맡게 될지 예상치 못했다. 사실 로마와 대영제국도 마찬가지다. 많은 미국인들은 제국을 원하지 않는다. 비용도 부담스럽고, 증오의 대상이 되는 것도 싫다.

지금 미국은 모든 해상무역을 관리·통제하고 세계 경제의 25%를 담당하고 있다. 다른 나라들이 원하든 원하지 않든간에, 미국의 거대한 경제·안보적 파워는 국제사회에서 미국의 제국적 위상을

---

4. 필자는 조지 프리드먼의 저서에 조선일보 김남인 기자의 인터뷰를 덧붙여 참고한다.(김남인, "美 제국, 500년은 더 간다", 조선일보 WEEKLY BIZ, 2011.5.28) 김남인 기자의 프리드먼 인터뷰는 그의 저서 『다가올 100년』을 현재진행형의 관점에서 자상하고 풍요롭고 아름답게 해설하여 주고 있었다. 그로부터 8년 뒤 다시 들여다 본 김 기자의 인터뷰는 "거인들의 어깨 위에 올라 그들과 함께 본 세상"이라고 표현했듯이, 시대를 앞선 탁월한 값어치가 가득하다. 가급적 원문을 다치지 않으려고 노력하며, 그 요지를 인용한다.

버리지 못하게 한다.

사람들은 미국이 쇠퇴하고 있다고 늘 말해 왔다. 1930년대 대공황 때, 1970년대 베트남전 이후 실업률이 치솟고 미국경제가 불황에 빠졌을 때, 1980년대 일본이 세계경제의 수퍼 파워로 등장했을 때 학자들은 일본이 미국을 이길 것이라고 했다. 하지만 그런 관측·믿음은 모두 깨졌다. 2008년 미국발 금융위기도 역사상 네 번째였을 뿐이다. 미국이 쇠퇴한다는 믿음이 곧 미국을 지금의 위치로 끌어올린 동력이다. 지속적인 좌절감 속에서 쇠퇴하지 않으려고 발버둥을 치는 역량이 미국인의 생존력이다.

중국의 현실은 암울하다. "중국은 부상(rise)이 아닌 붕괴(collapse)를 생각해야 한다. 개혁개방 이후 중국은 잘해 오고 있지만 동시에 많은 문제를 안게 됐다. 그 핵심은 가난이다. 6억 명이 가구당 하루 3달러 미만의 벌이로 산다. 4억 4,000만 명은 6달러 미만으로 산다. 13억 명 중 10억 명 이상이 아프리카처럼 가난 속에서 살고 있는 것이다. 물론 6,000만 명의 다른 중국(4000만 명의 공산당원과 기업가)이 있다. 이들의 국민소득은 연평균 2만 달러를 상회한다. 하지만 이것은 중국 전체인구의 5% 미만이다. 진정한 중국이 아니다."

중국을 들여다보면, 중국은 내부 경제(internal economy)가 없는 나라다. 식량을 자급자족하지 못하고, 오일을 수입해야 하며, 도시와 농촌, 지역 간 경제생활의 격차가 크고 교류가 원활하지 못하다. 국제적으로는 유럽과 미국이 제품을 사 주지 않으면 존립하지 못하는 수출의존형 국가이다. 그래서 중국은 외부 세계의 인질이나 마찬가지다. 계층 사이에는 상당한 긴장이 조성되고 있다. 빠르게 성장하고 있을 때는 이 문제를 다루기 쉽다. 그러나 더 이상 그렇게 못 한다. 임금이 전처럼 싸지 않기 때문에 수익성을 받쳐 주지 못한다. 고부가가치 산업으로 이동하려고 하지만 미국·독일·일본·한국과 같은 쟁쟁한 나라가 버티고 있다.

지금 중국의 상황은 1989년 일본과 같다. 일본은 눈부신 성장 뒤에서 금융 시스템이 붕괴하고 있었다. 지금 중국처럼 일본은 외국 자산을 사들였다. 중국의 성장 싸이클이 막바지에 달했다는 신호다. 국가마다 다른 해법을 찾는다. 일본은 (1995년 프라자 합의에 의해) 성장률을 낮췄다.

○ 미국민과 중화인들의 사유방식은 극과 극

미국인들은 낙천적이고 미래지향적이라는 생각은 착각이다. 미국인은 웃고 있지만 내면에는 불안(anxiety)를 안고 있다. "당연히 최고여야 하는데 그렇지 못하면 어쩌나" 하면서 전전긍긍한다. 이는 미국 사회를 불행하게 하는 동시에 강력하게 만드는 요소다. 그래서 미국은 앞으로도 중국을 필요로 할 것이다. 과거에 소련과 일본이 필요했던 것처럼 말이다. 누군가 우리를 압도할지도 모른다는 긴장을 미국 스스로 필요로 하는 것이다. 미국인의 영혼은 언제나 그런 불안을 찾아다닌다.

기억하라. 우리는 조상들이 다른 나라에서 실패해 이리로 이민을 온 사람들이다. 미국의 정신은 이민의 역사와 엮여 있다. 그래서 모국·외부인에게 '우리는 실패자가 아니다'라는 걸 보여 주는 것이 늘 중요했다. 나의 부모님의 경우 헝가리에서 살 곳이 없어 미국으로 왔다. 부모님은 교육에 열성을 쏟았다. 미국 이민자들은 고향 사람에게 성공했다는 것을 보여 주고 싶어 한다. 그것이 나를 여기까지 이끈 원동력이다. 미국으로 온 한국인들도 마찬가지다. 그들에게 가장 큰 수모는 무엇인가? 다시 한국으로 되돌아가는 것 아닌가? 이런 사람들이 모인 곳이 미국이다. 소련? 일본? 중국? 누구든 미국을 압도하면 안 되는 이유가 여기에 있다.

중국이 살아남는 길은 없다. 중국은 실업을 인내할 여력이 없다. 일자리를 찾아 도시로 이동한 농민들이 일자리를 잃으면 사회를 불안정하게 한다. 이들의 원망을 가라앉히기 위해 중국은 6,000만 명에게 세금을 거둬 분배해야 할 것이다. 거둬들인 돈으로 군대의 충성은 유지할 수 있겠지만, 중국의 해법은 국민들을 억압하는 것뿐이다.

○ 500년 영원한 제국 대 2020년에 붕괴할 공산국가

미국은 제국이다. 향후 500년은 더 간다. "미국은 세계 GDP의 25%를 차지한다. 중국, 일본, 독일을 합친 규모다. 한국을 비롯한 수많은 나라가 자국 GDP의 5~10%를 미국에 의존하고 있다. 미국의 해외 직접투자는 세계 해외 투자의 22.5%를 차지한다. 미국은 세계 최대의 채무국이지만, 그 사실 자체로 세계 시장에서 또 다른 영향력을 행사하고 있다. 누구도 미국의 영향에서 벗어날 수 없다. 이런 미국의 일극 지배가 끝나고 다극화 시대가 열린다고 한다. 하지만 지금 실제로 일어나는 다극화는 미국을 제외한 일본, 중국, 독일 등 2위 이하의 리그에서 벌어지는 일일 뿐이다."

21세기에도 미국은 세계를 지배하는 중심국의 위치를 차지한다. 미국이 세계를 지배할 수 있는 것은 태평양과 대서양을 지배하고 있기 때문이고, 그 이후에는 지구 밖 우주에서의 방위 시스템을 지배한다. 따라서 미국은 향후 500년간 세계중심의 단일 강대국의 위치를 유지할 수 있다.

미국은 제국 자체가 최종목표이기 때문에 더 이상의 최종 목표는 존재하지 않는다. 제국을 이룬 미국은 다른 나라들 사이에서 힘의 균형을 잡음으로써 자신을 지키고 있을 뿐이다. 군대를 파견하지 않아도 될 수 있도록, 제국의 생존은 끝없는 이이제이(以夷制夷)에 달렸다.

미 제국은 일본과 균형을 맞추기 위해 붕괴하는 중국을 돕고, 통일한국을 강력한 파트너로 삼아 일본을 견제한다. 2030년 이전에 이뤄질 가능성이 높은 통일한국을 미국은 다른 대안이 없기 때문에 환영한다. 7,000만 인구와 한반도, 자본과 기술로 무장한 통일한국의 역량은 일본을 압도할 정도는 아니지만 충분한 위협이 되는 가시(thorn)와 같은 존재이다.

향후 10년 동안 중국은 장기적인 관점에서 해답을 구해야 한다. 갈등을 해결하기 위해 마오쩌둥이 한 것처럼 나라를 폐쇄시킬 것인가? 아니면 20세기 중반처럼 지역주의와 불안정 패턴에 따를 것인가? 선택의 기로에 서 있다.

중국이 러시아를 대신할 강대국으로 부상할 가능성은 적다. 현재도 중국은 내부적으로 많은 문제를 안고 있고, **2020년에는 중국이 분할될 가능성이 높다.** 중국은 대국의 지위를 유지하겠지만, 세계를 지배할 강대국으로 발전할 수 없다.

2) 피터 자이한(Peter Zeihan):
셰일혁명과 미국 영세단일 패권, 중국교정주의

『THE ACCIDENTAL SUPER POWER, 2014』: 21세기 미국패권의 지정학

『ABSENT SUPER POWER, 2016』: 셰일혁명과 미국 없는 세계

2014년 피터 자이한이라는 41세의 젊은 전략분석가 내놓은 한 권의 책이 정가와 학계는 물론 미국 지식인층을 뒤흔들었다. 『우연한 초강대국』(THE ACCIDENTAL SUPER POWER, 2014)이란 그의 책은 '중국의 G2 급부상과 미국쇠퇴론'이라는 대세를 훅하는 순간에 무너뜨리고, 미국 단일 영구패권 논리를 재정립했다. 그 입론의 양대 축은 미국과 중국의 지정학적 차이와 셰일 혁명이었다.

피터 자이한이 제시한 미국과 중국의 지정학적 조건의 차이에 따르면 미국은 패권국가가 될 수밖에 없는 천혜적 조건을 타고났으며, 중국은 붕괴될 수밖에 없는 태생적 한계를 안고 있었다. 특히 지정학 요건에서 미국은 셰일혁명으로 오일을 자급자족하지만, 중국은 수입에 의존할 수밖에 없는 한계를 안고 있다. 따라서 중국은 미국의 패권상대가 될 수 없다.

2년 뒤인 2016년, 피터 자이한은 『셰일혁명과 미국 없는 세계』(ABSENT SUPER POWER, 2016)라는 역작을 내놓아 목전에 닥친 미중 패권전쟁의 필연성, 그 전개 양상, 그리고 결과를 모두 분석으로 전망했다. 그는 미국의 국가외교 전략노선은 (누가 대통령으로 당선되든) 제2차 세계대전 이후의 국제질서를 미국 중심으로 확고히 정립하고자 하는 근본적인 목적과 지향성의 출발점이라고 단언했다. 놀랍게도 2017년 트럼프 미 행정부의 출범과 함께 그가 예측한 미중

패권 전쟁 기조의 흐름은 벗어남 없이 전개되고 있다.

피터 자이한은 조지 프리드만의 인맥이라 할 수 있다. 프리드만의 민간정보기관 스트랫포(STRATFOR)의 동료이자 후학으로서 세계사적 흐름의 인식과 미국 패권 전략의 기조를 공동연구했다.[5] 트럼프는 후보시절 조지 프리드만과 피터 자이한 등이 제시한 미국 패권전략과 대중국전략 기조를 충실히 학습·수렴·반영하여 공약에 담았다. 2016년 트럼프가 미 대통령직에 당선됨으로써, 클린턴·부시·오바마 행정부에까지 16년간 유지되어 오던, 미국의 전통적인 패권전략과 대중국 정책노선은 완전히 다른 방향으로 전환된다.

트럼프가 후보시절 제시했던 미국우선주의와 중국교정주의 정책기조는 '정치 이단아'의 선거용 공약으로 끝날 것이라는 관측도 없지 않았다. 그러나 2017년 1월 출범한 뒤 미국 국내정치를 안정화시킨 트럼프 행정부는, 집권 2년차 2018년 4월 중국을 향해 관세를 부과하며 포문을 열었다. 미국의 중국 공격이 현실화된 것이다.

피터 자이한은 '지정학의 현미경'을 통해 미국과 중국의 지도(map)를 들여다본 결과, 양 국가의 비교조차 할 수 없는 엄청난 격차를 발견했다. 지정학이란, 자연지리적인 환경이 국제정치와 국

---

5. 피터 자이한은 누구인가? 1973년 미국 오하이오주 출생, 켄터키대학 통상외교학 전공, 오스트레일리아 주재 미국 국무부에서 근무한 지정학, 글로벌 에너지, 인구통계학, 안보 전략 전문가. 조지 프리드만이 CEO로 있으며 세계 최고의 민간 정보기업으로 평가받는 〈스트랫포(STRATFOR)〉에서 분석 담당 부사장으로 발탁되어 근무했다. 조지 프리드만의 동료임을 감안하면, 미국우선주의, 지정학, 해양권력, 오일역량, 군사력, 정치체제 등 기준에서 상당 부분 인식을 공유하고 있다고 하겠다. 그는 2012년에 자신의 회사인 지오폴리티카를 설립하고, 에너지 대기업, 금융기관, 농업 단체, 미군 등 주요 고객들에게 세계정세 분석과 지정학 관련 정보를 제공하고 있다.

제관계에 미치는 영향, 즉 자연지리가 행위자(actor)의 자격으로서 국가운명과 국제관계에 미치는 직간접적인 행위역량을 의미한다. 지정학은 운송의 균형, 원양 항해, 산업화 등 세 가지 요소를 상호작용하면서 국가의 운명을 결정한다. 특히 국가와 국가 간에는 운송의 균형이 부국강병을 구축하는 열쇠다.

예를 들면, 자원이 부족한 섬나라인 일본은 제해권을 발달시켜 생존과 번영을 꾀할 수밖에 없고, 반도국가인 한반도는 해양문명과 대륙문명 간의 경유지(hub)로서 그 지위와 역할을 지니게 된다. 이와 같이 자연지리적 환경은 국가의 운명노선을 사실상 결정짓는다.

미국은 우연히 패권 강대국이 되었다. 미국은 천혜의 지정학적 이점으로 패권강국이 되었다. 미국이 지닌 힘의 근원은 어떤 특정한 계획이나 이념이 아니라 지리적 위치에서 비롯됐고 미국은 우연히 힘 있는 나라(The Accidental Superpower)가 됐다.

미국 내륙은 1만 7,600만 마일에 달하는 운항 가능한 수로로 연결되고, 풍부한 수원은 그 주변을 방대하고 평평한 경작지로 창조한다. 미국은 농수산물의 자급자족을 넘어 밀과 옥수수와 콩 등 곡물 수출 국가이다. 미국대륙은 또한 태평양과 대서양 두 대양에 접하여 있다. 어떤 나라도 미국을 효과적으로 침공하기 어렵다. 반면 미국은 세계 어느 곳이든 자유롭게 진출이 가능한 완벽한 입지를 갖추고 있다.

미국은 1867년 러시아로부터 미국 본토의 3분의 1에 해당하는 얼음 덮인 땅 알래스카를 700만 달러에 매입한다. 알래스카는 뒤에 금광, 철광, 석탄, 석유 등 천연자원의 보고로 그 진면목을 드러냈고, 냉전시기부터는 구소련의 군사력으로부터 본토를 방어하는

안보 요충지로서도 그 위상이 격상된다. 미국은 1898년 이후 초강
대국이 되었고 1945년 제2차 세계 대전을 종식시켰으며, 전후 세
계 질서의 중심축이 되었다.

우리는 미국을 해양 패권 국가라고 부른다. 미국의 해군력은 대
서양과 태평양, 나아가 인도양까지 지구적 차원의 대양 제해권을
장악하고 있다. 뒤에 설명하겠지만 브레튼우즈 체제를 통해 전후
미국은 구소련을 억제하여 세계안보를 책임지고 중동 오일의 대양
이동경로를 감시하며, 금본위 미국달러를 기축통화로 삼는다. 연
합국은 대양을 자유롭게 왕래하며 자유무역을 통해 경제발전을 추
구한다.

반면, 중국은 지정학적 기준으로 볼 때 결코 패권 강대국이 될
수 없다. 중국은 강대국이 될 수 있는 필요충분조건인 지정학·정
치학·경제학·인구통계학적 여건을 전혀 갖추지 못한 나라에 해당
한다. 중국은 산악이 국토의 80%에 달하고, 양쯔강과 장강 등 하
천은 산악을 굽이치며 거칠게 흐르고, 격리된 농토로 인해 도시는
유기적으로 연결되어 발달하지 못한다. 운항 가능한 수로의 길이는
2,000마일에 불과하다. 수로를 기반으로 하여 주요한 자본이 창출
되고 시장과 도시가 발달했다. 그러나 연계성이 적고, 식량은 자급
자족이 되지 않아 수입해야 한다. 정치적으로 공산당 일당독재이
고, WTO체제에 가입했으나 자유시장경제가 아닌 국가통제 자본
주의국가이다. 인구 13억 명으로 잡을 때 상위 10%를 제외한 10억
명 이상이 가난과 절약의 미덕 속에서 삶을 영위하고 있다. 도시와
농촌 간의 빈부격차가 크고, 도시민들은 농촌으로 다시 돌아가지

못한다.

중국은 대륙으로는 러시아, 인도, 일본 같은 지역 강대국들에 둘러싸여 있고 현재의 해군력으로는 태평양 공해에 접근하는 것조차 용이하지 않다. 그럼에도 불구하고, 중국은 말라카 해협과 남중국해의 오일 수송로를 확보하기 위해 해군력을 증강시키고 있어 이 지역의 인도네시아, 베트남 등 동남아국가들과 첨예한 긴장감이 조성될 수밖에 없다. 미국의 힘은 이들 동남아 국가들에게서 생산되는 미국의 이익을 보호하는 형태로 과시된다.

○ 셰일혁명, 이전과 이후의 미국 국가정체성의 전환

피터 자이한에 따르면, 세계 질서의 붕괴는 3대 시대적 변화와 함께 온다. 미국의 세계무대 은퇴, 전 세계 인구의 급속한 고령화, 미국의 셰일 혁명이다. 특히 미국에게 셰일혁명은 제5차 산업 선도의 핵심기반이다.

1945년 이후 미국이 국제질서 무대에 직접적으로 등장한 첫 번째 이유는 자유주의와 민주주의, 자본주의를 수호하기 위함이었다. 두 번째 이유는 자국의 생존과 직결되는 에너지, 즉 석유 확보였다. 닉슨 대통령은 1970년 베트남전에서 철수하면서 키신저 국무장관을 보내 미국 달러를 중동오일의 결재수단으로 협약하면서 세계기축통화를 세웠다. 지미 카터 대통령은 "미국의 에너지 확보를 위협하는 세력을 막기 위해 군사력을 사용할 것"이라는 '카터 독트린'을 제시했고, 이후 모든 대통령들은 대외정책의 기조로 충실히 이행했다. 그러나 2008년 자유민주주의와 시장경제, 인권의 총본산이라는 미국에서 금융위기가 벌어졌고, 유가는 배럴당 120달러 선으로 치솟았다.

미국인들은 개발비용이 높아 엄두를 내지 못했던 화석연료에 주목했다. 지주, 개발업자, 지방정부가 개척자 정신으로 뭉쳐 축적된 기술정보를 공유하고, 도산한 기업은 합병하면서 서로 협력했다. 진화된 기술노하우와 함께 2010년경 개발된 셰일 오일은 중동산 오일 생산단가를 추격하는 가격경쟁력을 획득하기에 이른다.

버락 오바마 대통령은 2012년 연두교서에서 "미국은 향후 100년간 사용할 수 있는 가스를 발견했다"면서 미국 에너지 혁명의 시대를 예고했다. 지난 10여 년 동안 하루 1,000만 배럴이었던 북미 대륙의 석유 공급량이 2014년에는 200만 배럴로 줄었다. 2018년 미국은 에너지 분야에서 자급자족하는 국가를 넘어서 세계 최대 수출국으로 변모했다.

나아가 셰일 정제과정에 부산물로 생산되는 무궁무진한 LNG 가스는 거의 공짜에 다름 아니고, 석유와 관련된 거의 모든 화학제품의 원료가 된다. 세계 최대 석유수입국 미국이 에너지 딜레마로부터 자립하게 되면서, 국제 정치경제 역학적 면에서 브레튼우즈 체제와 WTO의 무역 질서는 근본적으로 재편이 불가피한 역설적 국면이 도래한다. 알고 보면, 지난 16년간 미국과 세계로부터 가장 많은 특혜를 누렸던 중국에게는 직격탄에 해당한다. 세계 최대 수입국가 미국은 이제 사실상 수입이 전혀 필요가 없는 나라로 그 정체성이 변동되었다.

피터 자이한의 관점은 오로지 미국의 셰일혁명이 세계권력 질서의 변동관계에 미친 역량과 성격, 규모에 집중된다. 셰일혁명 이전의 미국과 혁명 이후의 미국은 전혀 다른 국가정체성을 띤다. 2008년 미국발 금융위기 이후 미국인들의 절박감 속에서 2010년부터 개발되기 시작한 미국형 화석오일, 셰일가스의 개발과 내수부흥, 그리고 수출과 석유화학분야 사업 발전은 미국을 다시 세계 제조업의 중심으로 복귀시키고 있다.

미국은 석유수입국에서 수출국으로 완전히 변모했다. 그리고 브레튼우즈 체제의 핵심고리, 즉 중동산 유가와 유통·관리의 딜레마도 자동 해소되었다. 이제 미국은 자신들의 산유량을 조절함으로써 유가를 안정적으로 관리할 수 있게 되었다. 즉, 중동의 산유국 OPEC가 유가를 올리려고 한다면 미국은 생산량을 늘리는 방식으로 조율한다. 미국은 기축통화에 이어 명실상부한 에너지 패권국가로 변모했다. 중동 산유국들과 미국은 입장이 바뀌었다.

미국은 오일가의 안정적인 관리를 위해 아랍 국가들의 종교와 역사적 이해관계에 쉼 없이 간섭해야 하고, 호르무즈 해협과 말라카 해협을 잇는 대양 원유수송로를 지키는 막대한 군비부담으로부터 벗어나게 된다. 동시에, 값싼 셰일 덕분에 엄청난 내수와 산업 경쟁력을 갖게 된다. 국내적으로는 값싼 가스와 전기가 제공되면서 물가는 안정되고, 제조업의 막강한 경쟁동력이 되고, 일자리 창출과 함께 실업률이 낮아지면서, 내수가 살아나고 미국의 제조 산업 경쟁력이 높아진다.

트럼프는 이제 "미국과 세계 제조업이여, 미국으로 돌아오고 투자하라"고 외친다. 즉, 트럼프가 FED(연준)에 금리인하와 양적완화를 강력하게 요구하는 것도 달러가 해외로 유출돼도 미국 내의 내수와 경쟁력을 획득하면서 오히려 강달러가 되는 탓이다. 강달러는 미국 내에서 순환하며 이익을 확대재생산한다는 역설적 국면이 도래했다는 자신감 때문이다.

미국에게는 거의 공짜나 다름없는 셰일가스는 미국인의 가정생활에는 세계에서 가장 저렴한 전기료를 제공하고, 제조업들에게는 세계 최고의 경쟁동력이 된다. 따라서 세계의 고부가가치 기술이 필요한 제조업은 미국으로 복귀시키고, 일반 소비 생필품 등은 인도와 베트남 등 새로운 동맹국가로 생산기지를 다변화하면, 중국에 대한 미국의 의존도는 거의 없게 된다. 비로소 미국은 잘못된 정책으로 중국에게 넘겼던 잃어버린 16년, 즉 세계 생산력의 구심력과 힘의 원심력을 확보하기 시작한다. 미국은 자기충분성의 세계국가의 면모를 과시하고 있다.

반면, 중국은 따칭 유전 등을 제외하면 오일생산의 불모지와 같다. 남중국해 남사군도 분쟁도 알고 보면 오일 매장량 때문에 발생한다. 오히려 개발도상국으로서 국가주도의 가파른 성장과정에서 세계의 공장으로 올라서는 동안, 세계 최대 석유 수입국으로 변모했다. 중국에는 미국보다 1.5배가 많은 셰일가스층이 매장되어 있다. 그러나 스촨성(泗川省) 일대에 분포된 세계 최대 셰일 화석층은 개발이 난망하다. 미국과는 달리 물의 부족과 인프라 부족, 지진의 위험성, 공산당체제의 한계 등 원천적·구조적으로 개발이 난망하다. 오히려 2016년 이후부터는 미국으로부터 가스를 수입하고 있다.

따라서 중국은 육상으로는 이란과 파키스탄을 통해 송유관 건설을 추진하고, 해상으로는 호르무즈 해협과 말라카 해협을 통해 끊임없이 오일을 운송해야 한다. 그러나 중국 해군력은 대양 제해권을 장악하고 있는 미국 해군력과는 비교조차 할 수 없다.

미국의 제조업의 부흥과 중국의 제조2025는 비교하기 어려울 정도로 큰 격차가 난다. 오일과 가스는 제조업의 원동력이다. 중국은 값비싼 동력을 수입하여 제품을 생산해야 한다. 그러나 미국은 헐값의 동력을 제공받는다. 생산원가에서부터 크나큰 격차가 난다는 것이다. 특히 석유화학 계열 산업은 다시 자동차와 환경산업으로 연결된다. 피터 자이한에 따르면, 중국은 크나큰 오판을 하고 있다.

3) 트럼프의 세계전략:
브레튼우즈 체제의 교정과 중국의 일반국가화

피터 자이한 등이 제시하고 트럼프가 실행하고 있는 목표와 전략과 정책은 어떤 양상으로 전개되고 있는가. 목표는 물론 위대한 미국의 재건, 세계 패권국가 미국의 재정립이다. 심층에 숨겨진 전략은 브레튼우즈 체제의 교정이고, 그 표면적인 양상은 미중패권전쟁으로 전개된다.

브레튼우즈 체제(Bretton Woods system, BWS)는 2차 세계대전 이후 세계의 경제와 안보의 질서를 미국중심으로 재편한 협정체제이다. 종전 직전인 1944년 미국은 뉴햄프셔주 브레튼우즈로 연합 44개국을 초청하여 통화 금융 회의를 열고 협정을 맺었다. 이 협정을 브레튼우즈 체제라고 부른다.

미국은 역사상 처음으로 미국이 보장·억지하는 대양 항해의 자유를 보장하고, 진영 내 모든 국가들에 자국 시장에 대한 자유로운 접근을 허용하기로 했다. 회원국들은 더 이상 시장과 자원을 놓고 전쟁할 필요가 없게 되었다. 연합국 간에 통화 가치 안정, 무역 진흥, 개발도상국 지원을 목적으로 하며 환율을 안정시키는 것이 주요한 목표였다. 협정에 따라 관세 및 무역에 관한 일반협정(GATT) 체제, 국제통화기금(IMF)과 국제부흥개발은행(IBRD)이 창설되었다.

구체적으로는 금본위 제도를 기반(1온스당 35달러 고정)으로, 미국 달러화를 기축 통화로 하며 그 외에 다른 나라의 통화는 달러에 고정시켰다. 브레튼우즈 협정체제는 1945년 이후 미소냉전이 격화되면서 소련연방을 견제하기 위한 연합기구적 성격으로 강화되었고, 제 1세계 국가들은 국경을 허물고 대양의 자유와 자유무역을 기반으로 기록적인 고도성장을 이루었다.

GATT는 국제 협정이지만 조약과 매우 유사하다. 미국법하에서는 집행력이 있는 협정으로 분류된다. GATT는 "무조건 최혜국대우 공여원칙"에 의거하고 있다. 이는 다자간 교역규범의 가장 중요한 원칙인 비차별성을 강조한 것으로, 가장 혜택을 입는 국가에 적용되는 조건이(즉 가장 낮은 수준의 제한) 모든 다른 국가에도 적용되어야 한다.

세계무역기구(WTO)는 1947년 GATT를 대체하기 위해 등장했고, 세계 무역 장벽을 감소시키려는 목적으로 탄생했다. 이는 국가 간의 무역을 좀 더 부드럽고, 자유롭게 보장해 준다. 브레튼우즈체제의 핵심인 WTO체제의 대표적인 수혜국으로는 나토 회원국, 전범국이었던 독일과 일본, 그리고 전쟁을 치른 한국도 포함되며, 최대 수혜국은 중국, 최후 수혜국으로는 인도와 베트남 등 동남아시아가 꼽힌다.

피터 자이한은 셰일혁명의 축복은 미국을 **자기충족적인 국가**로 변모시켰고, 미국의 세계질서 주도역량이 자동적으로 회복되었다고 평가한다. 따라서 더 이상 미국의 역량을 희생하는 브레튼우즈 체제는 존재 의미가 상실되었고, WTO체제의 존속 가치 또한 재평가와 교정이 필요하다. 피터 자이한은 강조한다.

"브레튼우즈 체제의 본질은 소련에 맞서기 위한 안보동맹 체제이다. 미국이 안보를 주도하는 대신 동맹국들에 경제적 이익을 안겨주는 체제였다. 미국은 이 체제를 이용해 자국의 상품을 떠넘기기보다는 동맹국들에게 미국 시장에 대한 일방적인 접근을 허용했다. 그래서 오랜 기간 미국은 엄청난 적자를 감수해야 했다. 냉전은 이미 30년 전에 끝났다. 미국의 안보상황이 변했고, 미국의 안보정책도 변하게 된다. 이는 세계화된 자유무역 체제(= 브레튼우즈 체제)의 종언을 뜻한다."

세기적인 전환을 예고한 피터 자이한의 주장은 트럼프의 공약, '위대한 미국의 재건'에 담겨 미국우선주의와 보호무역주의, 신고립주의, 미중 패권전쟁이라는 현재진행형적 양상으로 펼쳐지고 있다.

트럼프의 정책기조를 알기 쉽게 요약하면, ① 브레튼우즈 체제의 종식 ② 미국은 세계의 보안관 역할에서 점차 퇴진 ③ 핵무장 국가인 러시아로부터 유럽을 지키기 위해 나서지 않고 ④ 에너지 유통을 보장하기 위해 중동에 군대를 주둔시킬 필요성도 없다. 아시아 국가들을 위해 해로의 안전을 지켜주지도 않는다. 미국 시장에 대한 접근이 제한되고 보호 무역주의가 자리잡아가고 있다.

피터 자이한도 조지 프리드만과 같이 단언한다. 21세기에도 미국의 패권에 도전할 나라는 없다. 미국이 물러나 있는 한, 중국, 일본, 러시아, 인도 등 지역강대국들은 자국의 핵심적 이익을 놓고 충돌할 것이다. 이러한 상황에도 미국은 자국의 이익을 지나치게 해친다고 판단할 때까지 혼돈과 무질서의 세계로 돌아가지 않을 것이라 예측한다.

대중국 무역적자, 이란과 북한의 핵개발과 핵무장은 미국 국가안보와 핵심이익을 위협한다. 따라서 미중패권전쟁은 반드시 승리해야만 하는 전쟁이다. 트럼프 행정부 출현 이후 전개된 미중 무역전쟁 과정에서 미국은 여야, 상하원, 주도적인 언론 할 것 없이 북한과 이란 핵 딜레마는 모두 중국의 국가이익과 연결되어 있다는 실체적 진실에 대한 학습과 인식을 공유하게 되었다.

트럼프의 대중국 전략은 치밀하고 정교하게 준비된 매뉴얼과 같다. 역사철학적으로는 브레튼우즈 체제의 역사적 교훈, 외교적으로는 16년간 실패한 정책의 경험, 현실적으로는 셰일혁명의 역량이 미국과 미국인을 자기충족적 이상사회로 발전시켜야 한다는 미래지향적 시대정신을 확인한 끝에 추진되고 있다.

미국과 트럼프의 입장에서 볼 때, 미국과 중국의 패권전쟁은 없다. 즉, 중국을 특혜로 우대하던 브레튼우즈 체제는 이미 없고, WTO도 교정되어야 한다. 역설적으로 브레튼우즈 체제, 즉 미국의 희생을 전제로 한 자유무역주의 체제가 사라진다면, 중국은 자국의 존립 여부부터 고뇌해야 한다.

미국은 **"중국이 무슨 G2 강국이냐"**라고 코웃음 섞인 반문을 던진다. 불균형의 자연지리적 환경에 자급자족이 되지 않는 식량, 세계 최대 오일 수입국, 유연성과 자율성이 없는 공산당 일당 시진핑 영구집권 독재체제, 도시와 농민 간의 소득과 삶의 질의 격차, 10% 중산층과 90%의 가난한 국민들의 분열, 홍콩, 대만, 티베트, 신장위구르 등의 독립열망 등을 먼저 극복해야 강대국 반열에 오를 수 있다는 '침묵의 진단'과 '묵시적 강요'를 하고 있다.

조지 프리드만에 이어 피터 자이한은 예언한다. 중국은 지난 16년간 미국과 브레튼우즈 체제의 최대 수혜국이다. 중국은 현재 GDP의 15%를 직·간접적으로 대미 수출에 의존하고 있고 필요한 석유의 3분의 2를 수입한다. 브레튼우즈 체제가 사라지면, 중국은 석유, 원자재, 해외 시장을 확보하는 데 엄청난 난관에 직면하게 된다.

거칠고 다양한 지정학적 토대 위에 세워진 중국은 역사적으로 혼란과 분열과 가난과 차별의 상황을 반복해서 맞아 왔다. 결국 중국의 역사가 말해 주듯이 통일된 하나의 중국을 유지하기 어려울지도 모른다. 자국의 존립을 고뇌해야 할 처지에, 가슴에 비수를 품고 미국의 품 안에 들어와 16년간의 경제성장을 구가했다. 자국의 존망을 실존적으로 고뇌해야 할 처지에 미국에 패권도전이라는 망상을 떨고 있다.

피터 자이한은 한마디로 "그냥 두면 중국은 망한다"고 예언한다. 셰일혁명은 미국의 영광의 재현과 이단아 트럼프 출현의 알파요 오메가이다. 미국 스스로 무너지지 않는 한 세계 패권의 영원성을 의미한다.

Ph. D. 요한은 기록한다. '미국 고립주의'는 도널드 트럼프 대통령의 선택이 아니다. 조지 워싱턴 이래 '영세중립'은 미국 역사의 역사화된 외교노선이다. 이 지점에서 한국은 경각해야 한다. 한국의 번영은 언제, 어디로부터 시작되고 전개·축적되고 있는가라는 자문·자답·자증을 해야 한다.

피터 자이한은 한국에 대한 경고를 잊지 않는다. 변화하는 세계 추세 속에서 한국이 줄을 잘못 서는 순간, 즉 친중·친북·반미·반일 노선을 걷는다면, 한국의 국가운명이 흥망의 기로에 서게 된다. 2018년 이후 문재인 한국정부의 노선은 친중·친북·반미·반일노선의 혼선·오해는 없는지 자기검증이 필요하다.

3. 제국의 자기반성 2:
트럼프 미행정부의 대중국전략 브레인들

1) 마이클 필즈버리(Michael Pillsbury):
『백 년 동안의 마라톤』(The Hundred-Year Marathon, 2015)

"우리는 중국을 오판했다. 다시는 당하지 않는다."

2015년 '미국의 통렬한 자기비판'으로 시작된 한 권의 책이 미국 워싱턴을 뒤흔들었다. '미국의 세계패권을 대체하기 위한 중국의 비밀전략'이라는 부제가 붙은 『백 년 동안의 마라톤』이다. 작가는 미국 보수성향의 싱크탱크인 허드슨연구소의 중국전략센터(Center on Chinese Strategy)의 수장 마이클 필즈버리이다. 그는 리처드 닉슨부터 버락 오바마에 이르기까지 역대 대통령들의 대중국 외교전략을 자문했고, 현재 트럼프 행정부의 국방부 고문이다.

필즈버리는 서문을 통렬한 자기 고백으로 시작한다.

우리(미국)가 생각해 온 중국은 완전히 다른 세계이다. 1949년 건국한 중국 공산당(China)은 꼭 100년이 되는 2049년에는 미국을 능가하는 중국 특색의 사회주의 강국을 실현하겠다는 국가목표를 추진하고 있다. 우리는 중국을 역사의 피해자로 인식하는 잘못된 교육을 받아왔다. 우리는 중국문자의 의미조차도 모르면서 마치 중국의 모든 부분을 알고 있는 것처럼, 그들을 미국식대로 해석하고 미국식대로 포용하고 도와줬다.

만천과해 도광양회(瞞天過海 韜光养晦)[6], 그들은 하늘을 속이고 비수를 숨긴 채 대양을 건너 우리 미국에게 왔다. 같은 행동을 반복하여 강한 상대의 의심을 완전히 풀어버리는, 그들만의 마라톤을 하고 있었다. 우리는 있는 그대로의 중국을 정확히 읽는 데 거듭거듭 실패했다. 1945년 중국은 일황군국주의를 이기기 위해 미국과 연합했던 나라이다. 불과 5년 뒤 1950년 한국전쟁에서 미국과 유엔군이 중국국경에 도달했을 때, 중국은 압록강(Yalu river)을 도하하여 참전, 우리는 3만 명의 미군을 잃고 53년에야 종전해야 했다. 당시 워싱턴의 그 누구도 상상조차 하지 못했다.

이런 사실을 망각하고, 1971년 닉슨과 마오쩌둥 회담을 하면서도

---

6. '도광양회(韜光養晦)'란 '칼을 칼집에 넣어 검광(劍光)이 밖으로 새 나가지 않게 하고 그믐밤 같은 어둠 속에서 실력을 기른다'라는 뜻이다. 1978년 중국을 개혁개방의 길로 이끈 덩샤오핑은 향후 50년간 미국과 경쟁하지 말라며 이같이 충고했다. 1989년 천안문사태를 강제로 유혈 진압한 중국 덩샤오핑 체제는 미국과 서방으로부터 강한 압력을 받고 있었다. 이때 덩샤오핑은 자신의 후임으로 후진타오를 등용하면서 20자 방침을 남긴다. 그는 이것이 중국이 위기에서 빠져나오기 위한 방침이란 것을 여러 번 강조해서 말했고, 당시 외교부장이던 첸치천(錢其琛)은 덩샤오핑의 지시를 외교 전략으로 채택했다. 20자 방침이란 "첫째: 냉정하게 관찰할 것(冷靜觀察), 둘째: 서두르지 말 것(穩住刻步), 셋째: 침착하게 대응할 것(沈着應付), 넷째: 어둠 속에서 조용히 실력을 기를 것(韜光養晦), 다섯째: 꼭 해야 할 일이 있는 경우에만 나서서 할 것(有所作爲)"이라는 지시였다.

미국은 중국과 소련과의 관계를 오판했다. 1989년 천안문 학생 저항 사태 때 미국대사관을 폭격하겠다는 히틀러와 같은 협박도 받았다. 1971년 닉슨행정부가 중공 개방정책을 선언했을 때, 미국 조야는 공화당, 민주당 모두 '건설적인 포용정책(constructive engagement)'이라면서 미중수교를 환영했다. 미국시민들, 학자들, 외교관들, 그리고 전직 대통령들, 정책입안자들과 언론까지 중국을 피해를 받은 연약한 정부로 여겼다.

나(필즈버리)를 포함한 거의 모든 서방의 전문가들이 중국을 착각했다. 처음부터 틀린 가설을 갖고 중국에 접근했다. 더 정확하게는 중국에 대한 미국의 막연한 낙관론이 중국을 키웠고, 머지않아 호되게 당하는 그날이 오고야 말았다.

"우리는 잘못 알았다. 몸을 낮추던 중국은 자신들의 세력이 상대를 능가한다고 판단하면 가차없는 힘을 과시한다. 그들은 겉으로는 평화적인 양, 상대방을 존중하는 시늉만 내었을 뿐이다. 우리는 이제 그들과 싸움을 해야만 한다. 힘겨운 싸움이 될 것이다."

필즈버리는 미국이 중국을 오판하게 된 잘못된 가설로서 모두 5개의 핵심적 이유를 제시한다.

잘못된 가설1: 중국을 포용한다면 그들과 완벽한 협력이 가능할 것이다.

입증사실: 실패했다. 2001년 악몽의 9/11사태를 맞은 부시는 테러리즘과 대량학살 무기, 2003년 북한 핵이라는 공통의 위협 앞에서 중국과 연합했다. 그러나 중국은 이란과 북한 핵 야망에 아무

런 협력이 되지 못했다. 중국은 기술과 무역 분야에서는 서방과 세계질서의 입장에 맞게 전환했으나, 무역과 경제를 제외한 모든 분야에서 조우하는 데 실패했다.

잘못된 가설2: 중국은 민주주의 여정을 가고 있는 중이다.

입증: 망상이었다. 지나간 30년 동안 중국은 많은 변화가 있었다. 그러나 미국식 자유민주주의 시장경제 체제로 전환되리라던 기대와 전망과는 정반대로 중국 공산당체제는 존속되고 있고, 국가통제 자본주의가 강화되고 있다. 중국의 언론과 기업과 정보는 모두 국가통제에 있고, 기독교, 불교, 이슬람 등 모든 종교는 탄압받고 있다. 중국은 자유의 길을 걸어간 것이 아니라 중국 특색의 공산주의 독재 강화라는 전혀 다른 길을 걸어왔다.

잘못된 가설3: 중국은 무너지기 쉬운 약한 체제이다.

입증사실: 정반대로 강한 정부다. 1995년부터 2003년까지 수많은 서방전문가들은 체제로 인한 중국 붕괴위기와 아시아의 혼돈 상황 전망을 내놓았다. 소수민족 문제와 공산당 정권 관료들의 부정부패 등은 중국을 병들게 하고, 결국 경제붕괴를 초래할 것이라고 우려했다. 그러나 중국은 연평균 GDP성장률 7% 이상을 구가하며 2018년 초에는 미국을 추월했다. 중공붕괴 및 민주주의 체제전환론을 믿고 중국을 지원한 서구와 미국으로선 오히려 부메랑이 되어 돌아오고 있다. 중국제조2025는 중국이 미래 최첨단 산업분야에서 미국을 눌러버린다는 계획이다.

잘못된 가설4: 중국은 미국처럼 되고 싶어 한다.

입증사실: 미국과는 다른 가치관으로 미국을 누르고 싶어 한다.
미국의 극단적 오만과 자기과신(hubris)에서 비롯된 자기착각이었을 뿐이다.[7] 미국인들은 자신들의 마음을 솔직하며 직선적으로 표현한다. 그러나 중국문학에는 기만과 전략적 모호성 등 복잡성이 일반화되어 있다. 중국인들과 국영언론들은 기만전략을 높은 가치로 여기며, 그런 자신들만의 중화문화를 자랑스럽게 여긴다.

잘못된 가설5: 중국의 강경파는 쇠약하다.

입증사실: 기만술이다. 기만술은 마오쩌둥으로부터 시진핑에 이르기까지 강경파들에게 일관된 교훈이 되어왔다. 중국 싱크탱크들은 2008년 자본주의 본산인 미국에서 세계금융위기가 터진 직후부터 미국의 상대적 쇠락이 중국에 미치는 영향을 논의하기 시작했다.

'중국 공산당 건국의 100년이 되는 해, 2049년에는 경제 군사 정치면에서 미국을 대체하여 굴욕의 세기를 복수한다.' 이 기획이 바로 100년간의 마라톤, 즉 시간·역사전쟁이다. 중국 공산당은 건재하며 미국의 자유민주주의를 전복하고, 중국 특색의 사회주의 전략을 전 세계에 펼치려고 한다.

중국 체제에 비둘기파란 없다. 강경파가 유연한 온건파로 위장할 뿐이다. 온건한 비둘기로 위장된 매파를 똑바로 볼 때, 이들이 어떻게 중국을 파멸시킬 것인가를 보게 된다. 내가 100년간의 마

---

7. "교병필패(驕兵必敗): 승리의 자만에 안주한 군대는 반드시 패배하고
  겸병필승(謙兵必勝): 겸손한 태도로 훈련한 군대는 반드시 승리한다."(漢書, 魏相傳)

라톤이라는 보고서를 처음 제출했을 때 미 행정부와 전략분석가들
은 한결같이 눈을 돌리고 싶어 했다.

중국의 애국적 학자와 정보기관들이 이끄는 백 년 동안 마라톤의
결승선은 미국을 누르는 데 있다. 중국의 위안화를 세계기축통화로
추진하고, 위대한 중화민족의 부흥을 주창하고, 일대일로 전략을
추진하는 등 일련의 공세는 모두 미국을 목표로 하고 있다.

2) 피터 나바로(Peter Navarro):
"중공을 반드시 무너뜨려서 갈기갈기 찢어 버려야 한다"

『중공에 의한 미국의 죽음』, 『웅크린 호랑이』, 『다가오는 미중전쟁』

마이클 필즈버리 교수와 피터 나바로 교수의 저술을 저자중심으
로 읽으면, 영어 China의 글번역을 고뇌하게 된다. 중화인민공화
국(= 중국)과 중국공산당 체제의 이미지가 강한 중화인민공화국(= 중
공)이다.

트럼프 행정부와 이들 전략가들이 강조하는 China는 분명히 중
국공산당 정부, 즉 **중공**(中共)을 의미한다. 우리 한국정부·언론은
중국(中國)으로 호칭하고 있다. 그러나 트럼프 행정부 등장 이후, 미
중 패권전쟁이 개시되면서 미국이 호칭하는 China는 중화인민공
화국(= 중화공산당 국가), 즉 **중공**(中共)이 확실하다. 중공으로 번역하
면 설명과 이해가 훨씬 쉽다. 사실 미국 트럼프 행정부 이후로 미
국은 중국을 **중공**으로 지칭하고 있다. 따라서 필자는 피터 나바로

편에서 미중관계를 언급함에 있어 중공으로 칭한다. 독자들의 입장에서도 섬세하고 차별 있는 묘미가 느껴질 듯하다.

○ 트럼프 공화당 경선후보: 중공은 세계의 가장 역사적 · 거대한 도둑, '경제기생충'

"중공은 역사적으로 세계에서 가장 거대한 도둑이며 중공이 미국을 계속 강간하도록 내버려 두지 않겠다" 2016년 5월 공화당 대통령 후보 경선에 나선 트럼프가 중국을 향해 던진 말폭탄이다. 그해 12월 21일 트럼프 미 대통령 당선자는 국가무역위원회(NTC) 위원장으로 피터 나바로 미국 UC 어바인 교수를 임명했다. 전문가들은 이때부터 트럼프 말 폭탄의 진원은 피터 나바로이고, 미국과 중국 간 통상전쟁은 시간문제라고 진단했다.

피터 나바로는 미국 내 가장 강경하고 대표적인 반중국 지식인이다. 피터 나바로는 UC어바인 교수시절인 2006년 가을 "다가오는 '미·중 전쟁'의 전장은 어디이고 어떻게 승리할 것인가"에서 중국의 세계 경제무대 급부상과 미국에 대한 도전을 전망하고, 중국이 승리를 거둘 전쟁터로서 미국이 패전할 것임을 예견·경고했다.

피터 나바로의 시진핑·중공관과 정책대안은 마치 맥아더 총사령관이 스탈린·소련, 일황·군국주의, 히틀러·나찌를 바라보는 시선과 다름이 없다. 피터는 2011년 『중공에 의한 (미국의) 죽음』(Death by China)[8]을 출판하고, 2012년 다시 다큐멘터리로 만들어 방영했

---

8. 한국 언론에서는 '중국이 세상을 지배하는 그날'로 표현하고 있는데, 저자의 의도에 부합되지 않는다.

다. 매 단원마다 '죽음(death)'을 전제로 한 그 개별적 내용은 살벌하다. 중국의 인권유린에서부터 환경파괴, 품질관리, 군비지출증가, 자원남용, 군사력 팽창, 산업스파이, 해커집단, 인권유린에 이르기까지 중공은 '조지 오웰의 세계 1984'로 귀결된다. 예를 들어, 마오쩌둥과 오웰과 시진핑은 천안문에서 만나고, 그들의 목표와 노선은 죽음으로 귀결된다. 그 상대가 미국이든 세계이든 죽음·파멸에 이르게 된다.

미국 정치인들은 일반 미국 국민들의 생계를 팔아넘기고, 중공의 미국 내 기업의 지갑은 두둑해진다. 반면, 중공이 미국이 일자리를 빼앗고 미국 경제를 망치는 제로섬 게임을 한다. 모든 중국산 유독성 제품은 당신을 죽인다. 중국의 환경오염은 당신을 죽이고 싶어 한다. 그리고 중국인들은 당신의 일자리를 뺏고 있다.

미국의 무역수지 적자를 대폭 축소해야 하고 이를 위해 중국, 한국, 일본, 대만, 독일 등 미국을 상대로 무역흑자를 누리는 국가들에 대한 경제, 정치적 제재를 해야 한다. 특히 중국은 반드시 무너뜨려서 갈기갈기 찢어 버려야 한다. **"중공은 세계에 기생하는 경제 기생충"**이다.

미국은 중국 수입품에 대해 미국시장을 열어 줬지만 중국은 상호 개방조치를 취하지 않아 무역적자가 발생하고 있다. 미국 대기업은 거대한 중공시장에서 이익을 창출하기 위해 중국으로 공장을 이전하고, 미국 내 고용은 줄어들고 있다. 게다가 미국 회사들은 회사 기밀과 기술을 중국정부와 공유할 것을 강요받는다. 단기적으로는 중공에 접근했으나 장기적으로 경쟁사를 키우고 만다. 인권침해로 악명 높은 중공 정부는 해커와 스파이를 고용하여 미국 기업과 국방기관의 기술을 빼낸다. 그렇게 획득한 정보와 무역을 통해 벌어들인 수조 달러의 자금을 활용하여 군을 확장하고 현대화한다. 이런 비도덕적인 행위는 미국의 국가안보를 위협한다. 세계사적으로 유례가 없는 가장 불쾌한 경제 기생충이다.

○ **피터 나바로의 전략정책기조:**

　무역안보론, 선무역질서구축 · 연동세계안보질서 재편

　우선, 미중 무역의 균형을 찾아야 한다. 예를 들면, 2017년 미국의 대중 수출액은 1,299억 달러, 중국의 대미 수출액은 5,055억 달러로 미국은 3,752억 달러의 적자를 당하고 있다. 이는 미국 전체 경상적자 4,630억 달러의 65% 안팎, 무역적자 5,004억 달러의 60% 이상을 차지한다.

　불공정 무역이 미국을 죽이고 있다. 미국은 중국에게 규칙을 지키도록 강제하고, 안된다면 중공산 제품이 미국시장에 범람하지 못하도록 스스로의 보호주의 조치를 도입해야 한다. 즉 공정한 경쟁의 장을 만들기 위해서는 수입관세의 상향, 미국 소비자들의 중국산 제품 구매 축소, 중공에 대한 환율조작국 지정 조치가 필요하다. 중공의 약탈적 관행을 저지하기 위해서는 미국 민간기업 인수 금지조치, 지적재산권 절도 및 스파이 행위에 대한 엄격한 대처, 인권유린과 환경파괴 근절노력을 강요해야 한다.[9]

　나바로는 특히 중국의 약탈적 무역전술을 상세히 기록하고 미

---

9. Ben Forney, '제로섬 게임: 피터 나바로의 중국이 세상을 지배하는 그날'(아산정책연구원, 2017.2.22)

국의 정치인들과 다국적 기업 또한 미국의 제조업분야를 공동화하는 데 일조하고 있다고 주장한다. 이에 대해 비판여론이 제기되면 피터는 보수와 진보를 막론하고 '어리석은 헛소리(so much cow manure)'라고 일축한다. 중공산 제품은 미국인을 죽이고, 중공은 미국경제를 망치고 있다고 경고한다.

2001년부터 17년 동안 전개된 중국의 미래 국가전략과 목표를 지나칠 정도로 과격한 감성으로 파헤치고 분석·예시한다. 그 결과 이 책을 읽거나 다큐멘터리를 감상한 미국인들이라면 한마디로 "국제규범을 노골적으로 깔아 뭉개는 중국을 때려 부숴 버려야 한다"는 메시지에 격하게 공감하는 반면, 국가의 운명을 생경하고 저질적으로 묘사하는 피터의 전달방식에도 불쾌감을 느끼게 된다.

"중국에게 일격을 당한 미국이 겪어야 할 참상"

2006년 『다가올 미중전쟁』이 중공의 도전을 경고했고, 2011년 『중공에 의한 (미국의) 죽음』은, 특히 중국에게 일격을 당한 미국이 겪어야 할 역전된 참상을 강조했다. 2015년에는 『웅크린 호랑이(Crounching TIGER)』를 통해 중공을 어떻게 까부숴야 하는가에 대한 명분(관점과 입장)과 대중국 전략의 방법론을 제시한다. 웅크린 호랑이는 철저하게 미국의 입장에서 바라본 **패권 도전국 중공**이다. 제1부 제목부터 중국의 지향점은 선한가, 악한가로 시작하며, 투키디데스의 함정을 기준으로 하여 미국 안보의 위기라고 전제한다. 미국의 입장에서 볼 때 중국의 남중국해, 동중국해는 물론이고 인접한 국가와의 국경에서 벌어지는 모든 국경 분쟁은 미국에 대한 도전이다.

중국의 입장에서는 그들이 석유를 수입하여 운반하거나 자국의 물건을 수출하기 위한 육상, 해상의 통로를 확보하기 위한 정당한 목적이라고 주장할 수 있다. 그러나 피터는 중공이 불법적인 행위와 더불어 군사력을 바탕으로 주위국가들을 압박하고 있다고 주장한다. 출처가 명확하지 않은 과거의 지도를 가져와서 자신들의 영토라고 주장하면서 압박을 하고, 인공 섬을 만들어 군사기지화하거나, 해상 공격을 하고 남사군도를 비롯한 필리핀, 베트남 등과 영유권 분쟁을 촉발한다.

○ 중공 해군력: 미국과 세계의 인도 · 태평양 평화를 위협하는 수준

주변국과 끊임없는 분쟁을 일으키는 중공의 의도는 미국의 열도 방어선을 무력화시키려는 목적이다. 중공은 자신들이 봉쇄된 미국의 제1도련선과 제2도련선을 뚫기 위해 바로 한국, 일본, 대만, 필리핀 베트남과 같이 미국 동맹국들의 영해에서 쉼 없는 도발(= 흔들기)과 영토분쟁을 상시화한다. 따라서 미국은 중국의 세력 확장 행위를 악으로 정의하고, 동시에 중공이 패권을 차지하면 세계 평화를 위협하는 존재로 부상할 수 있다.

중공의 대양 군사력은 이미 미국과 동맹국들을 위협할 수준에 도달했다. 항모전단은 미국이 우세하다. 그러나 중공은 나름의 핵전력체제와 인공위성을 기반으로 하여 비대칭 무기, 즉 대함미사일 개발에 성공하여 제해권 확보의 길을 열었노라고 주장하고 있다. 비대칭 무기가 실전에서 위력을 발휘한다면 미국은 중국과의 분쟁 지역에 신속하게 도착하기 어렵기 때문에 기존의 봉쇄선은 순식간에 뚫릴 수 있다. 그 결과 중국 주변의 미 동맹국들 일본, 한국, 대만, 필리핀, 베트남 등은 단독으로 중공과 전쟁을 벌이기 어렵다. 그 결과 미국의 태평양 제해권이 위협당하는 것은 물론 이들 동맹들이 중국 쪽으로 붙어버릴 수도 있다.

미국은 중공을 얕잡아 본 결과 위기에 빠졌다. 중국은 미국과 세계를 노리는 악한 의지를 가진, 웅크린 호랑이다. 그래서 악의 세력, 중공을 까부수어 무너뜨리고 세계질서를 재정립해야 한다. 강성파 피터 나바로 교수가 제시한 미래해법은 중공의 체제전환, 즉 자유민주주의와 시장경제체제의 전환이다.

그리고 그는 '미국 정치의 이단아'로 불리는 공화당 대통령 후보 트럼프에 의해 발탁된다. 트럼프는 피터 나바로가 민주당원임에도 불구하고 자신의 공화당 후보 선거캠프에 영입했고, 당선된 뒤 말했다. "피터가 내놓은 '중공에 의한 미국의 죽음'은 정확하다. 이 중요한 다큐멘터리는 사실과 수치, 통찰력을 통해 미중의 딜레마와 미래를 알려주고 있다. 꼭 한번 보기를 원한다."

2018년 3월 피터 나바로는 국가무역위원회 위원장직과 백악관 무역제조업정책국장을 겸직하게 된다. 2018년 이후 전개되고 있는 미중 패권전쟁의 중심 무역 분야 책사이다. 이후 철강관세 부과, 중국 지적재산권 단속, 슈퍼301조 발동 검토 등과 함께, 본격적인 미중 무역전쟁이 시작된다.

결국 피터는 "중공을 인권유린국가 = 저질상품 = 기술 절도 = 미국 성장의 적 = 세계경제의 기생충 = 군사대국화 = 미국 정치·안보 위협 = 때려 부숴야 할 적"으로 공식화한다. 그런 중공을 이겨내기 위해서는 브레튼우즈 체제(미국주도 안보와 세계 자유무역주의)의 중국적용 제한, WTO 미국 무용론, IMF의 중국제한, 대중국의 미국시장 폐쇄, 중국의 환율조작국 및 기술절도국으로의 지정, 미국 정관계 로비 및 선거개입 근절이라는 구체적인 방법론이 제시된다.

트럼프 행정부의 대중국 경제선전포고 바탕에는 2008년 이후 중미관계를 비판적으로 들여다본 미국학자들의 관점과 입장이 짙게 깔려 있다. 특히 필즈버리와 피터의 중국에 대한 관점과 입장은 트럼프행정부의 대중국 패권전쟁의 형태로 치밀하고 구체적이고 입체적으로 전개된다. 예를 들어 중국과 경제전쟁 중 대리전을 치룰 수 있는 변수촉발 지역은 중동의 이란과 한반도의 북한이다. 트럼프·미국은 이들 국가들이 어리석게도 중국을 대리하여 도발하지 못하도록, 군사력과 외교를 통해 묶어두어 분쟁 변수를 제거했다. 트럼프의 잦은 김정은과의 정상회담도 같은 맥락에서 수행되고 있다. 이들이 얼마나 철저하게 준비했는가를 확인할 수 있는 대목이다. 그리고 2018년 3월에 시작된 미중 관세전쟁의 확전양상, 2019년 4월 중국기업 화웨이 제제조치, 2019년 8월 중국 환율조작국 지정에 이르게 된다.

3) 마이크 펜스 미 부통령 허드슨 연구소 연설: "중국과의 신냉전 전쟁선포, 중국은 무찔러야 할 적"

필즈버리의 책 『100년 동안의 마라톤』이 출판된 1년 후, 트럼프는 미 대통령에 당선되었다. 다시 취임 2년째인 2018년 가을 트럼프는 필즈버리를 "중국에 관한 한 최고의 권위자"(He is the leading authority on China)라고 평가했다.[10] 필즈버리는 트럼프 행정부 대중국 인식관과 대중국 정책의 근간을 새롭게 정립했다. 필즈버리는 트럼프를 "이전 대통령들보다 훨씬 탁월하다"고 평가했고, 트럼프는 "그는 다차원의 체스를 둘 줄 안다"고 화답했다.

일주일 뒤 10월 4일 마이크 펜스 미국 부통령은 허드슨연구소를 방문하여 대중국 외교전략을 주제로 연설한다. 미국은 그해 1월, 중국산 철강 및 알루미늄에 대한 고율관세 부과로 관세전쟁을 시작했고, 9월 24일부터 중국산 제품 2,000억 달러에 대해 25%의 관세를 부과하여 무역전쟁을 본격화하기 시작했던 터였다. 본격적으로 무역전쟁을 개전한 2주일 뒤 펜스 미 부통령은 트럼프 대통령을 대리하여 허드슨연구소를 찾아 대중국 무역전쟁을 선언했다. 미국 보수 전략정책의 요람 허드슨연구소는 마이클 필즈버리가 수장으로 있는 중국 전략연구원이 소속되어 있다.

---

10. U.S. President Donald Trump gave a shout-out Wednesday to "the leading authority on China," sparking a flurry of Google searches as viewers raced to identify him.
"If you look at Mr. Pillsbury, the leading authority on China," Trump told a press conference in New York Wednesday, "he was saying China has total respect for Donald Trump and Donald Trump's very, very large brain." (bloomberg,2018.9.27)

Ⅲ.

미중패권전쟁 개막
: 미국의 응전(= 오래된 미래, 현재)

1. 미국, 중국 국가정체성을 재정립하다

1) 중국은 소련 공산당과 같은 중공, 미국의 적대국가로 전환

미국 지식인들은 미중패권 전쟁의 성격을 토인비의 사관에 입각했다. 중국의 도전에 대한 미국의 응전차원이다. 1978년 덩샤오핑의 만천과해·도광양회가 은밀한 도전의 준비기라면, 2013년 시진핑의 중국몽·주동작위를 본격적인 도전선언으로 평가한다.

미국의 응전은 조지 프리드만, 피터 자이한, 팀 마샬, 마이클 필즈버리, 피터 나바로 등 수많은 미국 지식인들의 중국의 역사와 실체에 대한 고뇌의 결과이기도 하다. 이들은 2001년 이전 중국과 2007년까지의 중국을 재인식하고 미국 스스로가 가진 잘못된 중국의 국가정체성을 중공(中共, People's Republic of Communist Party)으로 교정(reform)했다. China의 국가정체성이 중국에서 중공으로 전환되면 당연히 자유 미국의 적(enemy)으로 역전된다. 동시에 미국의 국가정체성도 환기된다. 미국은 중국 공산당을 무너뜨려 체제를 전환시켜야 할 보안관, 세계질서의 중심축 국가(superpower)로서 역할을 다해야 한다. 따라서 총성 없는 관세부과로 시작된 미중 무역전쟁은 미국과 중국의 국가정체성 전쟁의 서곡이다.

이들의 연구를 종합하면 중국의 국가정체성은 2001년 이전(과거), 2001-2017년(현재), 그리고 2025년 이후(미래) 정체성으로 나뉜다. 2001년 이전까지 중국의 국가 정체성은 세계 제2차 대전에서 함께 싸운 연합군(장개석 정권을 의미), 공산당 일당 전체주의 국가(중공), 대륙 속의 다민족 연합 역사국가, 13억 인구의 빈곤 저개발 국가, 잠재적 세계 제1의 소비시장 등이었다.

미국은 1972년 국교수교, 1978년 덩샤오핑의 개혁개방 선언과 함께 2001년에는 WTO 가입과 미국시장 전면개방을 적극 도와줬다. 클린턴, 부시, 오바마 정부까지 17년간 이어온 그 믿음의 기초는 미국과 연합한 중공은 소련과 마찬가지로 자유 민주화되고 시장경제의 중국으로 변혁되리라는 기대감과 전망 때문이었다.

그러나 17년 동안 미국과 세계의 특혜 속에서 급성장한 중국은 정반대의 모습으로 나타났다. 2017년 시진핑 종신 집권체제 확립은 자유와 민주주의, 인권 국가가 아닌 전혀 다른 국가정체성을 드러냈다. 중국은 자유민주주의 시장경제와 인권의 국가는커녕, 중국공산당 일당 독재 지배체제(정치면), 중국 공산당 정부통제 국가자본주의 체제(경제면), 중국문화제일주의 및 미국문화 통제(사회면), 기독교, 불교, 이슬람 등 종교의 가혹한 탄압(종교면), 소수민족 인권의 탄압(티베트, 신장위구르), 차관외교 식민지 개발정책(스리랑카, 파키스탄, 베네수엘라 등), 해양군사패권 강화(남사군도 인공섬 무장화), 대륙패권 팽창야욕(북한 이란 핵중립, 한국 경제보복) 등 세계질서를 역행하고 있다.

덩샤오핑이 선언한 개혁개방과 중국특색의 사회주의는 자유민주주의와 시장경제체제로 발전한 것이 아니라 공산당 일당독재 시진핑 영구집권체제로 귀결되었다. 시진핑이 선언한 새로운 중국특색의 사회주의는 조지 오웰의 소설 『1984』에 나오는 군사정보 국가통제 국가, 스탈린·소련과 같은 공산당 전체주의 국가이다. 자유·평등·인간존엄의 가치는 사라져 1978년 이전, 마오쩌둥·중공의 모습으로 역행했다.

시진핑·중국은 노골적으로 미국의 경제를 약탈하고, 기술을 훔치고, 환율을 조작하고, 국가보조금을 지급하면서 경제와 안보의 세계패권체제를 목표로 하고 있다. 미국이 봤던 중국의 정체성은 시대착오적으로 완전히 변질·퇴행했다.

미국 지식인들이 중국 국가정체성의 변경을 깊숙이 들여다본 결과, 시진핑의 중국몽, 중화민족의 부흥(Dream of national rejuvenation)은 2049년 중국의 세계패권국가화를 목표로 하고 있다. 그 방안이 일대일로와 중국제조2025로서 대륙과 해상 통로를 장악하고 친중국 연맹국가를 확장하고, 경제와 우주, 군사, 최첨단 산업분야까지 명실공히 중화민족 세계 제일주의의 미래를 확립한다(미래노선)는 전략이다. 그러나 미국의 지식인들 주장에 의하면 중국은 결코 세계패권국가가 될 수 없다.

2) 중국 시진핑의 도전:
중국몽·일대일로와 중국제조2025

중국의 도전은 2013년 9월 시진핑(習近平, Xí Jinpíng) 국가주석이 밝힌 중국의 꿈(中國夢, Chinese Dream): 일대일로(一帶一路, One belt, One road)부터 시작되어 2015년에 발표된 '중국제조2025'에 마침표가 찍힌다.

시진핑은 2012년 11월 후진타오 주석으로부터 중국 공산당 중앙위원회 총서기와 함께 중국공산당 중앙군사위원회 주석직을 승계했다. 2013년 3월 14일에 중화인민공화국의 주석에 선출되었다. 2018년에는 주석의 임기 제한을 철폐하여 영구 집권 체제를 구축하였다.

1978년 덩샤오핑의 개혁개방 선언과 함께 2001 WTO 가입과 미국시장 전면개방의 혜택을 입은 17년 동안, 중국경제는 연평균 7%대의 놀라운 발전을 이룩한다. 2013년 주석직에 오른 시진핑은 이를 발판으로 삼아 육상과 해상으로 세계 60여 개국을 연결하고 2025년까지는 첨단산업 세계 1위에 오르며 공산당 창건일 100주년이 되는 2049년까지는 세계 최강국으로 서겠다고 발표했다.

덩샤오핑의 중국 노선선회와 개혁개방은 만천과해(瞞天過海)·도광양회(韜光养晦)·유소작위(有所作爲)로 집약된다. 만천과해는 하늘을 가리고 바다를 건넌다는 뜻으로 1979년 미국과 화평발전을 내세우며 태평양을 건너던 덩샤오핑 자신을 빗댄 말이다. 도광양회·유소작위란 빛을 감추고 어둠 속에서 힘을 기른다, 즉 자신을 드러내지 않고 때를 기다리며 실력을 기른다는 뜻이다. 덩샤오핑은 향후 100년간 힘을 기르고, 최소한 50년 동안은 미국과 대결하지 말라고 유훈을 남겼다.

그러나 시진핑은 주동작위(主動作爲)로 변경했다. 할 일을 주도적으로 한다. 덩샤오핑의 도광양회·유소작위로부터 벗어나 세계 최강국으로 우뚝 서겠다는 야망을 드러냈다. 시진핑은 세계최강국의 꿈, 중화민족의 부흥, 즉 새로운 중국노선인 중국몽을 선언했다. 미국과 일본은 놀라고 두려움에 떤다. 13억 인구의 대륙 역사국가 중국이 자유 민주주의와 인권, 시장경제를 토대로 한 세계질서 속 중국으로 변모하는 미래비전이 아니다. 중국 공산당 일당이 독재하는 국가자본주의를 내세워 미국을 누르고 '공산주의 세계 패권국가 (Super Power)'가 되겠다고 선언했다.

미국·일본·유럽에 대한 도전에 다름 아니다. 시진핑은 선언했다. "중국인 한 사람 한 사람의 꿈이 모여 중국 전체의 꿈이 된다. 나아가 세계 각국의 꿈이 모여 세계의 꿈이 되고, 그 연계성을 통해 더욱 광활한 공간을 갖게 될 것"이라고 말했다. 중국몽(Chinese Dream)은 중화민족 공산주·공산당을 전 세계 패권국가로 만들겠다는 광오하고 광폭적인 전략노선이다.

2014년 11월 7일, 시진핑은 일대일로(一帶一路, One Belt and One Road)의 일대일로 실크로드 경제벨트와 21세기 해상실크로드 계획을 선언했다. 일대일로는 역사적으로 옛 명나라 성조 영락제가 이룩한 중화(中和)의 영광을 부활시키겠다는 의지를 담고 있다.[1] 육상 실크로드는 중국 서부를 대개발하여 중앙아시아(카자흐스탄, 키르키스스탄, 우즈베키스탄)와 터키를 넘어 유럽에 이르고, 그리고 이탈리아와 그리스를 경유하여 아프리카(케냐 나이로비)까지 이른다. 동으로는 물론 한반도 남북을 잇는다. 해상 실크로드는 중국 남해에서 시작하여 말라카 해협으로 인도와 아프리카 케냐를 거쳐 중동 이란과 이집트, 그리고 유럽에 이르며, 총 60여 개국을 참여시킬 수 있다.

일대일로는 에너지와 자원의 이동경로와 일치한다. 이란의 호르무즈 해협, 동남아의 화약고 말라카 해협은 베트남, 필리핀, 말레이시아의 사활적 이해관계가 겹친다. 해상운송로 제해권은 이들과 동맹을 맺은 미 해군이 장악하고 있다. 중공은 1993년부터 원유를 수입하기 시작했고 2009년에는 미국을 제치고 세계 제1의 원유 소비국으로 올라선다. 중국은 자원과 원유의 안전한 운송로 확보 차원에서라도 이곳이 자신들의 영토임을 주장하고 있기 때문에(= 대륙 팽창노선), 이들 국가들과 충돌할 수밖에 없다. 말라카 해협과 남사군도가 동남아의 화약고인 근본적 이유다.

---

1. 명 성조 영락제(明成祖 永樂帝, 1360년 5월 2일~1424년 8월 12일)는 명 왕조의 제3대 황제(재위 1402년~1424년)이다. 영락제는 대외 정벌과 해외 무역로 확장 등의 대외 확장 정책을 펼쳐 주변국을 굴복시키고 조공질서를 명확히 하였다. 이에 베트남이 명에 정복당하여 한때 중국 영토로 편입되기도 하였다.
영락제는 중국 황제로는 역사상 최초로 다섯 번에 걸친 막북 친정을 통해 몽골족 등과의 전투를 지휘했다. 이로 인해 명은 헤이룽강 하류까지 진출하여 요동도사를 설치하고, 여진족을 위소에 편입시켰으며 누르칸도사까지 설치하게 되었다. 이외에도 일본과 동남아시아 국가들에 대한 패권 확립, 베트남의 정벌, 티베트의 회유와 티무르 제국과의 전쟁 준비, 정화의 남해 대원정과 문물 교류 등의 팽창정책을 추진했다. 그의 치세로 명나라는 전성기를 맞이하게 되었다.

2015년 5월 8일, 시진핑·중국은 '중국제조2025'(Made in China 2025, 中國製造2025)를 선언했다. 중국제조2025는 경제와 안보 분야의 목표를 구체적으로 로드맵화한 세계 강국화 전략이다. 1978년 덩샤오핑의 개혁개방은 저임금 노동력의 공급과 자본의 집약적 이용을 통해 제조업을 비약적으로 발전시키면서 중국의 고도성장을 견인했다고 평가한다.

그러나 저출산, 고령화, 생산비용 상승, 자원이용 제약, 환경문제 등으로 투자와 수출증가율이 둔화되면서 산업의 구조조정 및 고도화, 품질개선 등을 위한 새로운 제조업 발전 전략이 필요하다. 시진핑 중국정부는 제조업의 경쟁력을 강화하여 1단계로 2025년까지 제조 강국 대열에 진입하고, 중공 건국 100주년이 되는 2049년에는 세계 선두의 제조강국으로 도약한다는 계획이다. 따라서 제조업 혁신력 제고, IT기술과 제조업 융합 등 9대과제를 우선적으로 달성하고, 차세대 IT기술, 항공우주장비 등 10대 전략사업을 육성하고 국가제조업 혁신센터를 구축하여 지원한다고 밝혔다.[2]

중국은 미국 GDP의 65%(2017년 기준)선까지 성장했고, 미국으로부터 세계 최대의 무역수지 흑자를 기록하고 있었다. 중국은 2013년 시진핑 체제가 들어서면서부터 G2국가로 불리기 시작했다.(G2, Great two라는 용어는 한국 언론이 주로 사용했다)

이제 중국은 공산당 일당독재, 시진핑 영구집권 권위주의 체제, 국가통제 자본주의, 대륙과 제해권에서 미국을 위협하는 군사강

---

2. 한국은행 국제종합팀, '중국 제조업의 현황 및 중국 정부의 경쟁력 강화방안'(2015. 08.07)

국, 세계 2위의 경제 대국의 면모를 자랑하며, '맞짱'을 뜨자고 기염을 토하는 형국에 이르렀다. 떠오르는 중공의 도전에 두려움을 느낀 미국은 응전하게 된다. 이를 하버드의 앨리슨 교수는 투키디데스의 함정이라고 명명했고, 피터 자이한은 트럼프 행정부의 중국 시진핑 때리기의 빌미·화두로 삼고 있다. 시진핑·중국이 과연 진정한 G2 역량을 갖추고 있는지 실력을 보이라고 강압하기에 이르렀다. 덩샤오핑의 만천과해·도광양회는 쓸모없이 실종되었다.

3) 미국의 응전: 관세전쟁에서 중공의 체제전환까지

○ 기울어진 운동장의 미식축구게임, 미국의 전방위적 무차별 공격

미중 패권전쟁은 취임 후 2년째에 접어든 트럼프 대통령의 2018년 연두교서에 담겨 있다. 2018년 1월 30일, 미 워싱턴 D. C. 의사당의 하원 본회의장에서 1시간 20분에 걸쳐 진행된 국정 연설에서 트럼프 대통령은 '미국우선주의(America First)', 즉 '안전하고, 강하고, 자랑스러운 미국(safe, strong, and proud America)'을 만들기 위한 초당적 협력과 통합을 강조하고, 일자리와 경제사회 기반시설(인프라), 이민, 무역, 국가안보 등 5개 정책 분야를 구분했다.

2018 연두교서 초반부는 일자리 창출, 세제 개혁, 규제완화 등 트럼프 행정부의 경제 정책이 가져온 성과를 자랑했다. 2016년 대선 이후 240만 개의 일자리가 창출되었고, 오랫동안 정체되었던 임금도 상승하였으며, 실업률은 지난 45년 이래 최저를 기록하였다고 언급했다.

또한, 트럼프 행정부의 세제 개혁과 규제 완화는 국민들에게 경제적 혜택과 더불어 기업들의 미국 내 투자 및 제조업 부활 등에 기여하고 있다고 강조했다. 이러한 성과를 바탕으로 시장 친화적인 '트럼프노믹스(Trumpnomics)'는 지속적으로 시행하겠다고 강조했다. 취임 1년간 미국 경제발전에 성공했다는 것. 이제 트럼프의 눈길은 미국 밖, 어디에론가로 향한다.

트럼프의 의중은 네 번째 무역과 다섯 번째 국가안보 언급에 실려 있다. 무역과 관련, "우리는 미국의 번영을 희생시키고 우리의 기업, 일자리, 부를 해외로 내보낸 수십 년간 이어져 온 불공정한 무역 협상을 벗어나고 있다. 경제적 굴복의 시대는 끝이 났다"고 선언했다.

트럼프 대통령은 "공평하고 호혜적인 무역 관계를 기대한다"며, 이를 위해 미국에 나쁜 무역협정을 고치고 미국에 유리하고 공평한 새로운 협정들을 만들 것이며, 또한 국내 무역 규정의 강력한 이행을 통해 미국 노동자와 미국의 지적 재산권을 보호할 것임을 강조했다.

국가 안보와 관련하여 미국은 불량국가들, 테러 집단들, 중국과 러시아 같은 경쟁자들에 직면해 있으며, 우월한 힘을 확보하는 것이 미국의 안보를 지키는 가장 확실한 방법이라고 밝혔다. 이를 위해'국방 예산 자동 삭감 조치(defense sequester)'를 종결하고 국방 예산을 증액해 줄 것을 의회에 요청했다. 이러한 언급은 군사력 강화에 기초한 '힘을 통한 평화(peace through strength)'가 트럼프 행정부 안보전략의 핵심임을 재확인한 것이라 하겠다.

트럼프는 어떤 나라로부터 불공정 무역을 해 왔고, 경제적으로 굴복했다고 언급한 것인가? 경제적 굴복의 시대란 당연히 중공을 지칭한다. 지난 17년간 브레튼우즈 체제와 WTO에서 중공에 부여했던 특혜로 인한 미국의 손실, 그리고 불공정 무역이란 대중국 무역격차를, 지적재산권이란 중공에 의한 첨단기술의 절도를 의미한다.

트럼프 미대통령의 연두교서는 '무역이 곧 안보'라는 생각, 피터 나바로의 '무역안보론'이 짙게 깔려 있다. 트럼프는 후보시절부터 중국의 환율조작 의혹, 특권침해, 중국 내 해외기업에 대한 기술력 갈취를 경고하며 중국에 대한 미국의 보호무역을 주장했다. 무역안보론은 특정국가가 지속적으로 다른 국가에서 무역흑자를 창출하는 상황이 지속되면, 그 국가는 무역적자를 보는 국가의 적(敵, enemy)으로 간주한다.

트럼프·미국은 무역안보론에 입각하여, 관세전쟁, 중국 기업 화웨이 제재, 북미 정상회담, 호르무즈 해협과 이란 봉쇄와 제재, 말라카 해협 주변국 동맹 강화 등, 무역과 군사안보정책을 융합시켜 세밀하고 강력하게 추진한다. 해상 물류선의 중국포위와 관세를 통해 중국 내부 제조업을 공격하는 양동공격을 감행하고 있다.

중국은 공정한 무역관행을 법률화해야 한다는 미국의 요구를 내정간섭이라며 맞선다. 관세부과에 중국이 맞불을 놓으면서 무역전쟁은 오히려 화웨이 미국 시장 퇴출 등 기술전쟁, 호르무즈와 말라카 해협의 제해권 동맹 강화, 그리고 비핵 한반도의 평화적 관리외교, 중국 환율조작국 지정(2019) 금융전쟁 등 전방위 양상으로 확전된다.

○ 미국정치: 전쟁 · 미국위협 앞에서는 초당적으로 단결하는
미국 행정 · 입법 · 사법부

미국 행정부·입법부·사법부는 패권경쟁에서 중공을 이겨야 한다는 대의 아래 초당적으로 일치단결하여 대중강공책에 추동력을 싣는다. 무역전쟁의 전황이 미국에게 유리한 방향으로 흘러가자 트럼프 행정부의 무역전쟁과 대중 강경책에 대한 미국 정치권의 반대 목소리는 거의 사라졌다. 야당인 민주당도 ZTE와 화웨이 미국시장 퇴출 문제에 있어서는 의회에서조차 트럼프 행정부보다 더 강경한 목소리를 내고 있다.

상원 민주당 원내대표인 척 슈머는 대표적 대중 강경파이다. 트럼프가 무역전쟁을 더욱 강경하게 진행해야 한다고 주장한다. 오바마 정부의 마지막 주중대사를 지낸 맥스 보커스 전 민주당 상원의원은 오바마 행정부의 대중 정책이 나약했고, 중국의 도발에 충분히 강경하게 대응하지 못했다고 인정했다. 나아가 트럼프가 무역에 관련해서는 전임자보다 잘하고 있다는 것은 의문의 여지가 없다며 대중 무역전쟁의 긍정적 효과를 주장한다.

그리고 미중 무역전쟁 전개과정에서 전전긍긍하는 두 나라가 있다. 바로 이란과 북한이다. 이란과 북한은 모두 미국과 중국의 무역전쟁에 도발할 수 있는 변수가 잠재해 있다. 즉 어리석게도 도발하면, 중국의 대리전에 휘말리게 되는 셈이다. 이란과 북한이 도발하지 못하도록 트럼프 행정부가 어떻게 사전 정지작업을 했는지가 미중패권 전쟁일지의 핵심적인 전략적 포인트로 꼽혀야 한다.

이란과 북한은 모두 핵무력 개발에 대한 유엔과 유엔 회원국들의 집단적, 개별적 대응조치의 제제를 받고 있다. 미국 등 국제사회는 북한보다는 이란을 더 우려한다. 이란은 GDP가 9,000억 달러(900조 원)에 달하며 호르무즈 해협의 소유권을 주장하는 강국이다. 미중 패권전쟁의 시작은 이들 두 나라를 묶어 놓은 시점에 시작된다.

2010년 6월 유엔안전보장이사회는 이란의 핵개발을 겨냥한 1929호 결의를 통과시켰다(2006년 이후 4차례). 미국 의회는 포괄적 이란 제재법을 통과(6월)시키고, 버락 오바마 대통령이 서명(8월)하면서 발효되었다. '포괄적 이란 제재법'은 이란의 에너지 개발과 정유생산 등에 기여하는 활동을 제재하고 위반 시 미국 내 외환시장, 은행 시스템에의 접근을 금지하고 미국 내 자산 거래를 막는 강력한 법률이다. 이란 제재에는 EU와 일본, 우리나라 등 주요 국가들이 참여했다. 중국은 이란의 최대 원유수입국이다. 2002년 미국이 이란을 '악의 축'으로 규정하여 맹렬히 공격했다. 중국은 안보리 결의에 기권이나 반대를 하지는 않지만, 미국과는 다소 다른 태도를 보이고 있다.

2015년 미국 오바마 행정부를 비롯한 6개 나라는 이란과 '포괄적 공동행동계획(JCPOA)'을 맺었다. 이 합의에 따라 이란은 핵 프로그램을 중단하고 서방 세계는 이란에 대한 제재를 일부 풀었다. 그러나 지난 2017년 출범한 트럼프 미국 행정부는 2015년 이란 핵합의가 충분하지 않다며 2018년 5월 8일 합의 탈퇴를 선언하고 재협상을 요구했고, 이란은 즉각 거부했다.

2018년 8월 7일, 미국은 대이란 경제제재를 부활시켰다. 미국의 제재는 두 단계로 전개되었다. 8월 7일부터 금을 비롯한 귀금속과 알루미늄, 컴퓨터 소프트웨어 등 거래가 제한된다. 이란 통화인 리알화 거래도 차단되는 한편, 국외 이란 계좌들이 동결되고, 이란 정부의 달러화 구매도 제한된다. 그 밖에 이란의 국채 발행 관련 활동, 자동차 부문도 통제받는다. 2018년 11월 5일, 2단계 제재에 의해 이란 중앙은행과의 금융 거래는 물론이고, 원유와 천연가스 등 이란의 에너지 수출이 전면 제한조치 되었다. 다만, 이란 원유의존도가 높은 한국, 중국, 일본, 터키 등 8개국은 6개월 예외를 됐다.

2019년 4월 22일, 미국은 8개국에 부여했던 한시적 예외 조치들을 5월 2일 만료시점 이후 연장하지 않겠다고 통보했다. 그러나 중국은 이란산 원유를 계속 수입하고 있다. 이후 호르무즈 해협에는 미국, 영국, 프랑스, 일본 등 항모전단이 배치돼 전운이 감돌고 있다. 한반도에는 미군의 전략물자를 강화하는 한편, 북한과는 세 차례의 북미정상회담을 통해 김정은과의 친분을 과시하며 대미국 위협용 도발을 억지하고 있다. 트럼프는 이란은 제제, 북한은 대화를 하는 투 트랙(Two Track)전술을 구사하고 있다.

미국 정보당국은 중국 제1, 2 통신장비업체인 화웨이와 ZTE가 중국 공산당의 전위 군산복합체[3]로서 미국, 한국 등 전 세계 최첨단

---

3. 2017년 개정 중화인민공화국 국가정보법 8조: 모든 조직과 시민들은 법률에 따라 국가 정보 작업을 지원하고 협조하고 협력해야 하며 국가 정보 업무의 비밀을 대중에게 알리면 안 된다. 국가는 국가 정보 작업을 지원 및 협력하는 개인 및 조직을 보호한다.(任何组织和公民都应当依法支持、协助和配合国家情报工作，保守所知悉的国家情报工作秘密。国家对支持、协助和配合国家情报工作的个人和组织给予保护。)
국가정보공작기관은 필요시 법에 근거해 필요한 방식과 수단 및 경로를 이용해 국내 및 해외에서 정보공작을 전개한다.(国家情报工作机构根据工作需要，依法使用必要的方式、手段和渠道，在境内外开展情报工作。)

기술에 대해 절도 및 백도어 설치를 해왔다는 의혹을 제기하며 제재 조치했다. 중국 공산당의 법제 중 국가정보법과 반간첩법에 기술절도와 불법정보탈취 협력 등이 명시되어 있어 사실상 기업의 협력이 강제화되어 있다는 것이다. "화웨이는 중국 공산당이 중국인을 감시하고 통제하는 데 있어서도 공범자 역할을 하고 있다"

이미 2012년 미 의회는 화웨이의 위험성을 보고한 바 있고[4], 트럼프는 2019년 2월 화웨이 통신 장비 금지 행정명령에 서명했다.[5]

---

4. 2017년 개정 중화인민공화국 반간첩법 9조: 국가안전기관이 관련 간첩 행위의 정황을 조사하여 이해하고, 관련 증거를 수집할 때, 관련조직과 개인은 마땅히 사실대로 제공해야 하고, 거절해서는 안 된다.(在国家安全机关调查了解有关间谍行为的情况、收集有关证据时，有关组织和个人应当如实提供，不得拒绝。)
   모든 국가기관과 무장역량, 각 정당과 각 사회단체 및 각 기업사업조직은 모두 간첩행위를 방지하고, 제지하고, 국가안전을 유지 보호할 의무가 있다.(一切国家机关和武装力量、各政党和各社会团体及各企业事业组织，都有防范、制止间谍行为，维护国家安全的义务。)
   국가안전기관은 방첩업무의 수요에 따라, 규정에 의거해 관련조직과 개인의 전자통신기구, 기자재 등 설비, 시설을 검사할 수 있다.(国家安全机关因反间谍工作需要，可以依照规定查验有关组织和个人的电子通信工具、器材等设备、设施。)

5. 미국 중앙정보국(CIA)보고서에 따르면, 지난 2010년부터 수많은 서구 정부기관 및 군사 표적의 지적 재산 등 기밀 정보를 훔쳐온 것으로 추정되는 해커 그룹 APT3가 실제 중국 국가안전부(MSS: Ministry of State Security)의 하청업체였고 일명 '보유섹(Boyusec)'으로 알려진 광저우 보유 정보기술 회사(Guangzhou Boyu Information Technology Company)로 가장해 임무를 수행해 왔다. 2016년에 발간된 펜타곤의 내부 조사 보고서에 따르면, 보유섹과 화웨이는 백도어를 심은 보안 제품을 개발하기 위해 서로 협업했다고 지적했으며, 이런 백도어로 컴퓨터와 네트워크를 제어하거나 감시하려고 했다. 화웨이는 관계가 있음을 인정했다.

2. 시진핑·중국의 오판,
셰일혁명과 5G시대를 잘못 읽다

1) 5G혁명시대 패러다임과
미국의 세계패권 프레임워크 직결성

미국은 행정부와 법조계, 민주당, 공화당, 정치권 할 것 없이 오바마 시절부터 대중국 강경노선에 대한 공감대가 형성되어 있었다. 트럼프 미 행정부의 목표는 신냉전체제 구축과 중공의 체제전환에 있다. 그 역량은 셰일혁명과 첨단산업, 제해권의 장악력, 동맹체제, 그리고 무역의 불균형에 있었다. 그 내용으로는 미국과 동맹국 시장에서 중공 퇴출, 중공의 패권야욕 분쇄, 지리적 중국봉쇄 및 군사력 약화, 티베트와 신장위구르 독립, 중공의 인권과 종교탄압을 꺾겠다는 의지였다. 이는 거의 전 지구적이고 전방위적인 전쟁 차원에서 전개되고 있다.

중국 시진핑 체제는 처음부터 트럼프 미 행정부의 목표와 역량을 오판했다. 2017년 영구집권체제에 성공한 시진핑은 중국몽(中國夢,

그림1) 일대일로 노선(출처 Chinese Wiki)

중화민족의 위대한 부흥)의 깃발을 세우고, 일대일로(one belt, one road), 아시아인프라투자은행(AIIB) 설립, 남중국해 소유권 강압, 위안화 국제화 추진(RMB internationalization), 중국제조2025(made in China 2025)까지 미국을 누르겠다는 팽창정책들을 호방하게 펼쳤다.

그러나 전환시대의 패러다임(paradigm)과 미국 패권전략의 프레임워크(framework)를 오독(誤讀)했다. 미국은 오바마 시절부터 중국을 경계하기 시작했다. 5G 산업혁명을 추동할 핵심적 기초는 에너지산업이 필수불가결하고, 내수부양과 미국중심의 세계 경제가 연동되어야만 가능하다는 흐름을 읽고 그 구조적 틀을 면밀하게 준비했다. 그리고 미국이 고안한 구조 틀은 미국 중심의 세계경제 발전 전략이다. 이를 일부 언론과 학자들은 신고립주의, 미국우선주의 등으로 호칭하기도 하지만 미국의 의도는 차원이 다르다.

첫째, 미국 중심 세계 경제전략은 미국의 경제를 살리고, 미국동맹의 국가이익과 안보를 연동·확장시킨다는 정책기조이다. 셰일

혁명으로 자신감과 역량을 담보한 트럼프 행정부는 미국제조업의 부활을 선언한다. 따라서 브레튼우즈 체제, WTO, IMF, IBRD 등 중국에게 특혜를 줬던 경제 기구들은 오히려 속박의 부메랑이 된다. 둘째, 안보 면에서는 동맹의 안보·무역을 중시한다. 미 국방성은 인도와 베트남·필리핀·대만·일본을 중시하는 인도·태평양 방어전략을 발표했다. 셋째, 핵위협국가, 즉 이란과 북한은 미국을 향해 도발하지 못하게 억지한다. 혹여라도 오판하여 중국을 이롭게 하며 미국을 향해 도발하는 경우 때려 버리겠다. 넷째, 그 과정에 중국은 자동적으로 고립된다. 미국의 요구에 항복하거나, 중공 정권의 체제붕괴의 길로 귀결될 수 있다. 다섯째, 시간을 축적하면서 국제관계 속에서 중국을 고립·소외시키고, 무역과 금융 봉쇄를 통해 중국 내부로부터 저항·도전에 직면하게 한다. 시진핑의 '뉴 장정=지구전'은 고작해야 시간벌기에 불과하다. 시간은 트럼프·미국 편이다. 그리고 마지막 단계로 군사·기술·지역적 팽창의지를 꺾고 친중국 국가들을 분리·독립시켜 지역·세계 안보 질서를 재정립하겠다는 의지가 깔려 있다.

중국은 트럼프의 초동단계 공격을 단순한 무역전쟁으로만 과소평가했다. 이것이 중국 굴기의 마지막 관문이라고 보도했고(인민일보), 여론조사 결과 미중 무역이 벌어지면 미국산 제품을 사지 않겠다고 응답한 비율이 54%로 나타났으며(영국 파이낸셜 타임즈), 미국의 뜻을 대중 무역역조의 개선요구 정도로 받아들였다. 2018년 ZTE·2019년 화웨이가 미국에서 퇴출되고 난 다음에야, 시진핑은 깐수에서 뉴대장정을 선언했다. 시진핑과 중공은 17년간의 작은 성공에 도취한 채 잠들어 있었다.

중공 정부와 지도자, 국민들이 모두 중공·중화식 렌즈로 미국을 쳐다봤다. 깊은 잠에서 깨어나지 못한 채 아침을 맞았다. 해일과 같이 밀려드는 전환적 세계변동의 핵심을 분간하지 못한 채, 무시무시한 미국의 공격 프레임에 휘말려들었다. 점입가경·설상가상으로 2018년 7월에 공식화된 미국의 관세폭탄 공격과 ZTE 미국시장 퇴출 제재는 중국과의 세계전쟁 전초전이란 엄혹한 현실을 깨닫지 못하고, 시진핑·중공은 "우리도 그냥 있지는 않겠다"며 맞불을 놓았다. 여기까지가 중국의 실력이었다.

중국은 2018년 중반부터 미국의 공격에 비참하게 밀렸다. 2019년 9월까지 미국 수출총액 5,500억 달러 대부분 25%라는 고율의 관세를 때려 맞고, 중국 제1, 2위 미래 통신장비 그룹이 미국시장에서 사실상 퇴출됐다. 화웨이의 미국시장 퇴출은 세계시장에서의 퇴출을 의미한다. 화웨이의 미래는 오래지 않아 중국 시장 내수에만 의존하는 중국용으로 전락하는 것이다. 미국·유럽·일본·한국 등 조지 프리드만이 예언한 첨단산업국가들은 미중패권 전쟁의 교훈을 인지하고 중국에는 완제품만을 수출하려 한다. 미국은 깨달았다. 13억 거대한 인구의 중국경제는 미국의 도움으로 성공했으나 오히려 미국을 자신들의 먹잇감으로 삼았다는 현실. 그리고 응전이 전개되고 있다.

2) 시진핑 막다른 선택, 마오쩌둥 지구전론 재현

2019년 6월 말, 트럼프는 시진핑에게 일본 도쿄에서 열릴 G20

까지 입장을 밝히라고 요구했다. 그리고 29일 G20에서 만난 양 정상은 '무역전쟁을 휴전하고 양국 간 협상을 재개한다'는 데 극적 합의했다. 이후 양국관계에 긍정적인 전망이 나오기도 했다. 그러나 7월 말(30, 31)양일간 베이징에서 열린 미중 무역협상은 결렬됐다.

한 달 만에 관세전쟁은 확전됐다. 트럼프 대통령은 8월 1일 "오는 9월 1일부터 중국제품 3,000억 달러 규모에 10%의 관세를 부과하겠다"고 트윗했다. 최근 중국 시진핑 국가주석은 미국 농산물 대규모 구입의 약속도, 마약성진통제(펜타닐)의 미국 판매금지의 약속도 지키지 않았다"고 지적했다. 그리고 "협상이 진전되지 않으면 3,000억 달러어치 중국산 제품의 관세를 25% 이상으로 올릴 수 있다"고 경고했다.

트럼프는 애초부터 상하이 협상에 기대를 걸지 않고 있었다. 그는 중국이 특유의 지구전에 들어간 것을 알고 있었다. 30일 트윗을 통해 "중국이 미국 농산물을 구입하기로 했는데 그렇게 하고 있다는 신호가 없다"며 "중국은 항상 마지막에 그들의 이익을 위해 합의를 바꾼다"고 비난했다. 그리고 "중국이 내년 미국 대선결과를 지켜보기 위해 무역합의를 미루고 있다"고 지적하며 "내가 승리하면 중국은 훨씬 더 가혹한 합의를 해야 하거나 아예 합의가 이뤄지지 않을 수 있다"고 경고했다.

10월 11일 미국과 중국은 스몰딜에 이르렀다. 그러나 이는 미중 모두 국내정치 상황에 따른 경직성과 변수를 완화하기 위한 착점적·일시적인 협상일 뿐, 통괄적·본질적인 협상과는 거리가 멀다.

트럼프는 2020년 이후 전개될 미중무역협상의 큰 그림(Big Ficture) 미래를 언급하고 있다. 결국 미중무역전쟁의 핵심 쟁점, ①

중국의 불공정 무역관행 교정 ②중국투자 기업 기술이전 강요 방지 및 실질적 지위 보장 ③정보기술 및 지적재산권 절도 근절 ④환율 문제와 공정한 금융정책 등에 대한 법제화 등이다. 중국이 물러서지 않는 한, 미중 간 통괄적인 무역·안보분야 협상은 사실상 중단되고, 진정한 대화·협상·충돌은 2020년 11월 3일 미국 대통령 선거 이후에야 재개될 것을 암시하고 있다.

그렇다면 향후 1년간 전개될 무역전쟁의 양상은 경로가 획정되었다. 미국은 나머지 3,000억 달러에 대한 25% 관세를 부과하고, FED의 금리인하조치, 환율조작국 지정에 대한 후속조치 등을 취하여 환율과 금융전쟁의 성격을 강화한다.

미국 전문가들은 시진핑의 노림수를 세 갈래 정도로 분석·전망한다. 첫째, 트럼프의 낮은 지지도이다. 트럼프는 2019년 현재 미국의 여론조사 결과 민주당 어떤 후보보다도 낮은 지지도를 기록하고 있다.

둘째, 중국이 수입하는 콩과 옥수수의 생산지역인 아이오와 등 중서부지역은 트럼프의 주요 지지기반이다. 중국은 연간 미국산 대두 생산량의 3분의 1을 사들인다. 중국은 지난해 미국산 대두 3천 200여 톤을 수입했고, 금액으로는 140억 달러(약 14조 8천 750억 원)에 달한다. 수입중단과 함께 이들 지역은 막대한 피해를 입게 된다. 트럼프가 시진핑의 농산물 수입규제를 직접 언급·비판한 것도 이 때문이다.

셋째, 시진핑의 지구전론은 중국뿐만 아니라 미국 산업도 위축될 수 있다는 가능성을 전제로 하고 있다. 중국의 정체성은 13억 인구의 98%를 차지하는 한족 단일 민족국가이다. 또 공산당 일당 시진핑 영구집권 전체주의 국가이다. 단일 민족국가에 일당 통치국가 시스템을 통해 미국보다 경쟁력이 우위에 있다는 자신감이 숨어있다. 나아가 중국인들은 근검절약 정신과 인내력이 강하다. 즉 동일한 조건에서 위기를 견뎌내는 국민적 내성이 미국보다 비교우위에 있다는 자신감이다.

한편 국제전략 분석가들의 견해는 두 갈래로 나뉜다. "시진핑은 이미 농성전·방어전·지구전이라는 벼랑길로 내몰렸다"는 쪽과 "아니다. 트럼프가 오히려 당황하고 있다"는 쪽이 맞선다.

트럼프는 이와 같은 중국과 시진핑의 대응책을 미리 예견한 듯 "중국은 나와의 협상을 회피하고, 다음 협상자가 민주당의 한 사람이 되기를 바란다"고 지적하면서 시진핑에게 "트럼프 자신이 당선되면 협상은 더 힘들어지거나, 아니면 협상 자체가 없다"고 엄포를 놓는다. 이는 2018년 11월 중간선거 결과를 반영한 시진핑 전략을 지칭하는 발언이다.

트럼프의 대시진핑 으름장에는 2020년 1월 3일 선거를 앞두고 미국 국민들에게 던지는 정치적 메시지도 포함되어 있다. 트럼프는 미국민들에게 '시진핑에게 물러설 지도자를 택하겠는가, 시진핑을 이길 사람을 택하겠는가'라며 양자택일 선택을 주문하고 있다. 민주당 후보들은 모두 시진핑에게 굴복할 후보들로 규정된다. 즉 2020년 11월 3일 미국 대선구도를 미국·트럼프대 시진핑·중국의 패권전쟁 구도로 프레임을 굳히겠다는 전략이다. 그렇다면, 2020 미국대선은 시진핑이 바라는 대로 전개될 수 있을지, 그 전개과정을 분석하고 전망해야 한다.

결론:
미중패권전쟁의 결말(구현될 오늘, 미래)

1. 시진핑·중국의 패권도전은
   트럼프·미국에 반드시 패배한다

2019년 8월 현재 미중 패권전장의 맹렬한 화마가 세계 곳곳을 덮치고 있다. 그럼에도 불구하고 정작 대륙은 잠들어 있고 베이징은 취해 있다. 미중관계는 1978년 덩샤오핑의 개혁개방과 79년 수교, 그리고 2001년 빌 클린턴 행정부 권유에 따른 중국의 WTO 가입과 특혜관세, 2003년 조지 W. 부시 행정부의 6자회담 주도국 지정과 전격적인 미국시장 개방(최혜국대우)으로 본격화됐고, 중국경제는 G2로 성장했다.

2017년 트럼프 미 행정부의 등장과 함께 미중관계는 미중유의 난기류에 휘말린다. 2018년 7월 고율의 관세 부과로 시작된 미중 무역전쟁의 전선은 2019년 8월 현재, 다국적 기업의 탈중국화 러시, 미국의 특정 중국기업 제재조치, 남중국해의 지역분쟁, 환율조작국 지정과 금융전쟁 등 전방위적, 다차원적 패권전쟁 양상으로 확장되고 있다.

엘리슨 교수는 '투키디데스의 함정'을 인용하여 떠오르는 신흥패권 중국에 대해 기존패권 미국이 느끼는 두려움 때문에 전쟁이 발발했다고 비유한다. 그러나 필자(Ph. D. Yohan)의 생각은 아주 간단하다. 이는 중국의 도전에 대한 미국의 응전 차원이다.

중화적인 관점과 입장을 절대 기준으로 삼는다면, 대륙과 베이징은 미국의 응전, 그 알파와 오메가의 맥락을 잡아낼 수 없다. 중국의 중화주의적 관점과 입장이 미중패권전쟁을 초래한 근본 원인이다. 중화렌즈로는 미국과 트럼프 미 행정부가 얼마나 철저하고 치밀하게 준비해온 전쟁인지 파악할 수 없다.

2001년부터 미국이 당한 양상과 정반대의 양상이다. 2018년 중국은 잠들고 취한 사이에 미국이 쳐놓은 패권(Hegemony) 전쟁의 덫에 걸려들었다. 깊은 잠이란, 중국이 사상·언론통제 속에서 미국의 국가역량을 과소평가했다는 점이다. 취함이란, 17년간 미국과 미국시장에서 누린 국가이익의 달콤함을 뜻한다.

미국의 지식인들은 한결같이 **"중국 공산당을 반드시 무너뜨려서 갈기갈기 찢어버려야 한다."**라고 결론을 짓는다. 그리고 트럼프가 소매를 걷어붙이고 나섰다.

"경제가 무너지면 중국 공산당 체제(中共)도 무너진다. 자유민주주의와 시장경제체제의 중국만이 자유와 평등, 인권과 종교의 자유의 세계를 이룰 수 있다. 그날이 오면, 강제점령·합병을 당한 신장 위구르와 티베트와 동북3성의 나라들도 독립을 꿈꾸고, 대만의 영구평화, 홍콩의 영구 자치체제의 기회가 부여될 수 있다."

조지 프리드만부터 피터 나바로, 볼턴, 에스퍼(신임 국방장관) 등 강성 전략가와 지식인들이 트럼프 행정부 안팎에 두루 포진되어 있다. 미국 제일의 동맹은 '형제국 영국'이다. 영국은 신문명 미국의 모판(platform)이다. 실사구시와 실용, 그리고 시대정신에 입각하여 치열하게 자기반성을 추구하여 미중패권 전쟁의 필연성을 찾아내고 도전과 응전으로 정리한 점에서, 이들은 토인비의 후예들이다.

이들 대부분은 저서에 『손자병법』 제3모공편의 핵심 메시지, "적을 알고 나를 알면 백 번 싸워도 위태롭지 않다"(知彼知己, 百戰不殆)를 서슴없이 인용한다. 치열한 자기반성에 성공한 미국의 전략가들은 5,000년 중국문명 역사와 자치통감과 손자병법에 개안(開眼)하고, 중국의 움직임을 손금 보듯 읽어내는 투사력과 응용력을 갖추게 되었다. 그들의 전략은 트럼프 2016 대선 슬로건, '위대한 미국의 재건'(Make Great America Again)에 고스란히 담겨있다. (깨어 있는 중국이라면 이때부터 대비했어야 한다)

미국이 대중국 관세폭탄을 본격화한 2018년 9월, 마이크 펜스 부통령이 트럼프 대통령을 대신하여 허드슨 연구소를 방문, '대중국 전략'을 주제로 연설했다. 미국 보수전략 연구의 본산 허드슨 연구소는 필즈버리 교수의 '중국 전략 연구원'이 소속돼 있다. 펜스의 이날 연설내용은 피터 나바로 등 저서의 요약본에 다름 아니었다. "중국은 17년간 도전해 왔고, 이에 대해 미국은 지금부터 응전하겠다." 미국 언론들은 펜스의 연설을 '중국과의 신냉전 전쟁 선포'라고 앞다투어 보도했다.

이때부터 공화당과 민주당 등 정치권은 물론, 언론, 법조계는 모두 입장과 목소리를 일치했다. 미국정치의 특징은 미국의 핵심적 국가이익, 즉 패권, 전쟁, 테러, 핵위협 등 앞에서는 여야가 따로 없다는 것이다. 미국역사 불문율의 정치적 전통이다.

2019년 7월 말 도쿄 G20에서 만난 미중 정상은 일단 실무협상을 진행키로 합의했다. 그러나 8월 초 베이징 후속 실무자 회담은 결렬됐다. 트럼프는 "공정한 무역", "첨단기술 절도방지, 지적재산권보호, 중국투자기업 보호"를 법제화하라고 요구했다. 시진핑의 입장에서 받아들이면, '중국의 체제전환'은 시간문제가 된다.

따라서 시진핑·중국은 '타협'이 아닌 지구전을 선택했다. 지구전은 농성전이다. 약한 쪽은 웅크리고 강한 적의 공격을 버티면서 국면의 전환을 도모하는, 일종의 시간비축 게임이다. 결국 시진핑·중국과 트럼프·미국 간 패권전쟁은 국가의 운명을 건 불가역적인(irreversible) 정면충돌의 경로가 획정됐다. "죽느냐, 사느냐(All or Nothing)"의 치킨게임이다. 세계패권 깃발을 "중국이 쥐느냐, 미국이 지키느냐"라는 국가운명의 사활전이다.

다만, 시진핑·중국의 카드가 오로지 '트럼프의 낙선을 통한 반전'뿐이라면 근본적인 오산이다. 세계 패권을 다투는 국가 총력전에서 적국의 대통령 선거 결과에 승부를 걸겠다는 것은 자충수이다. 국제사회의 눈에는 "역량이 부족한 중국은 저항하지 않는다"는 역설의 함정(Paradoxical trap)에 빠진다. 쉽게 풀이하자면, 장차 항복을 하더라도, 그 협상 상대로는 트럼프의 깃발이 걸린 상황만은 모면하고 싶다는 것이다. 즉, 백기를 들더라도 중국 공산당 시진핑 체제는 존속시키겠다는 노림수가 숨어 있다. 세계 2차 대전 종전 때 일본의 항복협상이 여기에 속한다. 일본의 역사 정통성, '천황제'는 지켜낸 것처럼 시진핑·공산주의·공산당 체제만큼은 지켜내겠다는 의도가 숨어있다.

또 미국 대선에서, 설령 민주당 후보가 승리한다고 한들, 트럼프보다 더 유화적일 수는 없다. 왜냐하면 미국 대선의 프레임은 이미 "세계 패권전쟁을 승리할 현직 대통령이냐, 패배할 민주당 후보냐"는 양자단간 선택으로 굳어졌다. 천재지변과 건강 급변사태가 없는 한 트럼프의 대선승리 확률은 8~9할을 넘어선다.

따라서 본선에 나설 최종 민주당 대선 후보는 트럼프보다도 훨씬 강경한 톤으로 시진핑·중국을 공격하고, 자신이 미중패권 전쟁을 승리로 이끌 적임자임을 외칠 수밖에 없다. 하여 미중 패권전쟁 승리는 2020년 11월 미국 대선 프레임의 당위성으로 자리 잡았다. 트럼프의 웃음과 막말 속에 숨겨진 자신감이다. 트럼프의 셈법에 따르면, 프레임구축 게임에서 이미 승기를 거머쥐었다. 그 자신감의 바탕 위에서 "중국은 트럼프의 낙선을 위해 미국 대선에 개입한다"고 역공을 펼친다.

2. 트럼프 5대 전쟁 프레임:
경제, 안보동맹, 분쟁지역, 체제, 인권·종교

패권전쟁은 국가 총력전이다. 토인비의 문명사관, 한스 모겐소로부터 미어샤이머, 로버트 길핀까지 현실주의 국제정치학이론을 집약하면, 세계 패권국가 정체성(superpower identity)에는 5대 기본 토대가 구축되어야 한다.

① 식량·에너지의 자급자족 ② 지구적 차원의 전쟁을 수행할 수 있는 군사·안보역량 ③ 기축통화 및 금융패권 ④ 산업과 과학기술 역량, 그리고 ⑤ 세계종교 등이다. 그 결과는 동맹국의 규모와 상호의존 강도로 확인된다. 같은 맥락에서 트럼프발 미중 패권전쟁은 미국을 한 축으로 하여 다섯 갈래로 전개되고 있다. 경제, 안보동맹, 분쟁지역(화약고), 체제, 인권·종교전쟁이다.

첫째, 미국과 중국의 경제력 전쟁이다.

미국은 명실상부한 세계경제 1위 국가이다. 2017년 기준, GDP 19조 3,900억 달러, GNP 대비 무역의존도는 28%이다. 대중무역 5,660억 달러 중 대중국 무역적자는 3,752억 달러(66.3%)에 이른다.

식량자원은 자급자족을 넘어서 콩과 옥수수, 밀을 수출한다. 2012년부터 본격화된 셰일혁명은 미국을 오일 수입국에서 세계 제1의 수출국으로 반전시켰다. 셰일화석 가공과정에서 얻어지는 부산물 LNG는 원가가 공짜나 다름없다. 미국의 가정과 공장의 전기료와 가스료(동력)는 세계최저 수준을 유지하고 물가는 안정적이다. 건설과 제조업의 활성화와 함께 일자리가 창출되고, 최저 실업율, 그리고 각종 경제지표는 유례없는 최고점을 구가하고 있다. 셰일혁명은 미국을 자기충분성의 국가로 진화시켰다. 자기충분성 국가란 외교관계를 맺지 않아도 풍요로운 생활을 할 수 있는 유토피아적 조건을 뜻한다.

2017년 기준, 중국을 비교하면 GDP는 12조 2,400억 달러(미국의 62% 수준)으로서 세계 2위 규모다. GDP 대비 무역의존도는 40%, 그 가운데 대미 무역흑자가 2,758억 달러(75%)를 차지한다. 중국은 식량 수입국이고, 세계 최대 오일 수입국이며, 높은 대미 무역흑자 경제구조의 한계를 안고 있다.

인구도 문제다. 중국 13억 인구 중 공산당원 6,000만 명, 그리고 10%의 중산층을 제외하면 11억의 인구가 언제든지 2001년 이전 빈곤한 생활로 전락할 수 있는 서민층이다. 2010년 이후 인구고령화 추세가 가속된다. 노동인건비 증가로 중국 내 기업들이 속속 인도와 베트남, 동남아시아 등 해외이전을 재촉한다.

트럼프·미국은 미국시장의 특혜를 누려온 중국 문(門)을 닫고, WTO 체제의 중국 최혜국정책을 백지화하며, 브레튼우즈 체제를 인도와 베트남 등 동남아시아권 국가들에 유리한 시스템으로 변경하려 하고 있다.

둘째, 세계 안보역량 전쟁이다.

미군은 (10만 톤 이상급) 11대의 현역 항공모함 전단, 1만 대 이상의 군용기, 해병 원정부대를 거느리고 있다. 또 865개의 해외기지를 가지고 25개 국가에 미군을 주둔시키고 있다. 이른 바 제국의 기반이다. 2018년 총 국방비 지출은 7,000억 달러 이상인데, 이는 세계 국방비의 2.5% 이상이다. 상위 10개국의 국방비를 합친 것보다 더 많은 수치다. 미군 국방비는 GDP 전체의 4.7% 내외이다.

항모전단은 중동과 아프리카의 오일과 자원 루트인 호르무즈 해협, 말라카 해협, 남중국해, 대서양의 제해권을 장악하여 질서를 지킨다. 이란과 북한 핵 진화와 지역·민족·국가 간 크고 작은 충돌에 개입·예방·관리한다. 그 결과 태생적 동맹 5개국 영국, 캐나다, 호주, 뉴질랜드, 미국(5eyes), NATO 회원국, 기존의 태평양 도련선 방어개념과 오바마의 아시아 회귀 전략을 2019년 6월 인도태평양 방어전략동맹으로 개편했다. 인도태평양 동맹은 일본과 한국을 핵심 축으로 고정하고, 인도, 필리핀, 베트남, 태국, 대만, 싱가포르, 말레이시아, 라오스, 캄보디아, 보르네오, 몰디브, 방글라데시, 네팔, 몽골 등을 망라하여 안보·경제 협력동맹에 포함시켰다. 지도상에서 동맹선을 연결하면, 해양과 대륙 양면에서 겹겹이 중국을 포위한 형국이다. 미국은 중국이 독점하던 교역특혜를 이들 동맹들에게 배분하겠다는 전략이다. 피터 나바로의 '무역안보론'이 뜻하는 미국의 세계안보·경제 연맹국 개념이다.

중국의 방위예산은 2,280억 달러이다. 핵무력, 육·해·공군과 비대칭무기, 우주정보 무력에 이르기까지 아직 미국에는 족탈불급(足脫不及)이다. 일대일로는 군사안보전략과 경제이익이 맞물려 있다. 중국몽을 선언하고 야심차게 일대일로 정책을 펼쳤지만 대륙과 해상방면 모두 참여국의 반대 및 경제위기와 맞물려 '공사중단'의 난항을 격고 있다. 그 결과 중국은 채권외교과 신 식민지 개척에 막대한 차질을 빚고 있다. 일대일로(one belt, one road) 참여국가들은 중국의 동맹들인지, 조공국가들인지 정체성을 분간하기 어렵다. 또 '중국제조2025'는 미국의 화웨이, ZTE에 대한 제재조치로 추진동력을 상실했다.

진시황 이후 중국사를 관통하여 볼 때, 천자지국과 변방 오랑캐국가 간 조공관계는 존재했으나 동등한 동맹관계는 없었다. 예를 들어, 한국과 미국은 한국전과 베트남전에서 함께 피를 흘린 혈맹관계이다. 한미동맹의 안보토대 위에서 한국은 세계 12위 경제강국으로 올라설 수 있었다. 미국은 한국의 정치상황에 개입하지 않는다. 상대적으로 중국에게 북한의 정체성은 '동맹'인지, 아니면 '다가올 오늘'에 신장위구르·티베트·동북 3성처럼 중화민족에 강점·병합되어야 할 변방 오랑캐국가인지 불분명하다.

셋째, 이란, 북한, 남사군도, 3대 대리전쟁 화약고 관리

대중국 전쟁을 계획하면서 트럼프·미국이 가장 우려한 지점은 지정학적 '화약고' 지역·국가들에 의한 돌발적 상황이다. 중동내륙 시리아와 아프가니스탄, 한반도 북한, 호르무즈 해협 이란, 남중국해 지역이 꼽힌다. 미국은 이들 국가들을 '어리석게도' 중국을 대리하여 미국에게 도발하는 '화약고 변수'로 판단하고, 미리 뇌관을 제거하는 노력을 기울였다.

2018년 말 시리아와 아프가니스탄의 미군 철수 협상을 진행 중이다. 2018년 호르무즈 해협에는 미국, 영국, 프랑스, 일본 등 동맹들까지 항모전단이 집결하여 이란의 도발을 억지하고, 말라카 해협에는 인도 태평양 안보동맹들과 연합을 맺어 방어하고 있다. 2019년 일본과 한국의 항구와 미군주둔지에는 전시상황에 대비한 전쟁물자를 집결하여 과시하며, 북한 김정은과는 개인적인 대화와 친분을 쌓아가며 도발을 억지하고 있다.

남중국해는 미중 해양군사력이 직접 충돌하는 지역으로서 인도 태평양 방어전략을 변경하여 안보경제 동맹을 확장했다. 또 미국의 핵심적 국가 이익을 위해 대만을 국가로 인정했고, 홍콩 자치와 민주화 사태에 대해 직접적 관심을 표명하고 있다.

중국 군사력은 2대의 항공모함과 둥펑 등 비대칭 무력이 비약적으로 발전했다고는 하지만 아직 왜소하다. 특히 중국의 남중국해에 대한 비합리적인 영해 주장과 강점, 인공섬 군사기지화 석유탐사, 아프리카와 남미의 개발도상국에 대한 채권외교와 항만건설 등등 곳곳에서 직간접적인 군사주권 분쟁을 일으키고 있다.

넷째, 체제전쟁이다.

체제전쟁은 국가정체성 전쟁이다. 미국은 세계사상 초유의 다인종 이민자 연합국가이다. 미국의 역사는 240여 년에 불과하지만 유럽문명과 영국의 정치제도를 플랫폼으로 하여 '21세기 로마제국 아메리카'를 재현했다는 평가를 받는다.

다인종이란 유럽의 실패한 백인종들이 이민하여 개척사의 주류를 이루고, 노예 출신 아프리카 흑인계, 노동자 출신 아시아계와 빈민 출신 히스패닉계 등등이 비주류로서 연합된다. 이민자국가란 어떤 이유든지 간에 모국에서의 삶을 버리고 미국에서의 삶을 선택한 미국시민들을 의미한다. 따라서 이민자들의 의식에는 이 새로운 기회의 땅에서 반드시 성공해야 한다는 위기감과 절박감, 개척정신과 도전정신, 애국심이 가득하다. 따라서 이민자들은 자녀들의 교육과 기술 숙련에 일생을 걸고 헌신한다. 미국의 교육제도는 체육과 예술, 전공학문과 기술연마를 충분하게 제공한다.

미국의 사회적 합의는 영어의 공적언어 사용이다. 또 상호 간에 친절과 예의범절, 사생활 불개입의 원칙이 사회생활의 기본이다. 또 총기소지의 자유가 보장된 국가의 특성 때문에 시민들은 교통법규에서부터 대인관계에 이르기까지 범과 규범의 존중, 정직성과 준법성, 공적 봉사정신, 커뮤니티 워치 정신이 일상화된다.

다인종 이민자 연합국가가 지닌 특성은 경쾌하면서도 역동적이고, 원칙과 공익 우선자세에 있다. 그리하여 미국은 비교적 짧은 역사에도 불구하고 기독교정신에 입각한 자유민주주의와 시장경제 체제, 인권과 인류 보편가치를 존중하는 세계국가로서 면모를 갖출 수 있었다. 그 의식의 밑바닥에는 미국은 당연히 일등(America First)이라는 믿음과 당위성이 깔려 있다.

중화(中華)의 관점과 입장에서 볼 때, 미국과 같은 다인종 이민자 연합국가를 이해하기란 쉽지 않다. 아시아권 대부분의 국가가 비슷한 처지이지만, 중국은 한족(漢族)이 98%를 차지하는 단일 종족국가라고 해도 과언이 아니다. 중국의 성철 콩쯔(聖哲 孔子)는 지리적,

통치적, 문화적으로 분산·괴리된 중국 정신세계를 하나로 통합해야 한다는 절박성 속에서 중화와 중화민족이라는 용어를 작명했다. 즉, 좁은 의미에서 중화민족이란 98%의 한족을 의미할 뿐이다. 한족 단일민족의 역사문명권 중화인이 미국이라는 다인종 이민자 연합국가의 정체성을 파악하기란 쉽지 않다.

무엇보다도, 중국은 중국 공산당 일당 일인 영구집권 권위주의 체제이다. 경제는 당·국가 통제 자본주의이다. 세계질서 속에서 자유민주주의 시장경제와 공산당 일당 권위주의 체제경쟁 결과는 구소련연방의 붕괴로 입증되었다.

다섯째, 인권과 종교 전쟁이다.

기독교 정신은 미국 독립선언문의 본령이다. 자유와 평등, 인권과 인류의 보편적 가치는 원형의 훼손 없이 세계정신인 UN헌장 속에 담겼다. 자유와 평등의 천부 인권원리는 기독교(청교도) 정신이자 미국의 독립정신의 골수요, 강령이다.

다인종 이민자들이 뒤섞여 다양성과 통일성을 융합해 가면서 질서와 조화의 공동체를 이룰 수 있는 용광로가 기독교 사상이다. 미국은 개신교 47%, 가톨릭 20%, 무교가 22%를 차지하며 그 밖에 유태교, 힌두교, 이슬람 등 종교의 자유를 누리는 다종교 국가이다. 즉 미국은 기독교 중심 소수 다종교 국가이다.

기독교 원리에 따르면, 유일적 창조주, 절대자인 여호와 하나님이 인간 운명의 주인이다. 하나님의 은총에 의하여 세워진 미국이라는 나라는 자유가 들꽃처럼 만발하고, 정의가 강물처럼 흐르는 삶의 터전이 된다. 대통령 취임식부터 초등학교 졸업식까지 모든 식순과 문서에는 기도와 함께 "하나님이 미국과 함께하시기를"이라는 문구가 들어간다. 창조주 절대자 앞에서 인간권력자는 겸손해질 수밖에 없다.

중국의 인권과 종교는 최악단계이다. 1989년 천안문 대학살 사태는 희생자의 정확한 숫자를 알 수 없고, 인권과 인류의 보편적 가치 기준으로는 설명될 수 없다. 중국에는 종교가 존재할 수 없다. 기독교 교회는 지하까지 찾아내 폐쇄시키고, 목사는 체포·구금하며, 성경은 불태우고 있다. 신장위구르의 이슬람교와 티베트의 불교는 지금 이 시간에도 감금·살육·탄압받고 있다. 토인비는 갈파했다. 중국문명은 결코 세계국가가 될 수 없다. 인류가 향유할 수 있는 세계종교를 갖지 못했기 때문이다.

중국·중화인은 신앙심은 있을지언정, 종교를 모른다. 무종교의 인간은 눈에 보이지 않는 고도의 초월적 정신세계를 누리지 못한 채, 저차원적 경험주의 세계만을 살다가 사라진다. 중국문명사에는 초월적 신 사상이라는 정신적 DNA가 없다. 중화사상은 인간 중심철학에 기반한다. 우주와 인간운명의 주인은 오직 인간이다. 기독교적 관점에서 보면, 근대 마르크스-레닌의 유물론과 중화사상의 무신론이 만나 탄생한 악마적 괴물(붉은 용)이 마오쩌둥 혁명사상이다. 현대 시진핑 주석이 계승하여 역설하는 중화민족이고, 유물론적 무신론의 세계이다.

인간이 주인 된 세상에서는 모든 권력은 총구(= 무기)에서 나온다. 인간이 군권을 쥐면 권력자가 되고, 권력자는 신적 권능을 갖게 된다. 폭력은 혁명동력이 되고 공산당 권력은 혁명을 위한 절대적 진리성을 지니고, 인간생명을 죽일 수도 살릴 수도 있는 절대 권력으로 구조화된다. 바로 당·군·국가 시스템이다. 그 뇌수가 화신(化神)이고, 사실상의 황제이다. 진시황, 마오쩌둥, 흐루쇼프, 스탈린도 모두 살아있을 때 신격화 된 화신·황제였다. 소련은 악마의 폐허만을 남긴 채 역사 속에서 무너졌다. 그러나 다른 한 축 중국 공산당은 미국의 오판으로 도움을 받고 부활했다. 유물론적 무신론의 세계와 유일신적 기독교는 차원이 다른 세계이다.

여섯째, 중공(中共)의 정체성, 한민족·한반도를 두 번 분단시킨 현재진행형의 대륙패권

마지막으로, 중국과 한국의 현대사의 쟁점을 환기하고 싶다. 아이러니컬하게도 한국·한민족은 중국·중화인에 대해 깊은 애증이 교차한다. 일제강점기 임시정부를 도와준 중국을 생각하면 고맙고, 돌연한 한국전쟁 참전을 생각하면 밉기만 하다. 그러나 중국의 깨어있는 지성들은 알고 있을 성싶다.

현대사에 들어와 한국은 중국을 두 번이나 도와줬으나, 중국은 현재진행형의 한민족·한반도의 분단을 강화하고 있다. 첫째, 한반도는 UN군의 응징에 의해 통일 직전까지 갔으나 중공의 돌연한 압록강 도하 침공으로 인해 재분단이 확정되었다. 둘째, 1978년 덩샤오핑의 개혁개방 전략은 한국 박정희 근대화 개발 모델을 말만 바꿔 벤치마킹했다. 또 2003년 북한 핵개발 억지를 목표로 한 6자회담의 중재 주도국으로서 지위를 부여받고, WTO 가입과 최혜국 대우, 미국시장 전면개방과 특혜관세를 누려, 17년간 연평균 7~9.5%의 성장률을 구가했다. 김대중 시절 비핵의 대가로 북한 투자예정이었던 자본과 기술은 노무현 때 중국으로 급선회했다. 한반도 핵무력 중재권은 당사국인 한국의 안보주권이었다.

어찌됐든 중국의 약속, 북한 핵개발 저지 약속은 말뿐이었다. 오히려 북한 핵은 16년간 시공간의 은닉 속에서 완성·진화했다. 2019 현재 북한 핵은 세계를 향해 으름장을 놓고 있다. 전쟁 절대무력, 핵 무력은 한반도를 영구히 분단시킬 세계체제이자 구조적 기구이다.

과연, 중국은 6자회담 약속 이행을 위해 어떤 역할을 했는지 자문자답해야 한다. 현재 G2라는 중공이 자랑하는 경제성장의 주된 성장 동력은 '한반도 비핵 딜레마'에서 시동이 걸렸다. 미국 지식인들의 냉엄한 자기반성은 '북한 핵개발 억지, 중국의 약속 불이행'에서 비롯되었음을 경각해야 한다. 중국은 자문·자답·자증해야 한다. 북한 핵이 미국 워싱턴과 서울을 겨냥하면서, 베이징은 예외로 한다고 장담할 수는 없다.

하여, 중국(中共)·중화인들은 한국·한민족을 깊이 들여다볼 필요가 있다. 강대국은 일제강점과 강제분단, 두 개의 정부수립, 한국전쟁과 분단 재획정을 결정했다. 한국전쟁은 대륙의 힘을 업고 젊은 전쟁광 김일성이 자행한 민족 대량 학살극이다. 그 결과 코리아(Korea)의 시공간은 학살과 파괴, 기아와 빈곤, 무지와 병마 가득한 인류사 최악의 생지옥으로 굴러 떨어졌다.

그러나 한국·한민족은 중국의 책임도 막중한 그 종말론적 파멸의 나락을 딛고 일어섰다. 불과 30년 만에 산업화와 민주화를 이룩하고, 세계 12위의 경제, 정보통신 강국으로 우뚝 섰다. 그 밑바탕에 기독교 정신(자유와 평등, 인권과 인류보편의 가치)에 입각한 독립·

건국, 산업화와 민주화의 성공이 깔려있다. 중국·중화인들로서는 1,000년이 지나도 깨닫지 못할 수 있다. 한국·한민족에게는 오직 다차원의 진화와 빛나는 비월의 미래시간이 있을 뿐이다. /Yohan

제2부

이승만의
나라

I.

청년(태동기):
사람의 아들에서 하나님의 종으로

1. 이승만 운명의 전회:
대역죄인 투옥·종신형, 성령체험

 칼(枷)이라는 수형도구가 있다. 극악범이나 대역죄인의 목에 씌우는 굴레이다. 길고 단단한 나무로 만들고 한자로는 가(枷)라고 부른다. 손목에 채우는 나무수갑인 추(杻)와 발목에 채우는 차꼬(桎)를 합하여 3종 세트를 이룬다. 우리는 TV드라마 〈춘향전〉에서 옥에 갇힌 춘향이 칼을 목에 메고 거지꼴로 나타난 이 도령을 만나 흐느끼는 모습을 기억한다.

 상상할 수 있겠는가? 1899년대 한성감옥, 탈옥에 실패하여 태형 100대를 맞고 사형선고를 받은 스물네 살의 청년이 있다. 청년은 목에 칼을 씌우고 추에 채워진 상태에서 간수가 넘겨주는 성경책을 읽으며 예배를 인도한다.

 "(⋯) 죄수 한 사람은 간수들이 오는가를 살피기 위해 파수를 섰고, 또 한 사람은 성경 책장을 넘겨주었다. 나는 몸이 형틀에 들어가 있었고 손에 수갑이 채워져 있어 책장을 넘길 수 없었다. 그러나 나의 마음 속 그 안위와 평안과 기쁨은 형용할 수 없었다.

나는 그 감옥에서 얼마나 감사했는지 잊을 수 없다. 6년 반 동안 감옥살이에서 얻은 축복에 대해서 영원히 감사할 것이다. 1904년 8월7일 나는 사면을 받고 다시 세상에 나올 수 있는 자유를 얻었다"[1]

청년의 옥중 전도는 양반 출신 정치범과 감옥의 간수들에게 이른다. 성경 공부반으로 시작된 예배는 복당으로, 나중에는 옥중교회로 발전한다. 기독교로 개종한 양반 출신 정치범은 이원긍·이상재·유성준·김정식·홍재기·김린 등이고 한성감옥 간수장 이중진이 포함된 40여 명이다.

청년은 그렇게 5년 7개월 동안 기도와 예배로 감옥을 전도의 교회로 만들고, 《제국신문》과 《신학월보》에 필명으로 독립을 외치는 논설을 실었다. 어린 죄수들을 교육하고, 옥중 도서관을 운영했다. 영한사전을 편찬하고 영문 『청일전쟁기』, 『독립정신』의 원고를 완성했다.

24세에 고종황제 쿠데타 역모가담혐의로 체포, 탈옥시도 실패와 사형 언도, 고등법원 종신형 감형, 그리고 5년 7개월간의 감옥살이 끝에 고종황제의 특사로 마침내 자유를 얻은 29세 청년, 이승만이다.

1898년 12월 21일, 고종은 칙령을 내려 중추원을 해산하고, 독립협회 출신 의관들에 대한 체포령을 내렸다. 1899년 1월 2일 이승만은 중추원 의관에서 파면됐고, 고종 폐위와 공화정부를 세우려

1. 김성욱, 뉴데일리(2017.06.05) (이승만의 영문 자서전 개요 「Rough Sketch: Autobiography of Dr. Syngman Rhee」) 재인용

한 쿠데타 공모자로 기소되었다.

이승만은 피신했다. 남대문 근처에 있는 제중원 원장 미국인 선교사 에비슨의 집에 숨었다. 1월 9일 의료선교사 헤리 셔면(Harry Sherman)이 왕진하는 길에 통역으로 동행했다가 체포되었다. 이승만의 혐의는 《매일신문》과 《제국신문》을 통해 조선정부를 신랄히 비판한 점, 서재필과 독립협회의 일원, 만민공동회의 총대의원(總代議員)으로서 극렬한 반정부시위를 선동한 사실 등이었다.

문제는 한성감옥 투옥 다음에 일어났다. 이승만은 박영효의 측근 서상대, 매일신문 동료기자 최정식과 함께 한방에 수감되었다. 세 사람은 쿠데타 음모에 가담한 죄로 사형이나 종신형 등 중형에 처해질 것을 알았다.

마침내 경무청 고문인 스트리플링(A. B. Stripling)이 면회를 올 때 배재학당 동기인 주시경(1876-1914)이 따라왔다. 주시경은 면회를 마치고 돌아가는 길에 육혈포 두 자루를 은밀히 건네줬다. 수감 20일이 지난 1월 30일, 세 명의 죄수는 권총으로 간수를 위협하고 탈출했다.

서상대는 압록강을 건너 만주로 탈출했고, 최정식은 진남포의 일본인 여관에서 주인의 밀고로 잡혀 서울로 끌려왔다. 이승만은 두 사람과 헤어진 뒤 시위대가 있다는 종로로 갔다가 다시 체포되었다. 최정식은 탈옥과정에서 육혈포를 발사하여 간수 김윤길의 팔을 부상시킨 일 때문에 사형선고를 받고 즉시 처형되었다.

이승만은 감옥에서 열세 가지의 혹독한 고문을 당하고 사형을 선고받았다. 그러나 고등법원에서 소지한 권총을 단 한 발도 발사하지 않았다는 사실이 밝혀져 사형을 면했다. 1899년 7월 11일, 이승만은 종신형과 곤장 100대를 선고받았다. 그의 아버지 이경선은 아들의 시체라도 돌려달라며 형무소를 찾아왔다. 24세 이승만에게 남은 것은 절망뿐이었다.

○ **옥중성령체험: "오직 예수교만이 나라를 살릴 수 있다."**

절망의 한가운데 누운 이승만에게 배재학당에서 읽었던 성경이 한 구절이 떠올랐다. "네가 너의 죄를 회개하면 하나님께서는 지금에라도 너를 용서할 것이다" 그리고 캐나다 선교사 에디(Sherwood Eddy, 1871-1963)가 차입해준 영문성경을 홀로 읽다가 홀연히 목에 드리운 칼에 머리를 얹은 채 "오 하나님 저의 영혼과 우리나라를 구원해 주옵소서"(Oh God, save my soul save my country)라는 간절한 기도를 드렸다. 종신형을 받은 절망감과 고문으로 인한 육체적 고통 속에서 이승만의 기도는 절실했다.

"예수 그리스도여, 당신이 정말 살아 계시다면 제가 다시 한 번의 기회를 주십시오. 만약 당신이 나에게 기회를 주신다면 내 인생은 당신을 위해서 살겠습니다. 그리고 내 조국을 위해 살겠습니다."

이승만은 온 힘을 다해 서원기도를 마치고 쓰러져 잠이 들었다. 잠을 깬 뒤 세상은 전혀 다른 세상이었다. 감옥이 춥지도 않았고, 죽음과도 같은 고통도 사라졌다. 죽음과도 같은 고난은 옥중 성령체험의 계기가 되었다. 성령체험 후 이승만의 옥중생활은 새로운 차원의 평안과 희열과 활력의 생활로 반전되었다. 감옥은 새로운 차원의 학교가 되었다.

"(…) 하나님께 기도를 했더니 금방 감방이 빛으로 가득 채워지는 것 같았고, 나의 마음에 기쁨이 넘치는 평안이 깃들며 나는 완전히 변한 사람이 되었다. 내가 선교사들과 그들의 종교에 대해서 갖고 있던 증오감, 그들에 대한 불신감도 사라졌다. 나는 그들이 우리에게 자기들 스스로 대단히 값지게 여기는 것을 주기 위해 왔다는 것을 깨달았다."[2]

옥중 성령체험은 그의 삶을 평생 자신과 이웃과 나라를 "오직 예수교만이 살릴 수 있다"는 크리스천 신앙의 세계로 인도한다.(1905년 4월 23일 부활절에 미국 워싱턴 D. C의 거버넌트 장로교회에서 세계를 받는다). 이승만은 이때의 신앙체험을 평생 자신의 지인들에게 전도했다. 이승만의 기독교적 정치철학의 원형은 이 때 형성되었다. 이승만은 평생 ① 크리스천 전도자 ② 비폭력 평화주의 ③ 기독교 입국론이라는 일관된 삶을 살았다.

---

2. Young Lee, New Dawn; A history lesson to the next generation About the Republic of Korea and Syngman Rhee, 2014.(pp.51-65). 전광훈, 『건국대통령 이승만의 분노』, (주)퓨리탄출판사, 2015.

2. 이승만,
현실주의 세계관과 4대입국론 원형 구축

○ 국제정세

18세기 산업혁명에 성공한 서양 열강들은 저마다 원료공급지와 시장 개척을 위해 해외 식민지 개척·쟁탈에 광분했다. 영국은 인도·홍콩을, 프랑스는 베트남·알제리·모로코를, 러시아는 폴란드·시베리아를 각각 강점했다. 독일은 통일되었고, 미국은 남북전쟁 이후 서부 대개척에 성공했다. 열강들은 동아시아로 눈길을 돌렸다. 노쇠한 공룡 중국이 걸려들었다.

청나라는 영국과 두 차례의 아편전쟁(제1차: 1840년~1842년, 난징조약), (제2차: 1856년~1860년, 베이징조약)에서 완패했다. 허약한 국력의 치명적인 약점을 노출했고, 중화역사는 뿌리째 흔들렸다. 1860년에는 영국·프랑스 연합군에 의해 베이징이 함락되어, 열강들의 중국 침탈이 본격화된다. 이후 태평천국의 난을 진압한 후 양무운동을 벌였으나 실효를 거두지 못했다.

반면 일본은 근대화에 성공했다. 1867년 1월 9일, 일본은 도쿠가와 막부를 타도하고 메이지 유신에 성공하여 근대산업국가로 변모하는데 성공한다. 열강들에 대한 활발한 외교와 함께 대표단과 학생들을 파견하여 서양문물을 흡수했다. 타이완에 출병하고 오키나와를 병합했고, 정한론(征韓論)을 펼치기 시작했다. 일본은 운요호 사건을 구실로 조선에 통상을 요구하였으며, 1876년 2월 27일 강화도 조약을 체결하여 부산, 원산, 인천 3개 항구를 개항시키며 경제침략의 발판을 마련하였다.

○ **국내정세**(1898.12~1904.8)

토인비의 도전과 응전의 현재진행형적 차원에서 볼 때, 강대국 중심의 국제정세와 국내정치는 맞물려 변동된다. 국제정세 변동을 도외시한 흥선대원군의 쇄국정책이 망국의 도화선이었다면, 1873년 흥선대원군과 중전 민 씨 간에 전개된 권력투쟁은 그 도화선에 발화하여 왕궁으로 옮겨가는 불꽃이었다. 두 권력자는 취약한 국내 권력을 외세와 결합하여 쟁취하려는 '어리석고 맹렬한' 도전과 응전의 권력투쟁을 반복했다.

그 쟁투의 향방에 따라 주변 강대국들의 한반도 장악권은 일본, 청나라, 러시아, 일본 순으로 변동이 일어난다. 흥선대원군 탄핵(1873) 2년 뒤 강화도조약(1876)을 시작으로 민비와 일본이 주도권을 쥐고, 임오군란(1882) 뒤 민 씨와 청나라, 청일전쟁(1884) 뒤 대원군과 일본, 을미사변과 아관파천(1884-85) 뒤에는 러시아, 그리고 동학농민전쟁과 청일전쟁 뒤에는 일본이 한반도를 장악한다.

조선망국사의 변곡점은 1894년 동학농민전쟁과 청일전쟁, 연이은 을미사변(1895년)이다. 을미사변 이후 러시아가 한반도를 장악했으나, 러일전쟁(1904~5)이후 일본이 한반도 장악권을 확정짓는다.

당시 세계정세에 맞춰보면 청·일, 러·일 전쟁은 교량국가 한반도 장악권에 대한 대륙세력과 해양세력의 물리적 전쟁터였다.

영국의 문명사가 토인비는 망국의 기준을 제시했다. "군주가 무능하고, 관료가 부패하며, 민심이 분열되어 있으면 그 나라는 망한다." 조선은 망국의 기준에 정확히 부합했다. 왕은 아버지와 부인 사이에서 무기력했고(고종), 양분화된 1% 최고 권력집단의 권력쟁투가 상시화되어 있었다(대원군과 중전 민 씨). 관료는 부패했고(조병갑) 99% 민심은 분열됐다.(동학농민봉기). 통탄스런 장면은, 조선 망국은 시아버지 흥선대원군과 며느리 명성왕후의 권력쟁투로 시작해서 결국 며느리 시해와 시아버지의 정계복귀 실패로 파국을 맞았다는 지점이다. "당시 조선 백성 문맹률 99%라는 점에서 볼 때, 1%를 위한 나라였다"라고 정체성을 규정한 보수언론 사가 조갑제의 비판은 통렬하다.

이승만은 가난한 집안, 수차례의 과거시험 낙방과 투옥과 고문, 가혹한 감옥살이를 통해 주어진 혹독한 현실을 냉철하게 인식하고 있었다. 뒤에 언급하겠으나 고종에게서 비밀 특사로서의 임명을 받고 미국으로 떠나는 길에 고종 알현을 거절하고, "나는 대한제국의 특사일 뿐"이라고 냉엄한 일침을 놓는 대목에서 잘 나타난다. 이승만 정치의 실사구시와 실용, 그리고 시대정신의 원형은 이미 이때 갖춰졌다.

○ 이승만, 감옥학교·성령체험을 통해 예수 그리스도 제자로 변모
한반도는 주변 강대국들의 먹잇감으로 뜯어 먹히고 있었다. 청년 이승만은 종신형을 언도 받고 5년 7개월 동안 감옥살이했다. 특사로 출감할 때 24세 청년은 '지옥을 겪고 나온' 29세 장년으로 변모해 있었다. 감옥학교를 졸업한 이승만의 정체성은 전혀 다른 사람으로 변모했다. 투옥기간 동안 이승만의 세계관과 정치철학, 실천강령 등 원형이 형성되었다.

이 부분은 적지 않은 이승만 연구가들이 오류를 범한 대목이다. 이승만은 옥중학교와 성령체험을 통하여 혁명주의자에서 영적 크리스천으로 거듭났고, 옥중 교회, 성서 번역, 영어사전 편찬, 『청일전쟁본기』 번역, 『독립정신』 집필 등을 통해 실천역량을 축적한다. 즉, 퓨리터니즘(= 청교도주의)을 현실정치와 국제관계, 그리고 한국의 독립에 어떻게 적용할 것인가에 대해 눈을 떴다. 하늘로부터 비롯된 영감과 인간 이승만의 통찰력이 만나 개화했다. 이승만의 관점과 입장과 방법론은 기독교 정신에 입각한 현실정치 이론 실천이다.

기독교적 자세로 이승만 연구를 하면 크리스천 이승만의 모습이 주로 보이고, 비기독교적 인 자세로 이승만을 보면 현실정치인 이승만의 얼굴에 치우치게 된다. 크리스천과 현실정치인 이승만은 융합되어 있다. 이런 방법론적 오류는 바로 김구, 박정희, 김대중, 나아가 김일성과 비교하는 데 적지 않은 혼동과 왜곡의 원인으로 작용한다. 예를 들어 질문 하나를 던져 보자. 이승만 정신을 진정으로 계승한 후대 정치인은 박정희인가? 김대중인가? 그 답변은 뒤쪽에 기록한다.

감옥살이 이후 이승만의 세계관과 정치철학은 전회 되었다. 전혀 다른 사람으로 거듭났다. 이승만 연구 접근법은 실사구시와 실용, 시대정신에 입각하여야만 제대로 보인다.

① 인간중심 이상주의자에서 기독교적 현실주의자로 전환되었다

영적 체험 이후 세계관의 중심이 하나님으로 바뀌면서 그동안 전통적 유교의 가치질서인 인간중심의 세계관에서 벗어나, 세계관의 중심이 창조주 유일신 하나님과 예수 그리스도 중심으로 바뀌었다. 기독교 정신에 입각하면, 크리스천이 진정한 강자이고, 기독교적 국가가 강대국이 된다.(실존적 기독교적 세계관. 실사구시)

② 인간 유토피아 사상으로서 혁명은 헛된 이상주의이다

인간은 생명의 한시성, 선과 악에서, 부와 가난에서, 나의 중심에서 자유롭지 못한 존재이다. 오직 그리스도 정신 안에서 차갑게 현실을 바라보고, 긍휼한 연민의 가슴으로 인간을 바라보는 신앙적 이성 인격으로 거듭나야 한다. 즉, 인간중심 무신론적 혁명주의자에서 그리스도적 비폭력 평화주의자로 변모한다. 뒤에 무신론의 토대에 선 공산주의와 대결, 반공의 노선을 걷게 된다. (실천적 크리스천 정치인. 실사구시)

③ 백성이 나라의 주인이다

나라의 주권은 전제 군주에게 있지 않다. 성경은 인간의 본성을 말해주고 인간 공동체의 지향점을 제시해주고 있다. 인간은 하나님 안에서 자유와 평등의 권리를 지닌 존엄한 존재이다. 미국의 독립 정신이자 건국헌법의 핵심 요체이다. 이에 따른 미국식 민주주의는 성경의 핵심원리에 기반하고, 미국은 기독교가 구현한 가장 이상적인 나라이다.(자유민주주의자. 실사구시와 실용)

④ 현실세계는 강대국 중심으로 돌아간다

조선의 독립은 강대국의 손에 달려있다 해도 과언이 아니다. 전통적인 우방인 청나라는 쇠했고, 러시아와 일본은 한반도에 대한 영토적 야심을 갖고 있어 경계해야 한다. 그러나 미국은 하나님의 축복으로 세워진 주권재민의 기독교 국가이다. 미국은 세계 최강대국이다. 바다 멀리 미국은 조선에 대한 영토적 야심이 없는 강대국이면서 국민주권의 민주주의 국가이다. 정치제도는 입헌군주제나 미국식 자유민주주의 체제로 바뀌어야 한다. 미국은 조선 독립을 위한 결정적 힘을 가졌다.(현실주의 외교론. 실사구시와 실용)

⑤ 영어와 세계사 실력이 중요하다

선교사들이 차입해준 영어 성경을 소리 내어 암송하고, 영어사전 편찬을 진행하여 영어실력이 더욱 증진되었다. 'F'까지 마친 영문 사전편찬 작업은 러일전쟁 발발과 함께 중단되고, 『독립정신』 집필로 방향을 바꾼다.

모진 고문과 가혹한 옥중생활에서 얻은 큰 자산 중의 하나는 개화파 등 평생 동지들과 만나 교분을 나눴다는 점. 개화파의 거물들인 이상재, 이원긍, 김정식, 홍재기, 양기탁, 안국선 등이 함께 옥살이를 했고, 배재학당 동문 신흥우, 유성준(유길준의 동생) 그리고 훗날 독립운동을 하며 애증이 얽힌 박용만 등은 옥중에서 만난 동지였다.

한편 선교사들은 이승만의 영적 아버지들이자 현실적 언덕이었다. 선교사들은 영문성경과 영문 잡지와 역사서 등을 차입해 주었다. 그들은 각별한 옥바라지뿐만 아니라 이승만의 부모를 돌아보는 일도 마다하지 않았다. 특히, 헐버트 선교사는 결기에 찬 이승만을 보며, "네가 꿈꾸는 세상을 보려면 모든 비밀은 성경에 있으니 성경을 읽으라"고 격려했다. 배재학당의 아펜젤러, 벙커, 제중원의 에비슨, 선교사 언더우드는 비빌 언덕과도 같은 존재들이었다.

이들로 하여 이승만의 영어, 세계를 바라보는 안목, 철학의 깊이는 날로 그 지평이 확장되었다. 미국 선교사들 인맥은 뒤에 이승만의 유학생활 동안 정계, 학계, 외교계, 국방 등 전 미국차원으로 연결되고, 독립운동과 건국, 그리고 한국전쟁에 막강한 힘으로 현실화된다.(실용)

3. 빛나는 옥중 저술:
『청일전기』 번역본, 『독립정신』

  요컨대, 청년 이승만은 기독교(성경, 성령체험, 선교사들을 통한 교육)를 밑거름으로 한 실사구시와 실용, 시대정신의 관점과 입장, 그리고 독립 방법론의 윤곽을 지닌 선구자적 면모를 갖추게 된다. 이승만이 옥중에서 통찰한 시대정신의 요체가 바로 『청일전기』, 『독립정신』에 담겨 있다.

  『청일전기』는 한반도를 차지하려는 청·일·러 간의 전쟁을 다룬 역사를 번역했다. 『독립정신』은 옥중에서 러일전쟁(1904)이 개전되었다는 소식을 듣고 '조선의 망국'을 통찰한 뒤 2월부터 4개월 만에 탈고했다.

○ 『청일전기』: 태평양이 마르고 히말라야 산맥이 평지가 될지라도

  『청일전기』는 1894~1897년간 동아시아 국제관계사를 전반적으로 다룬 미국공사 선교사 알렌과 중국 채이강이 공동 저작한 『중동전기본말』의 순한글 번역서이다. 이승만은 옥중에서 한성 감옥서장 김영선의 보호를 받으면서, 『중동전기본말』 가운데 한국관련 부분을 발췌, 순한글번역·분석을 가했다.

이승만은 1917년 출판 『청일전기』 서문에서 청일전쟁을 한국(=조선) 멸망의 원인과 결과로 직결시킨다. 청일전쟁의 원인을 청과 일본의 한반도 쟁탈전으로 봤다. 청일전쟁은 300년 전 일본이 한 번 실패했던 1592년 임진왜란의 재현이고, 1910년 한일병탄은 그 결과이다. 한국이 독립을 잃고 고통을 당하고 있는 근본 원인을 청일전쟁이 제공했다. "태평양이 마르고 히말라야 산맥이 평지가 될 지라도 대조선의 독립을 우리 손으로 회복하겠다는 의지가 있다면, 한국인들은 청일전쟁의 원인과 결과를 알아야만 한다."

"1894년에 일어난 청일전쟁은 우리나라로 하여금 동양의 구세계는 현대문명의 광범한 영향을 무시할 수 없다는 것을 일깨워 주었다"라고 술회했다. 청일전쟁은 이승만의 삶과 목표가 동양·한자문명권에서 서양·영어문명권으로 전환되는 결정적 계기가 됐음을 의미한다. 청일전쟁은 그의 인생행로를 전환시킨 결정적 대사건이다.

오영섭에 따르면, 『청일전기』는 한성감옥에서 불철주야 대한의 독립과 발전, 인민의 개명과 진보를 갈망하던 국사범들의 공동작품이며, 『청일전기』를 번역·편찬하면서 이승만은 청일전쟁 발발 전부터 1899년 무렵까지 청일 간의 교섭·대립, 청일전쟁의 진행과 강화, 청일 양국의 국가이익 확보경쟁, 러시아·미국의 관계를 학습·통찰했다.

이승만은 미국·영국·독일의 동아시아정책, 그에 따른 한국의 자주 독립에 대한 고뇌를 깊이 확장했다. 이승만 스스로는 평생 국제관계에 정통한 석학으로 부상할 수 있는 지적 기반을 닦았다고 평가했다.

○ 『**독립정신**』(獨立精神, The Spirit of Independence)**의 요체: 기독교입국론**

『독립정신』(獨立精神, The Spirit of Independence)은 당시 대한제국의 딜레마와 주변 열강들의 동향, 러·일 전쟁 이후 특히 전후 일본 제국주의 침략을 경고하며, 민족독립에 대한 조선민중의 각성과 책무를 제시했다. 이승만의 미래 대안은 (미국을 기본 모델)로 하는 '**기독교 근본주의**'이다. 『독립정신』은 3·1독립선언보다 15년 앞서, 옥중에서 탈고(1904년)했고, 미국으로 건너가 한일합방이 있던 해에 로스앤젤레스 대동신서관에서 발간한다.(1910.2.10)

『독립정신』에는 이승만이 디자인하고 실천할 자주 독립국가의 원형·원리가 들어있다.

전술하였지만, 이승만의 세계관은 과거제 이전과 이후로 나뉜다. 과거제가 있던 18세 이전에는 중국 중심·유교적·한자·전근대 문명권 지식인 청년이었다. 그러나 과거제가 폐지되고 19세 배재학당에서 수학하면서부터 미국 중심·기독교적(투옥 이후)·영어·근대 문명권 지식인으로 전환된다. 기독교 근본주의 요체는 **성경적 정신·지혜 ⇒ 개화세계 교육 지식인 양성 ⇒ 국가발전 ⇒ 국가독립론**을 제시한다. 문맹률 99%인 당시 상황에서 이승만은 옥중에서 오로지 순한글로 『청일전기』, 『독립정신』을 제국신문에 기고했다.

장규식에 따르면, 개화된 세상과의 연결통로는 교회가 최고이다. 이승만은 이 책에서 교회야말로 한국인이 외교를 실행할 수 있는 가장 유력한 창구이며, 교회의 국제적 네트워크에서 위기에 봉착한 외교독립운동의 새로운 가능성을 발견할 수 있다고 주장했다

이승만은 일제는 기독교·교회·선교사에 대한 압박을 강화하고

있다고 지적하며, 『한국교회핍박』을 저술하여 무고한 '기독교 105 인사건'을 실례로 들었다. 그는 스스로 "하나님의 손길(선교사와 교회들을 의미)로 살아남아 미국에 왔다"고 밝힌다. 1904년 도미부터 1945년 귀국 때까지 이승만의 외교독립 운동기반은 학맥을 제외하면, 모두 선교사 인맥, 교회를 중심으로 전개된다.

이승만에게 미국은 이상적 기독교 국가였다. 미국은 기독교 원리인 자유와 평등, 민주주의에 기초한 이상적 기독교 국가로서 '상등문명국'이었다. 미국의 역사, 정치제도, 교육제도는 모두 한국의 독립국가에 이식시켜야 할 모판이었다.

그렇다고 해서 이승만은 용미·친미주의는 될 수 있으나 숭미주의자는 아니다. 이승만은 자신이 밀사로 파견되었던 1882년 조미수호조약이 1905년 가쓰라·테프트 밀약으로 인해 좌절된 사실을, 20년이 지난 1924년에야 알게 된다. "한국 사람들은 오래도록 참아왔던 모욕을 잊지 않고 있습니다. 그들은 1905년 자기들을 일본의 멍에를 지도록 몰아넣은 미국 정치가들의 배신행위에 분개하고 있습니다."(1945년 4월 9일, 이승만이 올리버(Oliver)에게 보낸 서신)

이승만이 제시한 약소국의 독립 쟁취 방식은 무력투쟁이 아닌 평화·외교를 통한 더 강력한 준비론이다. 이철순에 따르면, 이승만의 노선은 외교상의 전쟁을 중심에 두고 국민 교화와 교육, 경제적 실력 양성을 결합시킨 독립노선이다. 피 안 흘리는 전쟁은 외교·경제·종교·도덕·문명상의 싸움이고, 먼저 교육을 통해 지·덕·체를 갖춘 인재들을 양성하는 것이 급선무라고 역설했다.

따라서 약체국인 한국의 물리적 저항이나 의병의 봉기는 그 충애

지심(忠愛之心)이 도리어 한국의 장래에 손해를 끼칠 것이라고 지적한다. 그 대표적 사례가 미국인 스티븐스를 처형한 장인환과 전명운 저격 사건이었다.(1908.3.23) 이승만은 이들에 대한 변호·통역을 거절했다.

특히 『독립정신』의 중립론과 보호국을 정리한 제8장을 주목해야한다. 이는 외교독립론에 해당한다. 기독교적 문명세계의 교화(교육입국), 통상자유와 중립교역으로 부를 축적하고(경제입국), 강한 군사력을 갖춘 나라(국방입국)라야만 세계중립외교를 주도할 수 있다. 그 실례가 미국과 영국이다. 우리는 교회가 그 출발점이고 통로이다. 『한국교회핍박사』, 이승만의 박사학위논문 『미국이 주도하는 전시중립론』의 문제의식과 원형, 연구목적이 여기에 오롯이 담겨있다. 결론부 마지막을 보면, 독립정신의 기반은 "예수의 뒤를 따라 세상사람들 위하여 나의 목숨을 버리기까지 일함에 있다"고 굳은 결단으로 마치고 있다.

"저 순한 인민이 다 죄가 있어 멸망에 들어감이 어지신 하나님의 슬피 여기심이 않으리오. 이에 구원할 길을 열어 주시니 곧 예수 그리스도를 세상에 보내사 세상 인민의 죄를 대신하여 목숨을 버리시어 千萬 사람들로 하여금 믿고 돌아와서 죄를 자복하고 다시는 악에 빠지지 말아서 용서를 얻고 복을 받게 하셨다…이 은혜는 다른 것으로 갚을 수 없고 다만 예수의 뒤를 따라 세상 사람을 위하여 나의 목숨을 버리기까지 일할 뿐이라.

지금 우리나라의 쓰러진 데서 일어나려 하며 썩은 데서 싹이 나오고자 할진대 예수 그리스도 교로써 근본을 삼지 않고는 세계 외교도, 국가도, 의리도, 자유 권리도 얻지 못한다. 오직 예수 그리스도 교로써 만사에 근원을 삼아 각각 나의 몸을 잊어버리고 남을 위해 일하는 자가 되어야 나라를 일심으로 받들어 영미 각국과 동등하게 되며 이후 천국에 가서 다시 만납시다."(1904년 6월 29일. 독립정신)『독립정신』에 담긴 이승만의 세계관과 국가비전과 정치철학 원형은 기독교를 근본으로 6대 실천방침으로 요약된다.

① 통상해야 한다. 외국과 교류하는 것이 부국의 방법이다.
② 신학문을 익혀야 한다. 신문물이 본인과 국가발전의 근본이다.
③ 외교가 중요하다. 강대국도 혼자 살아갈 수 없고, 모든 나라에 공평해야 한다.
④ 주권을 소중히 여겨야 한다. 국기는 주권의 상징이다.
⑤ 도덕의 수준을 높여야 한다. 뜻을 같이하는 사람들과 용기를 가지고 행동해야 한다.
⑥ 자유를 존중하고 목숨을 걸고 싸워 지켜야 한다.

이승만 '기독교입국론'과 '미국식 자유민주주의'의 실천강령에 해당한다. 뒤에 이승만의 프린스턴에서 박사학위를 수여해준 우드로 윌슨 총장(뒤에 미국의 28대 대통령)은 이승만의 애칭을 '코리아의 교주'라고 불렀다.

사실상, 이승만의 세계관과 정치철학의 원형은 미국유학을 가기 전 5년 7개월 간의 옥중생활에서 생장되었다. 그 환경은 망국조선의 혼돈적(Chaos)적 상황이고, 그 교사들은 이수정이 불러들인 선교사들이며, 보이지 않는 존재에 의한 신비한 성령체험과 그의 불굴의 의지와 열정이었다. 그리고 청년 이승만은 인간중심의 혁명론자에서 하나님의 종으로 거듭난다.

이 지점이 비기독교 학자들이 이승만을 연구할 때 크리스찬적 자세(관점과 입장), 그리고 국제관계·국내정치·역사철학의 연동성에 대한 현실주의자적 방법론을 병행하지 않으면, 이승만의 얼굴은 편향·변형·왜곡되기 십상이라는 점을 지적하지 않을 수 없다.

4. 임명자·고종의 면담제의를
거절하고 떠난, 대한제국의 미국 밀사

러일전쟁(1904)이 발발했다. 청일전쟁의 뼈저린 경험이 있는 조선의 지식인들은 모두 짐작할 수 있었다. "러시아와 일본 중 승자가 조선, 한반도의 주도권을 장악한다. 조선은 곧 망할 것이다" 감옥 속의 선각자들은 통곡했고, 현실 속의 관료들은 각각 줄 서기에 바빴다.

대한제국 마지막 불꽃을 주시하는 절박함 속에서 고종은 최후의 선택을 결정한다. 이제 남은 희망은 미국뿐이다. 고종은 1882년 5월 조미수호통상조약의 "조선이 제3국으로부터 부당한 침략을 받을 경우 미국은 즉각 개입하여 중재함으로써 조선의 안보를 보장한다"는 제2조 조항을 근거로 도움을 요청하려고 결정한다.

미국에 밀사로 보낼 적임자를 은밀히 찾아야 했다. 산같이 충직한 법무대신 민영환과 참정대신 한규설, 그 외 언더우드 등 주요 선교사들에게 은밀히 견해를 구했다. 그들은 이구동성 옥중의 이승만을 천거했다. 하지만 고종은 "그자는 대역죄인이 아닌가? 불가하다."라고 말한다. 그러나 이승만 외에는 대안이 없었다. 영어에 능 통해야 하고 선교사들의 미국 인맥들의 도움을 받아야 하며, 투철한 애국심과 외교역량을 갖춘 자여야 했다. 배재학당 출신, 독립협회와 만민공동회 활약상, 신식 한글 신문사 창간 등을 볼 때 그 외의 더 이상의 적임자를 찾아볼 수 없었다. 이승만 특별사면과 석방 배경에는 고종의 고뇌와 미국밀사가 잠정적으로 결정되어 있었다. 고종특사로 석방(1904.8.9)된 지 3개월 후 이승만은 미국으로 출발한다.(1904.11.4)

이승만의 출국 날짜가 정해지자, 고종은 공식 밀사로 임명하기 위해 그에게 궁녀를 보냈으나 이승만은 궁녀를 만나지 않고 특사직을 거절했다. 이승만의 고뇌와 자존감을 아끼는 내각의 민영환과 한규설은 "황제의 밀사가 아닌 대한제국 정부의 밀사 자격"을 제안한다. 비로소 이승만은 수용한다.

이승만의 미국행은 신문에 보도될 만큼 관심거리였다. "최근에 정간 당한 제국신문의 주필 이승만은 미국을 방문하기 위해 출국한다. 그는 3년 동안 떠나있을 예정이다"(대한매일신보, 황성신문, 11월 5일자)

한편, 출옥 직후 선교사들은 이구동성으로 이승만에게 미국유학을 강권했다. 그들은 조선에 남아 있다가는 또다시 감옥에 가거나 헛된 죽음의 위험이 닥칠 수 있는 현실을 염려했다. 미국에 가서 신문명을 익히고 후일 하나님의 사명을 도모하라는 충고였다. 이승만은 미국 유학을 결심했다. 그리고 동시에 들어온 민영환으로부터 고종의 밀사 파견 의사타진이 맞물렸다.

1904년 11월 4일, 이승만은 은밀하게 제물포항을 떠나 일본 고베를 경유하여 하와이로 건너간다. 그의 가방에는 민영환이 전해준 고종의 밀서와 미국 유학을 위해 선교사들이 써준 19통의 추천서가 들어 있었다. 하와이에서 마중 나온 윤병구 목사와 200여 명 남짓한 한인 노동자들을 만났다. 그리고 미국 서부와 동부 대도시를 횡단하여 12월 31일 워싱턴에 도착했다.

1905년 1월 1일, 이승만은 하원의원 휴 딘스모어(Hugh A. Dinsmore)를 찾아간다. 딘스모어는 2년 동안(1887~9) 주한미국 공사로 재임한 친한파 인사였다. 민영환과 한규설의 추천서를 보여주자 딘스모어는 미 국무장관과의 면담을 주선해 주었다.

1905년 2월 20일, 이승만은 존 헤이(John Hay) 국무장관을 만나 밀서를 전한다. 이 자리에서 장관은 "미국 정부는 조미조약에 명시된 제반의무를 전력으로 이행하겠다"고 약속한다. 희망에 찬 이승만은 국내의 민영환과 한규설 앞으로 자세한 면담보고서를 보냈다. 그러나 그해 7월 존 헤이 국무장관이 갑작스럽게 병으로 사망했다. 국무장관을 통해 미 대통령을 만나려던 계획에 중대한 차질이 빚어졌다. 절박한 상황이었다. 시어도어 루즈벨트(Theodore Roosevelt, 1858~1919) 대통령은 러일전쟁 중단의 중재자 역할을 하려고 하고 있었다. 중재 이전에 루즈벨트를 만나 '두 고래' 러시아와 일본 사이에 낀 '새우' 조선의 독립보전을 청구해야 한다.

마침 윤병구 목사가 미국 대통령 면담요청을 위한 윌리엄 테프트(William H. Taft)의 소개장을 받아왔다. 국방장관 테프트가 일본 총리 가쓰라를 만나기 위해 일본순방길에 하와이를 경유했을 때, 윤 목사의 지인 와드먼 목사가 도와준 것이었다.

1905년 8월 4일, 각고의 노력 끝에 이승만과 윤 목사는 뉴욕 롱아일랜드의 한 별장에서 루즈벨트 대통령을 만난다. 루즈벨트와의 면담에서 이승만은 "1882년 조미수호통상조약에 의거하여 대한제국의 독립과 주권을 보호할 의무가 있고, 각하께서 이번 러·일 간의 강화회의에서 그 의무를 이행해 주십사"라고 요청했다. 대통령은 "요구사항을 워싱턴의 대한제국 공사관을 통해 미 국무부에 정식으로 제출해 달라"고 답변했다.

그러나 루즈벨트 대통령은 지난 7월 31일 윌리엄 테프트 미 국방장관과 가쓰라 일본 총리 간에 이루어진 '가쓰라─테프트 밀약'(1904.7.29)을 추인한 상태였다. 그 밀약의 핵심은 "일본은 미국의 필리핀 지배를, 미국은 조선을 일본의 보호국으로 만드는 데 동의한다"는 내용이었다. 루즈벨트의 이승만 면담 수용은 단순한 외교적 구색 맞추기 불과했던 것이다.

일련의 인과관계를 전혀 모른 채, 이승만과 윤병구는 급히 워싱턴 주재 대한제국 공사관을 방문한다. 공사관 김윤정은 "대한제국 정부로부터 훈령을 받지 않고서는 청원서를 미 국무부에 보낼 수 없다"고 단칼에 거절한다. 김윤정은 조선의 망국을 알아채고 일본 공사관과 내통하며 나름 살길을 도모하고 있었다. 그는 본국 귀국 후 '고종의 청원서를 미국 정부에 전하지 않은 공로를 인정받아' 도지사로 임명된다.[3]

1905년 9월 5일, 러시아와 일본 간에는 러시아의 패배를 인정하는 포츠머스 강화조약이 맺어졌다. 강화를 중재한 루즈벨트 미 대통령은 노벨평화상을 수상한다. 강대국 간에 일본의 한반도 지배권이 실질적으로 확정되는 순간이었다.

---

3. 전광훈, 『건국대통령 이승만의 분노』, 퓨리탄출판사. 2015.

1905년 11월 17일, 대한제국은 을사늑약을 체결 당했다. 산같이 고종을 보필하던 충신 민영환은 자결했다. 그 소식이 미국까지 전해졌고, 조선백성 모두가 그러했듯, 이승만은 사흘 동안 처절하게 통곡한다. 여기까지가 망국의 대한제국 밀사로서 이승만의 역할이었다. 그는 이후 학업과 독립운동에 헌신한다.

유학(출산기):
신앙으로 구현된 강대국 현실외교론

1. 미국 민주주의 경험과
   4대입국론 완성

모든 방면에서 경험되고 준비되었다는 점에서, 이승만의 유학생활은 처음부터 성공이 보장된 것이나 다름없었다. 30세의 청년은 뛰어난 영어실력, 구한말 격동기의 정치경험, 언론과 저술활동, 영성 깊은 크리스천 품격, 한국 개화파와 선교사들을 통한 미국 땅의 잠재적 인맥, 그리고 망국의 한과 종신형과 옥살이의 험악한 세월을 이겨낸 정신적 연단과 역량, 그리고 겨레와 독립에 대한 비전과 목표, 각오와 열정까지 두루 갖추고 있었다. 이승만은 미국 땅에 도착할 때 이미 모든 면에서 준비된 지도자감이었다. 망해가는 대한제국 황제 고종의 비밀특사로 파견되었지만 추천서를 자청한 19명의 선교사들은 이미 알고 있었다. 이승만은 하나님과 자신들의 손길에 의해 조선과 기독교의 큰 그릇으로 키워지고 있다는 확고한 믿음 때문이었다.

이승만은 그들의 기도와 기대에 한 치 어긋남이 없었다. 그는 수준급의 영어실력과 배재학당의 학력을 인정받아 조지워싱턴대학 2학년 2학기에 편입했다(1907년 6월 5일 졸업, 32세). 연이어 하버드 대학 석사(1년), 프린스턴 박사(1년 반)에 이르는 과정을 2년 반 동안에 모두 졸업했다. 그것도 170여회의 강연 등 독립운동을 병행해가면서 성취했다.

"그때부터 나는 공부에 전념했다. 오로지 남은 하나의 희망은 한국 사람을 갱생시키는 것이고 그 길은 기독교 교육이라고 나는 믿었다. 나의 인생목적은 그 일을 위해 준비해야 했다."

5년 동안 이승만은 서양학의 기초과목, 미국정치사, 유럽근대사, 세계정세 흐름과 국가 간 역학관계, 철학, 신학, 외교학, 국제법 등을 두루 섭렵했다. 1년 만에 과정을 마친 하버드 석사학위 논문은 이탈리아 통일운동이었지만, 장인환의 미국인 스티븐슨 권총 저격사건의 영향을 받아, 수료한 뒤 2년이 지난 후에야 학위를 받았다.(1907년 9월 입학–1910년 2월 졸업).

1908년 9월, 이승만은 프린스턴 박사과정에 입학했다. 지도교수로는 당시 총장을 겸직하고 있던 우드로 윌슨 교수(Thomas Woodrow Wilson, 1856–1924)를 운명처럼 만난다. 윌슨 교수는 미국의 28대 대통령을 역임(1913–1921)하며, '민족자결주의'를 천명하는데, 이승만의 영향을 받았을 가능성이 높다.

프린스턴 동기인 그의 둘째 딸 제시는 이승만의 응원자로서 긴 우정을 나눈다. 윌슨 총장과 가족들은 이승만을 자주 집으로 초대하여 이승만의 조선독립론을 경청하고, 그의 애칭을 'Korea's christendom'(한국의 교주)라고 소개하곤 했다. 이승만의 인맥은 미국 역사상 최고의 명문으로 꼽히는 조지 워싱턴, 하버드, 프린스턴

대학에 걸쳐 직조된 완성형이다.

1910년 6월 14일, 이승만은 〈미국이 주도하는 중립국(Neutrality As Influenced by the United Stated)〉라는 제목으로 박사학위를 받고 졸업한다. 윌슨 총장 또한 마지막 제자 이승만에게 학위를 수여한 뒤 학교를 떠나 정계에 입문한다. 1919년 3·1운동이 윌슨의 민족자결주의 정신에 영향을 받았다면, 윌슨은 망국의 한을 지닌 제자 이승만으로부터 영감을 받았을 가능성이 매우 높다.

이승만 유학생활 5년은 끝났다. 조선의 운명 또한 그 코끝에서 숨결을 다했다. 이승만이 특사의 소명을 다하고 조지워싱턴 대학에 편입한 해(1905), 을사늑약을 당하며 조선의 불꽃은 일본의 손아귀에 넘어갔고, 5년 뒤 프린스턴 대학에서 박사학위를 받은 해(1910) 망국의 한일합병을 당했다.

이승만을 아끼고 후원했던 법무대신 민영환은 을사늑약을 안고 자결했고, 참정대신 한규설은 한일병탄 뒤 칩거에 들어가 버렸다. 시간적으로 볼 때, 이승만의 유학생활은 을사늑약과 함께 시작해서 한일합병으로 끝난 셈이다. 한국 학계가 이승만을 배제하고 세계 근현대사와 국제정치론을 논한다는 행위는 뿌리 없는 나뭇가지를 이야기하는 것만큼 허망하다.

이승만의 역사적·학문적 가치는 한국에서 유독 저평가되었다. 이승만의 역사철학은 실증주의 사관에 입각하고, 정치사상은 기독교적 현실주의에 입각하며, 정치적 행적은 선지자적 합리주의 노선을 견지한다.

정보와 데이터가 이승만에게 입력되고 나면, 이승만은 스스로 자기화된 전략과 정책들을 생산하고, 현실 속에서 일관되게 추진한다. 자기화는 곧 세계와 국가, 그리고 자신이 수용할 수 있는 이론적 틀을 말한다. 이승만의 모든 행동은 먼저 이론적 토대가 구축된 뒤 나왔다.

　필자는 감히 기록한다. 이승만의 저작들은 투키디데스보다 간명하고, 에드워드 핼릿 카(E. H. Carr)보다 체계적이며, 토인비보다 예언적이고, 한스 모겐소나 케네시 월츠보다 현실적이다.

2. 일본의 내막:
「JAPAN INSIDE OUT: 일본, 그 가면의 실체」

1) 세계적 예언자 출현, 일본의 진주만 공습과 미국의 승리

1941년 12월 7일, 일본 해군은 하와이 진주만 기습공격을 감행, 미국·미국인·전 세계는 충격의 도가니에 빠졌다. 1905년 미·일 간 조선과 필리핀의 점령권을 맞바꾸는 조건으로 맺은 가쓰라·테프트 밀약과 미국이 중재한 1905년 러·일 간 전쟁을 끝내는 포츠머스 조약 이후, 미국과 일본은 우호적 관계를 유지해 왔다. 그러나 일본은 한일합방과 중국침략에 이어 태평양 제해권의 팽창 야욕을 드러냈고, 미국은 1940년 1월 26일 미일 통상조약 파기를 통보했다.

특히 미국 지식인들은 이 전쟁을 구체적으로 예언한 사람이 있었다는 데 큰 충격을 받았다. 한국의 독립운동가 이승만(65세)이 1941년 6월경 『일본의 내막』이라는 저술을 통해 일본의 미국 침공야욕을 예언하고, 그 증거와 예방책까지 내놓았다는 사실에 더욱 놀랐다. 이승만은 나치즘과 파시즘의 유럽·소련 침공, 그리고 일본 천황 군국주의가 아시아·중국 침공에 이어 태평양 제해권을 차지하기 위해 미국을 침공한다고 강조했다. 이승만은 운명화된 미·일전쟁의 필연적 구조와 전쟁현실의 인과관계를 자세하게 묘사했다.

이승만이 제시한 세계대전의 출발점은 1905년 미국이 일본의 한국 점령을 묵인·방조한 가쓰라·테프트 밀약이라는 '실패한 외교'에서 그 불씨가 시작되고, 30여 년 뒤 큰 산불이 되어 중국을 덮치고, 비로소 화마가 되어 미국 태평양 서부 연안에 닥치고 있다고 경고했다. 일본의 내막을 '현실적이고 너무나 객관적인' 관점과 입장에서 예언했다. 현재진행형의 국제정치와 전쟁 상황의 변천과정을 마치 컬러사진을 찍듯 파노라마와 같이 묘사했다. 책은 한국의 망국으로 시작하여 일본의 패망과 미국의 전쟁승리를 예고하고 한국의 독립비전으로 결론을 맺는다. 그로부터 5년 뒤 1945년 8월, 이승만의 모든 예언은 현실로 구현되었다.

『일본의 내막』은 미국의 세계 제2차 대전 전략 지침서에 다름 아니다. 한국과 중국에게는 코앞에 닥친 일본패망과 독립에 대한 희망의 메시지이며, 미국의 지식인들에게는 세계정세 변동에 따른 미국의 대응전략을 구체적이고 촘촘하게 제시했다. 지구상에서 일본을 무서워하지 않는 두 나라는 한국과 중국이라며, 물자를 지원하라고 권고했다. 이후 미국은 중국 항일지원 정책을 펼친다.

그 후 70여 년이 지난 2018년 미국 트럼프 행정부는 중공에 대해 미중 패권전쟁을 선언했다. 이승만의 『일본의 내막』은 트럼프 참모들의 전략지침의 원형에 해당한다. 미중 패권 전쟁 전개과정에서 '일본 군국주의'를 '중국 공산당'으로 대체하여 적용하면, 한 치 어긋남 없이 들어 맞는다. 그 영감과 통찰력의 경계가 놀라울 따름이다.

○ 제1장: "잠든 미국은 깨어나 일본 천황제와 군국주의를 직시해야 한다"

미국·미국인들은 반드시 알아차려야 한다. 전체주의 국가들이 전쟁준비에 광분하고 있는 동안, 미국·미국인은 잠들어 있었다. 최근에야 미국은 현실을 깨닫고 준비하기 시작했다. 일본은 오래전부터 온 국민의 정신무장화에 몰두했다. 이 정신적 무장에 천하무적의 육·해군을 보유하고 세계를 정복하려는 결의를 다지고 있다. 일본의 전쟁야욕에 정복당하지 않으려면 일본 통치자들의 배후에 숨겨져 있는 '신성사상(divinity thought)'을 주목해야 한다.

"하늘(Heaven)은 일본 황실에게 사명을 완수할 모든 권능을 부여했다. 황실은 세계의 평화를 보존하고 인류의 번영을 증진하는 사명을 띠고 있다. 황실은 인류의 존경과 숭배의 대상이고 영원한 통치권능을 쥐고 있다. 황실은 당연히 신(神, God)과 같은 존숭을 받아야 하고, 박애와 정의의 화신(化神, embodyment of God)으로 존재한다.

일본 황실은 6천만 일본 신민뿐만 아니라 온 인류의 어버이다. 황실은 모든 종족과 사상을 초월하여 존재한다. 황실의 대원칙은 신민의 이익을 최고, 최대로 추구하는 데 있다. 따라서 인류의 모든 분쟁은 황실의 성결한 정의에 의해 해결된다. 국제연맹은 일본 황실을 지극 지존의 존재로 숭배해야 하고, 국제연맹의 목적 달성은 최강의 정벌군과 초국가적 초민족적인 기상과 힘을 갖고 있는 황실에서만 찾을 수가 있다."[1]

---

1. 〈Japan Advertiser〉지, 1919년 5월 9일자 일본신문 〈二六〉지의 사설을 번역게재.

일본은 그들의 지배자를 황제(Emperor)이라 하지 않고 천황(King of Heaven)이라고 부른다. 일본 천황은 다른 나라의 제왕이나 군주의 위에 있다. 그 기원은 그들 창조설화 최초의 제왕인 신무천황(神武天皇)이다. 그 후예가 지금의 태양의 자손인 대화(大和)족이다.

신의 후손인 대화족인 까닭에 일본인은 태생적으로 신격(神格)을 타고난다. 다른 인종과 민족들은 모두 그 아래에 속하는 열등한 자들이다. 그렇기에 용맹성과 지혜에 있어서 다른 나라의 민족보다 월등 우수하다.

① 일본의 천황은 오직 유일신으로서 통치자이고
② 일본만이 오직 유일신의 국가이고
③ 일본만이 신의 신하이므로 일본은 세계의 빛이 되어야 한다.

따라서 전쟁이나 천황을 위해 죽은 애국자는 하나의 완전한 신이 되어 극락신의 일원이 된다. 일본인들은 천황과 국토와 국민들이 신성하다고 믿는다. 믿음은 일본 민족이 주장하는 위대한 단결력과 추진력의 이론적 배경이 된다. "각 개인들은 별로 중요하지 않지만 단결하면 전능한 존재가 된다" 즉 일본은 7천만의 신으로 이루어진 강력한 전쟁도구가 된다.

천황만이 하늘이 내린 유일한 황제이고, 우주의 합법적인 통치자이고, 그의 군병 육·해군은 세계인류를 구하기 위해 하늘로부터 파견되었다. 하늘에 하나의 태양만이 존재하듯, 전 세계에는 단 한 명의 통치자 천황만이 존재할 뿐이다. 천황이 지배하는 세상을 만들기 위해 전 세계를 정복해야만 한다. 그러므로 오직 일본의 통치권에 의해서만 세계평화를 이룰 수 있고, 일본의 거룩한 사명은 아시아의 신질서를 확립하는 데 있다. 일본교과서에 쓰여 있는 신무천황의 조칙이 말해준다. "대화민족의 사명은 인류가 악마가 되지 않도록 방지하고 모든 파괴로부터 구원하여 광명의 세계로 이끄는 것이라고 확신한다(1931. 마쓰오카 요스케. 남만주 철도회사 총재). 결국 일본이 참전하는 모든 전쟁은 군사적, 정치적, 종교적 성전이 된다.

일본은 신도적인 천황숭배를 최고의 국교로 확립했다. 이 천부천황적 질서 속에서는 인류 보편의 개인의 자유, 종교, 언론출판의 자유, 국가와 국가원수에 대한 비판, 파업, 황권세력에 반대하는 모든 행위는 황권의 신성모독이자 반역이 되고 박멸된다. 이런 맥락에서 "일본은 미국의 보편적인 민주적 정치제도를 박멸하고자 싸우고 있다. 일본인들은 과거 반세기 동안 세계만민을 속여 왔다. 마침내 양의 탈을 벗고 늑대의 이빨을 드러내고 있다."

필자(= 이승만)는 35년 전에 일본의 세계정복 야망이 태동하고 있음을 이미 감지했다. 미국·미국인에게 경고 드린다. "오직 선과 악의 대결전, 즉 아마겟돈(Armageddon: 세계종말 시기의 선과 악의 대결전)을 실행할 절대적이고 단호한 태도를 취하는 길이 있을 뿐이다. 그 길만이 일본의 무모한 정복욕을 잠재울 수 있다." 그 증거가 세기의 괴문서로 알려진 다나카 메모이다.

○ **제2장: 세기의 괴문서 다나카**(田中) **상주문**(Tanaka Memorial)
1882년 5월 22일, 조선(이하 한국)은 외국과 맺은 최초의 안보조약인 조미(朝美)수호통상조약(Treaty of Peace, Amity, Commerce and

Navigation, United States – Korea Treaty of 1882)을 맺었다. 제1조는 "어느 한쪽 국가에 대해 타 국가가 불의 또는 탄압적으로 대할 때, 사건통보를 받으면 수호적인 중재권을 행사하여 우호정신을 발휘한다"는 조항이다.

'순진한' 한국은 미국과의 조약을 모델로 삼아 다른 열강들과 조약을 체결했고, 1904년 일본과도 조약을 맺었다. 물론 일본은 러일전쟁이 끝나면 한반도에서 즉각 군대를 철수할 것을 맹세했다. 그러나 일본은 동맹국인 한국을 배신했고, 귀환하는 일본군을 한국에 가득 채워놓고 자주독립을 빼앗고 국토를 탈취하여, 1910년에는 강제합병을 선언하고야 말았다.

한국은 조미수호조약에 따라 미국에 중재의 도움을 요청했고, 23년 만에 미국은 중재권을 행사하긴 했다. 그러나 그 내용은 조미협약을 위반하고, 일본의 조약위반을 용인하여 한일합방의 야욕을 채워주고 말았다.

미국의 조미수호조약 위반과 한일병탄의 인정행위, 동양의 한쪽 구석에서 저지른 미국의 불씨는 인화되어 세계의 큰 전쟁을 일으키는 불길로 확대되었다. 현재 미국이 직면하고 있는 평화와 안전에 대한 위협은 어리석게도 미국 스스로가 조장한 자업자득으로 귀결된다.

일본이 청나라와의 전쟁에서 승리한 직후인 1895년, 나는 이미 일본인들이 일본에 의한 '대동아합병(The United States of the Great East)'에 대해 말하는 것을 들었다. 그 후 나는 『일・미 전쟁 미래기(Japanese–American War in the Future)』라고 하는 책을 읽었다. 중일전쟁의 승리로 일본은 그들 자신이 무적이라는 믿음을 갖게 되었다. 이와 같은 일본·일본인의 꿈은 소위 '다나카 메모리얼(Tanaka Memorial)'에 잘 나타난다.

○ 제3장: 가면 속에 은닉된 일본의 야욕,
JAPAN READY TO UNMASK HERSELF

이승만의 현실사관에 입각하면, 1978년 덩샤오핑의 만천과해(瞞天過海)·도광양회(韜光养晦)와 2018 미중 패권전쟁의 원형은 일본이다. 20세기 초 미국·미국인이 일본의 평화주의 기만술에 속았듯이, 1978년 이후 30년간 중국 공산당의 민주주의와 시장경제 전환 기대감이라는 기만술에 속아왔다는 것이다.

일본은 입으로는 쉼 없이 평화를 외치면서 속으로는 쉼 없이 해군력을 증강시키고 있었다. 1921년 미·영·일 3국 간 해군협정 워싱턴 회의에서 미국:영국:일본 = 5:5:3 해군력의 비율로 결정되었다. 1931년 런던회의에서 미:영:일 = 10:10:7로 수정되었고, 이 협정은 1936년 말 다시 보완 개정키로 했다. 1921년 워싱턴 회의 외교의 승자는 일본이었다. 첫째, 일본이 세계 3대 해군국가의 일원이 되었다. 둘째, 미·일 양국이 일정한 제한을 넘어서 해군력이 증가되는 것을 막을 수 있었다.

1935년 말 일본 해군력은 총 99만 8,208톤, 154척에 달하는 미완성 군함을 보유했다. 미국의 총 74만 3,300톤보다 9척 많았다. 영국은 총 16만 5,350톤(50척) 군함 건조를 추진. 미국은 총 28만 150톤(84척)의 군함 건조 중이었고. 일본은 총 11만 5807톤(40척)의 군함을 건조 중이었다. 미 해군 전문가의 말에 의하면, 일본은

1931년 런던회의에 참석하였을 때는 사실상 '이미 세계에서 가장 우수한 해군'을 갖고 있다고 했다. 그러나 일본은 이와 같은 유리한 숫자에 만족하지 않고 미국을 압도하는 세계최강의 해군을 만들려고 결심했다.

1935년 12월 9일, 런던에서 5개국 회의가 열렸다. 12월 12일 회의에서 영국·프랑스·이탈리아·미국 등 4개국은 '천하무적의 해군'을 만들려는 일본 대표단의 집요한 요구의 의도를 간파하고 단호히 거절했다. 미국은 이때부터 긴장하기 시작했다. 1905년 일본이 러시아의 뤼순항을 찬탈했을 때, 미국은 '일본에게 당했구나'라는 사실을 뼈에 사무치게 깨달았다. 일본을 공평하게 만드는 해군협정은 일본으로 하여금 사실상 필리핀과 중국과의 통상이익, 서태평양뿐만 아니라 미국 캘리포니아 연안에 있어서 일본 해군력의 우월성을 누리게 하는 것을 알고 있기 때문이다.

평화의 가면 뒤에 은폐된 일본의 얼굴을 꿰뚫어보았던 미국인들이 있었다. 그중 한 사람이 고(故) 키 피트만(Key Pittman) 미국 상원의원이었다.

"조만간에 미국은 그의 생존을 위하여 피할 수 없는 전쟁을 치르지 않으면 안 되는 때가 올 것이다. 우리가 그 전쟁을 오랫동안 그냥 기다리고만 있으면 그 전쟁의 결과가 어떻게 될 것인지 심히 우려스럽다. 거의 피할 수 없는 사태에 직면했다. 만약 일본이 필리핀을 점령하려 든다면 우리는 어떻게 대처해야 하는가? 후퇴인가? 맞서 싸울 것인가?"(1935년 12월 19일)

피트만 의원의 통찰력은 미국인들의 경각심을 일깨웠을 뿐만 아니라, 일본 군국주의자들에게도 속내를 들켰다는 점에서 청천벽력이었다.

　　"미·일 간의 전쟁 가능성은 터무니없는 상상이다. 나의 말을 믿어 주기 바란다. 일본이 원하는 것은 미일 간의 돈독한 우호관계를 지켜 가는 것이다. 우리는 미·일 전쟁은 진실로 바보스러운 짓임을 잘 알고 있다. 우리는 상호 간 이해관계를 존중해야 하는 좋은 고객관계이다.(일본 외상)"

　　그러나 속으로는 전혀 달랐다. "만약, 일본해군이 미·영 연합군과 싸운다고 하면 그 확률이 10대 1이 될지라도 우리는 이길 자신이 있다."(일본함대 사령관 타카하시 해군중장) 여기에 피트만 의원은 이렇게 답했다.

　　"일본은 그들이 미국보다도 더 강한 해군력을 보유해야만 할 타당한 논리를 제시하지 못하고 있다. 일본이 방위해야 할 해역은 미국이 방위할 해안선의 10분의 1도 되지 않는다. 그럼에도 일본이 그들 함대의 무제한적인 확장을 기도하고 있는 명백한 증거가 있다. 일본은 해군회의에서 탈퇴했기 때문에 미국은 일본의 해군력 증강 계획을 축소시키기 위해 어느 국가와도 협의할 수 없도록 되어 버리고 말았다."

　　일본은 미국 시민들의 공평심과 정의심에 호소함으로써 미국 정부의 해군력 증강 정책을 견제하려고 했다. 그리고 이 같은 기만술은

커다란 성과를 거둬왔고, 계속해서 사용할 것이다. 미국 국민들은 자신의 정치적 목적을 달성하기 위해 좀처럼 외국정부를 비판하는 일들은 하지 않는다. 교활한 일본 외교관들은 미국과 미국인 사이의 이와 같은 틈새와 기회를 놓치지 않고 교묘하게 이용하고 있다.

○ 제15장: 민주주의냐 전체주의냐

결국에는 민주주의 대 전체주의 전쟁이다. 민주주의는 개인의 자유에 입각한다. 미국은 민주주의 원칙에 세워진 나라이다. 미국정부는 연방정부든, 주정부든 간에 헌법상에 보장된 시민의 권리 위에 설 수 없다. 행정·입법·사법부는 서로 견제와 상호검증을 통하여 균형을 유지한다. 국회제도, 상·하원 제도, 정당들도 이 같은 원리에 입각하여 조직된다. 알고 보면, 정부가 없으면 민주주의가 없고, 민주주의가 없으면 자유도 없다. 그러나 일부 시민들은 정부를 희생해서라도 자신들의 자유와 권리를 주장한다. 이런 사람들에게 미국은 자유의 축복을 받고 있는 몇 안 되는 국가 중의 하나이다.

미국민들은 세계 어떤 나라라도 감히 세계 제일의 부강한 미국을 공격할 수 없다는 자부심을 갖고 "샘 아저씨가 모든 것을 잘 돌봐 줄 거야"(Uncle Sam will take care of everything)라고 말한다. 그러나 '샘 아저씨', 미국 정부도 국민들의 단결된 협력 없이는 무기력해지고, 이렇게 거대한 공화국도 비적국가들(bandit nations)의 기계화된 육·해군력 앞에서는 또 다른 중국, 프랑스, 그리스의 신세로 전락한다. 선각의 애국 지도자들은 잠든 미국인들을 깨워야 한다. 지금 서반구(미국)을 제외하면 일본·러시아·독일·이탈리아가 전 지구를 실질적으로 지배하고 있다. 따라서 미국 민주주의는 사실 '전체주의 바다' 한복판에 홀로 떠 있는 고도(an isolated island)에 지나지 않는다.

인류사회는 평화와 질서를 위한 리더십을 끊임없이 요구하여 왔다. 전체주의는 독재자가 없이는 불가능하다. 마찬가지로 실행 지도자가 없다면 민주주의 사회는 작동할 수 없다. 아시아와 유럽 국가들은 미국이 영토 확장의 야망이 없는 유일한 국가라는 사실을 알았다.

자유와 평등과 정의의 사상은 온 인류적인 위대한 영감의 원천이다. 미국은 풍부한 자원, 강인한 정신력과 천부적인 재능의 자유로운 개발, 그리고 인간 상호 간에 미칠 수 있는 무제한의 영향력을 갖춘 나라다. 미국은 동서양 국가들이 공진하는 새로운 질서를 뒤쳐진 약소국들에게 알릴 수 있었다. 그러나 쿠바와 필리핀에게는 성공했고, 중·남미 국가들에게는 실패했다.

1차 대전 전후 달러의 횡포와 먼로주의는 미국의 리더십을 잃게 했다. 독일은 남미를 경제 전략화하여 친독반미의 노선을 펼치고, 일본도 야금야금 식민지를 늘여갔다. 대영제국은 미국과 협력하여 세계무역경쟁에 몰두했다. 중국은 영국인을 친일반미로 여긴다.

1차 대전이 발발하자 미국 윌슨 대통령은 "민주주의를 위하여 세계를 안전하게 만들자"며 전쟁에 참전했다. 그러나 너무 지나치게 직접적으로 깊숙이 개입했다. 1차 대전 후 전 세계는 평화회담의 주도권을 미국 대통령에게서 구했다. 그러나 국가 간에는 전쟁부담금의 지불에 관해 이견이 대립했고 더불어 미국 내의 노선대립으로 인해, 미국의 리더십 주도라는 기회는 수포로 돌아갔다. 전체주의 국가들은 목숨을 걸고 뭉쳤고, 민주주의 국가들은 제각각 흩어져 있었다.

2) 한국 병탄·중국 공산화의 원인, 미국의 오판에서 비롯되었다

중국 쑨원(孫文, Dr. Sun Yatsen)의 호소는 절박했다. 중국에 대한 일본의 침략이 절정에 이르던 때, 쑨원은 극동에서 민주주의 원칙을 위해 싸우고 있는 중국을 지원해달라고 호소했다. 그러나 미국은 일체 응하지 않았다. 중국은 물에 빠진 사람이 지푸라기라도 잡는 격으로 소련이 내민 구원의 손에 매달렸다. 이것이 중국에 있어서 공산주의 운동의 시발점이 된 것이다.

만약, 쑨원 박사가 좀 더 생존했더라면 그는 자신의 후계자들에게 마르크스주의를 거부했다고 분명히 밝혔을 것이다. 쑨원은 삼민주의를 강의할 때, 모리스 윌리엄(Maurice William) 박사의 『역사의 사회학적 해석(The Social Interpretation of History)』라는 책을 읽고 큰 영향을 받고, 마침내 공산주의를 거부하게 된다.

"미국은 중국과 독특한 관계를 맺고 있다. 쑨원과 모리스 윌리엄의 관계에 의해서 참으로 밀접한 운명이 중국인과 미국인을 연결시킨다. 미국의 민주주의를 지지하고 소련의 공산주의를 버림으로써 중국 국민들은 오늘날 미국식 정치체제를 지키기 위해 피를 흘리며 싸우고 있다"(Carl Crow: Dynamic America)

중국인들에게 아직 미국 민주주의의 가치를 충분히 전파하지 못하고, 소련 존의 경제는 일본의 중국침략 정당화 선동선전의 근거로 이용당하고 있있다. 도쿄의 외무성 대변인은 "만약 수억의 중국 국민이 공산화하면 미국에 대해 크나큰 위협이 될 것이며, 일본은 미합중국의 방위를 위하여 싸우고 있다"고 반복해서 선전한다. 이와 같은 선전은 미국 내에서 제대로 먹혀들고 있다.

제1차 세계대전 이후 독일·이탈리아·일본은 다음 전쟁준비에 몰두했고, 프랑스는 난공불락의 마지노선(Minot Line)을 과신했고, 영국은 함대의 우수성에 자만했다. 그들은 적이 다가오는 전면전을 준비하고 있을 때 잠들어 있었다.

1910년 한국인은 너무나도 큰 고통을 체험했다. 한국을 지원하겠다고 약속했던 열강들은 다 어디에 있었단 말인가? 한국에게는 뼛속 깊이 사무치는 고통이었다. 미국과 대부분의 유럽 선진국들은 한국을 세계평화의 제단에 올린 최후의 희생물이었다고 생각했다.

그러나 일본이 태평양에서 제국을 팽창하고, 독일과 이탈리아는 대서양으로부터 미국 쪽으로 확장하고 있는 상황 속에서도 미국 내 일부 지도자들은 영국에 대한 적극적 원조를 반대했다. 즉, 미국인은 적군이 문 안에 들어서고 포탄이 머리 위에 떨어질 때까지는 아무 일도 하지 않을 예정이었던 거다. 미국이 마지노선론에 입각한다면, 일본은 결코 미국을 두려워하지 않는다.

미합중국은 영국, 프랑스, 그 밖의 우호국가들과 함께 제국주의적 대군주나 독재자의 입장이 아니고 '큰 형님(Big Brother)'의 입장에서 선두에 서서 주도권을 행사해야 한다. 국제정의와 전체를 위한 평등의 기초 위에 각 국가 간에 평화와 친선을 도모하도록 그 위대한 힘을 활용해야 한다. 근래 수년 동안 미국은 집단안보의 공동목표를 위하여 미주 내의 21개국을 융합시키는 소기의 효과를 거뒀다.

그러나 민주주의는 세계의 리더십 확보에 실패했다. 그 결과 전체주의 국가들은 독일, 이탈리아는 유럽, 일본은 태평양, 미국은 서반구 남북아메리카 대륙이라는 세계 3개 대륙 분할론을 주장하고 있다. 이 주장을 그대로 받아들인다면 미국은 전체주의 국가의 먹잇감이 된다. 세 가지 근거가 있다.

① 3개 대륙 분할론은 먼로주의 종말을 알리는 시발점이다. 전체주의 국가는 먼로주의를 타도할 준비가 될 때까지는 지킨 뒤, 그 약속을 폐기한다.

② 이것은 민주주의에 대한 치명적인 타격이고, 인간성에 대해서는 중대한 비행이 된다. 아시아와 유럽을 독재자의 지배하에 굴복시키는 자유를 노예화하는 행위다.

③ 비적국가들의 절대로 서반구를 침략하지 않겠다는 약속을 믿고 그들끼리 세계를 분할하도록 내버려두면 미국의 크나큰 대외정책의 과실이 될 것이다. 전체주의 국가들은 "먼로주의는 죽은 문구다"라는 말을 할 날이 멀지 않았다.

3) 결론: 세계 앞에 당당히 설 '조용한 아침의 나라'

일본은 아시아 대륙의 패권을 장악한 뒤, 궁극적으로는 전 세계를 지배하겠다는 빈틈없는 장기계획을 세워놓고 광분하고 있다. 이 같은 지상과제를 실현하기 위해 일본의 전체국민들은 '요람에서 무덤까지' 누구라도 예외 없이 전체 생명을 바치도록 국가로부터 소명을 받았다.

역사적인 아이러니로 일본은 좁디좁은 섬나라의 껍데기를 벗어내고 근대화된 문명세계로 자신들을 안내해 준, 바로 그 나라를 향해 총부리를 겨누고 있다는 사실이다. 세계는 알고 있다. 일본의 위장된 평화적 침투(peaceful penetration)의 희생양 한국을 시작으로, 그들은 만주, 중국을 침략하여 대량학살 등 무자비한 잔학행위를 저질러 오고 있다.

1941년 6월 22일, 히틀러의 대 소련 선전포고는 일본에게는 천재일우의 기회가 되었다. 이제 일본에게는 양단간의 선택이 남아 있다. 대륙의 시베리아 내부 깊숙이 침투하여 우랄산맥 동부의 광대한 영토를 확보할 것인가, 아니면 시베리아 국경으로부터 병력을 철수하여 남태평양 침략에 구사력을 집중시킬 것인가.

남태평양이 훨씬 매력적이다. 이곳 영국·프랑스·네덜란드 식민지에서는 일본이 절대적으로 필요로 하는 전략물자들이 대량으로 생산되고 있다. 그러나 태평양 진격은 미합중국과의 일대 대회전을 불사해야 한다. 일본은 미합중국과의 전쟁을 치를 경우, 미국의 알래스카 기지로부터의 공습에 대비해야 한다. 일본이 어느 방향으로 가든지 미국의 턱밑으로 달려들게 되는 형국이다. 전쟁은 피할 수 없다.

끝으로 일본 패권욕의 희생양(victim), 한국을 말해야겠다. 특히 세계전쟁 최초의 희생양이라는 점에서 한국의 참상을 알리는 것은 필자의 의무다. 한국·한국인의 운명은 당분간은 그 자유를 상실당하고 있지만 세계 자유민들의 운명과 분리될 수 없다.

나, 이승만은 분명히 말한다. 우리가 희구하고 있는 시간보다 훨씬 일찍, 세계의 자유민주주의 세력은 일본·일본인들을 그들의 섬나라에 다시 잡아넣을 것이다. 평화는 다시 찾아온다. 그때 우리 독립된 한국은 전 세계의 자유국가들과 어깨를 나란히 하게 되고, 또다시 '**고요한 아침의 나라**'(the Land the Morning Calm)로 세계 앞에 당당히 선다.

『대지』를 쓴 펄벅 작가는 서평을 통해 이승만의 이 책에 대해서 말했다. "이것은 무서운 책이다. 나는 이것이 진실이 아니라고 말할 수 있으면 좋겠으나 오직 너무 진실인 것이 두렵다… 나는 이 박사가 대부분의 미국 사람들이 알지 못하는 사실, 곧 미합중국이 수치스럽게도 조·미 수호조약을 파기하고, 그럼으로써 일본의 한국 약탈을 허용했다고 말해준 것을 기쁘게 생각한다. 이 박사는 '이것이 큰불이 시작되는 불씨였다'고 말하고 있다. 나는 정말로 두려움을 느낀다."

책이 출판되고 다섯 달 뒤인 1941년 12월 7일 일본은 기습적인 진주만 공격을 감행했다. 이승만은 예언자라는 칭송을 받았으며 책은 당시로선 상상할 수 없는 30만 부의 베스트셀러를 기록한다.

3. 『미국이 주도하는 전시 영세중립국론』: 강대국이어야만 영세중립국이 가능한 세계 질서 현실

우선, 2019년에 들어와 진보와 보수의 개념은 한국정치권에서 폐기될 것으로 사료된다. 박근혜 정권 농단의 장본인 최순실로 인하여 보수는 '부패하고 수구적인' 보수가 되었고, 문재인 정권 법무부장관 파동을 일으킨 조국으로 인하여 진보는 '더럽고 사악한' 진보가 되었다. 필자는 좌파·우파로 호칭한다.

현대 한국 정치학계에서 한반도 남북통일 방안의 하나로 영세중립국론을 제시하는 학자들이 있다. 세칭 좌파, 우파를 막론하고 유수한 학자들의 공통점은 그 연구의 기원이나 기초개념, 기본 틀로 이승만의 '영세 중립론'을 언급한 논문과 저술들은 찾아보기 어려운 게 현실이다. 이승만에 대한 무관심과 저평가는 필자도 한때 범했던 방법적 오류이다.

학계에서 이승만의 연구가 참고자료(reference)에서 배제되는 이유는 두 가지 정도로 분석된다.

첫째, 이승만 박사학위 논문 「미국의 영향을 받는 전시중립론」

(Neutrality As Influenced by the United States)(1919.6.14. 출판)에서 "한국에 대한 구체적 언급이 없다"는 정인섭 교수의 지적[2].

둘째, 이승만의 논문 제목이 '미국의 영향을 받는'을 전제하고 있으며 중립이라는 개념에는 일체의 외세가 배제되어야 한다는 원시적인 이유.

그러나 필자는 이승만 논문을 바라보는 관점과 입장에 몇 가지 방법의 교정을 제기하고 싶다.

첫째, "왜 이승만이 학위논문 주제를 전시중립으로 잡았는가"라는 질문이 필요하다. 이승만은 『독립정신』의 결론부에서 한국의 국가 모델로서 영세중립국을 분명히 제시하고 있다. 필자는 기능적인 측면, 현실적인 국제정치 측면, 미래 독립된 한국의 방향성 측면에서 세 가지 이유를 첨부하고 싶다.

이 논문은 국제정치와 국제법 관련 내용으로서 110년 전(2020년 기준) 미국 프린스턴 대학교에서 박사학위 심사를 위하여 제출되었다. 당시 이승만은 1924년까지 극비에 붙여진 1905년 미·일 간의 가쓰라·테프트 밀약(7월 29일)을 전혀 인지하지 못한 상태에서 대한제국 특사의 임무를 수행했고(8월 5일 루즈벨트 면담) 좌절했다. 그해 을사늑약(11월 17일)을 당한 이후 한일병탄(1910.8.29)에 이를 때까지 5년 동안 사실상 한국은 국제사회로부터 실질적인 독립국가로 인정을 받지 못했다. 한일병탄과 이승만의 박사학위 및 졸업(1910.7.18)은 시기가 겹친다.

---

2. 이승만, 『미국의 영향을 받는 중립; 이승만의 전시중립론』, 정인섭 역, '서문, 나남출판, 2000.

둘째, '미국의 영향을 받는'이란 전제이다. 이승만의 논문을 깊숙이 들여다본다면, 논문의 제목은 「**미국이 주도한 전시중립의 역사**」로 번역해야 한다. 1776년 이후 미국은 국제적으로 중립국의 역사를 만들어가는 '강대국'이란 개념을 기반으로 하고 있다. 국력이 약하면 중립국이 될 수 없다. 연구 시기는 1776년부터 1872년이다. 건국 이후 96년 동안 미국의 국제 정체성은 강력한 중립국의 면모로 성장하고 있었다.

현재진행형의 국제정치의 측면에서 볼 때, 미국의 국제외교는 '막강한 국력을 보유한' 중립국으로서의 외교를 강화해갔다. 미국의 역사는 곧 중립외교의 역사 자체였다. 따라서 이승만은 후에 「일본의 내막」(1941년)에서 "세계 제1차 대전에 (중립국) 미국은 유럽 전쟁에 너무 깊숙이 개입했기 때문에, 전후 리더십을 획득하지 못하는 실책을 범했다"고 지적한다.

무엇보다도 논문의 목적을 주목해야 한다. 연구의 주제가 '중립국'인 이유는 미국의 100년간의 역사를 검토하여 국가정체성을 판가름하려는 의도가 숨어있다. 미국은 과연 건국 이후 전쟁·패권국가의 길을 걸었는가, 아니면 평화·중립국가로서 외교관계를 맺어왔는가를 국제법과 세계전쟁사의 틀 속에서 들여다보고 있다.

연구결과 이승만의 관점에서 볼 때, 미국의 외교정체성은 '영원성을 지닌 중립국'으로 귀결된다. 미국은 세계를 주도해가는 '중립국의 총본부'라는 결론에 이른다. 역설적이게도 중립국은 강한 힘을 바탕으로 해야 가능하다. 이승만은 미국을 빅 브라더(Big Brother)로 명명한 최초의 석학이다. '큰형'이란 다분히 동양적인 개념이다.

'힘을 갖춘 중립'이어야만 큰 형님의 지위를 유지할 수 있다.

경술국치를 목전에 둔 35세 청년 지식인, 이승만의 박사학위 논문 제목 속에는 멀지 않은 날에 반드시 광복하여 독립될 반도국가 한국의 미래상이 담겨있다. 그 독립국가의 정체성이 영세중립국 체제라면, 중립국의 총본산인 미국의 영향력에 의해 주도될 수밖에 없다. 자국의 이익을 위해서는 어떤 폭력도 정당화되는 냉혹한 국제역학관계 속에서 평화를 구축하기 위한 이상적 지향점이 '중립'이라면, 현실적인 안전보장책은 '영세'의 시간성을 유지할 수 있는 강력한 힘이 공진되지 않으면 불가능하다.

110년 전 국제법의 틀에 입각하여 미국역사 96년(1776부터 1872년)을 들여다보고 그 핵심이 중립국에 있음을 찾아낸 통찰력, 그 논리에 입각하여 곧 다가올 독립 반도국가 한국의 영세 독립 체제를 설계하려한 심모원려책(深謀遠慮策)을 찾아낼 수 있다. 그의 옥중저술『독립정신』의 말미에 제시한 미래 독립한국의 국가정체성을 영세중립국으로 설정·제시한 것도 **"역부역강한 영세중립국 대한민국"**을 소원했기 때문으로 사료된다. 알고 보면, 이승만의 '영세중립국론'은 우리에게는 현재진행형의 역사와 국제관계를 통괄한, 선지적·현실주의자로서 '모세적 진면목'이 드러난다.

필자는 이승만의 박사학위 논문을 간단하게 압축하여 정리한다. 원서『Neutrality As Influenced by the United States(1910)』는 Forgotten Books(2012)본을 사용했고, 번역본은 정인섭 교수의『이승만의 전시중립론: 미국의 영향을 받은 중립』(나남출판, 2000)을 참조했다. 제목을 수정할 자격이 주어진다면, 「미국이 주도한 전시중립의 역사」로 바꾸고 싶다.

결국 이승만의 박사학위 논문은 미국이 어떻게 세계의 안보외교 질서를 주도하는 중심국가가 되었는지를 국제법에 의거 설명하는 데 있다. 그 메시지는 중립국을 지향하는 한국의 독립에 있다. 중립국이란 외교독립방식으로만 추진될 수 있다. 이승만의 외교독립론 요체는 **기독교 근본주의**(봉건유교에서 근대 자유주의에로 정신개화) ⇒ **교육입국**(문맹퇴치·인재양성) ⇒ **경제입국**(통상중립 중립교역) ⇒ **국방입국**(경제기반 안보역량강화) ⇒ **강대국 중립외교**이다.

이승만은 1919년 3월 3일 국제연망 관리하의 '위임통치청원서'를 파리강화회의와 윌슨 미 대통령에게 제출한다. "한국의 완전한 독립을 보장한다는 조건하에, 국제연맹이 한국을 독립시켜 (당분간) 위임통치를 해달라"는 청원이었다. 청원서의 함의는 한반도·한민족이 우선 일본의 압제로부터 벗어나 미국이 주도하는 국제연맹이라는 세계기구의 보호하에 "중립교역 지역(a zone of neutral commerce)"의 단계를 밟아, 개화·교육·경제·국방을 튼튼히 하려는 프로그래스와 로드맵, 즉 외교독립론의 요체에 해당한다.

뒤에 상하이 임시정부는 이 청원서를 빌미로 하여 이승만을 대통령직에서 탄핵한다. 약소국(세계 최빈국, 문맹율 1위국)이 테러와 봉기를 수단으로 하여 강대국의 압제에서 벗어나겠다는 발상은 비현실적이다. 당시, 한국은 세계 최빈·후진국, 문맹률(99%) 세계 1위국이었다. 일본은 세계 2~3위의 군사·경제강국이었다. 어찌됐든 이승만의 청원서는 29년 뒤 국제연합(UN)의 승인과 미국이 주도하는 한국 독립정부 수립으로 실현된다.

4. 1919년 위임통치론에 나타난 한반도 영세중립국 비전

3·1운동 직후 국내외 곳곳에 임시정부가 건립되고 이승만은 모두 6곳에 소속된다. 1919년 9월 한성정부 등 각 임정들은 모두 통합하여 대통령제를 채택, 초대 대통령을 지명한다. 그때 상하이 임정에서 '이승만 대통령 불가론'이 제기됐다. 그 근거는 1919년 3월 3일에 이승만이 미국 윌슨대통령에게 보낸 위임통치 청원서는 사실상 미국의 식민지배에 해당한다는 것이었다. 이승만 청원서의 요지는 "한국의 완전독립을 보장한다는 전제하에 한국을 일본 학정에서 해방시켜 일정기간 국제연맹이 통치해 달라"는 것이었다.

임정은 설립초기부터 세 갈래의 노선이 혼재하여 서로 파벌싸움과 주도권 쟁탈전으로 대립·충돌·분열하고 있었다. 러시아 공산주의 계열 이동휘는 무장투쟁론, 민족계열 박용만·신채호는 무장투쟁노선, 이승만 등은 외교독립노선으로 나뉘어졌다. 신채호는 "이완용은 있던 나라를 팔아먹었지만 이승만은 없는 나라를 팔아먹은 역적"이라고 비난했다.

그러나 9월 10일 회의에서 국호를 대한민국, 관제를 총리제로 선택한 뒤 국무총리 인선에 착수했다. 격론 끝에 3명의 후보를 추천하여 투표하자는 조소앙(32)의 절충안이 수용되었다. 안창호(43), 이동녕(50)이 함께 거론되었으나 이승만 총리선출로 끝났다.

위임통치 청원논쟁은 임시정부의 독립투쟁노선, 이승만의 외교독립노선 이해에 매우 중요하다. 특히 2019년 한반도 비핵화와 통일노선에도 핵심적인 시사점을 제시해주고 있다.

1918년 11월 11일, 독일의 패전으로 세계 제1차 대전이 종식됐다. 이듬해 1월 18일부터 전후 처리를 위한 파리 강화회의가 열렸다. 미국 윌슨 대통령은 14개조 평화조건을 제시했고, 그 가운데 제5조의 민족자결주의에 고무된 한인들은 국제사회에 독립청원을 위한 준비에 들어갔다.

오영섭 교수에 따르면, 위임통치 청원은 이승만·안창호와 여운형·김규식 두 갈래로 전개되었다. 이승만·정진경은 위임통치청원서를 작성·발송하기 전에 이미 미국 한인회 독립운동 양대 축이자 파리강화회의 대표단 책임자인 국민회 중앙총회장 안창호의 의향을 타진했다. 안창호는 국민회 중앙회 행정위원회를 소집하여 논의·승인한 후 승낙서를 정한경에게 공문으로 보냈다. 그리고 국제법전문가인 이승만의 최종 검토·수정작업을 거쳐 정한경과 연명으로 서명했다.

이승만·정한경은 연명으로 1919년 2월 25일자 위임통치청원서를 작성하여 3월 3일에 윌슨 대통령과 파리강화회의에 보냈다. 그리고 3월 16일 기자회견을 하여 17일에 뉴욕타임스 등이 보도했다. 기사의 요지는 "대한인국민회는 윌슨과 파리강화회의에 대해 한국이 완전한 자치능력을 갖췄다고 판단될 때까지 국제연맹이 한국을 위임통치 해주기 바란다"는 내용이었다.

한편, 신한청년당 대표 여운형은 파리강화회의와 윌슨 대통령에게 독립청원서를 제출하기로 하고 김규식을 대표로 선정했다. 3월 13일 파리에 도착한 김규식은 4월 5일자 영문의 위임통치청원서를 작성하여 파리강화회의에 제출하고, 윌슨 대통령, 로이드 조지 영국 수상 등 각국 대표단에게 전달했다. 이승만·안창호·정한경본과 여운형·김규식본의 핵심적 내용은 공통된다.

① 열강들은 한국의 완전한 자주독립을 보장한다는 조건 하에,
② 일본의 통치로부터 한국을 해방시켜,
③ 일정기간 동안 국제연맹의 위임통치 아래에 두고,
④ 한반도를 영구히 중립적 통상지역으로 만들어, 극동의 새로운 영세 중립 완충국을 탄생시켜 달라.

독립청원서에는 이승만의 박사학위 논문 「미국이 주도하는 전시 중립론」의 핵심골자 ① 독립의 승인, ② 중립국 영역의 불가침, ③ 중립교역의 자유(중립무역, 중립항해, 중립통상)가 모두 담겨있다.

"역사적인 맥락에서 한반도·한민족 중립국가 독립화론은 188년대 유길준·김옥균이 제창하여 1900년대 초까지 고종황제를 비롯한 대한제국 집권층이 국권수호 전략기조로 설정한 한국 중립화 정책의 전통에 기조하고 있다. 즉, 이승만은 조선·대한제국의 중립화 방안을 계승하여, 1919년 현재 시대정신에 맞춰 교정·진화시

켜 완결한 다음, 파리 강화회의와 윌슨 미국대통령에게 전송했다."

오영섭의 결론은 한국 현대사의 정곡을 관통한다.

"우리는 해방 후 3년간 미국의 지배를 받고, 유엔감시하의 총선거를 통해 남한만의 자주적 민족민주국가를 수립한 것은 부인할 수 없는 엄연한 역사적 사실(fact)이다. 한국은 위임통치와 같은 신탁통치를 거쳐 부국강병을 달성한 근대국가로 성장해 나갔다. 이승만의 위임통치 청원론은 독립정신에 바탕한 실력양성론적 외교독립론에 해당한다."

해방 이후 역사는 한미동맹의 역사라는 점에서 '위임통치 청원론'은 시대를 통괄·비월한 전략으로 재평가되어야 한다. 조선·대한제국의 중립론을 비판적으로 계승하고, 세계 1차 대전 직후 미국 중심의 세계정세와 우리의 현실을 꿰뚫은 실사구시와 실용, 시대정신의 총화로 평가한다.

이승만·안창호·정한경·여운형·'김규식의 위임통치 청원론'은 시대를 통괄·비월한 현실적·단계적 외교독립론이 핵심이다. ① 일단 일본의 탄압으로부터 벗어나고, ② 강대국 미국의 보호 속에서 자유교역과 민주주의 경험을 축적하고, ③ 자유무역과 자유통상 속에서 부강한 국력을 신장시킨 뒤, ④ 완전하고 영원한 자주독립국가, 동아시아의 세력균형과 평화를 이루는 영세중립국가로 독립하겠다는 목표와 비전이 담겨있다.

오영섭의 주장에 필자의 견해를 덧붙인다. 위임통치 청원론이 향후 미·중 패권 전쟁을 바라보는 우리의 정확한 시각, 그리고 북한 국가정체성 규정, 한반도 비핵화와 통일전략의 구상에 주는 교훈과 시사점은 형언할 수 없을 만큼 크다.

요컨대, 이승만의 박사학위 논문 「미국이 주도한 전시중립론」(1910년)은 조선·대한제국의 중립국가론을 비판적으로 계승했고(과거), 「위임통치청원서」(1919년)로 구현되었으며(현재), 「미국이 보장하는 한반도 비핵화와 영세중립 통일방안」(다가올 미래)의 비전과 전략에 해당한다. 실사구시와 실용, 시대정신에 입각하여 「위임통치 청원서」를 들여다본다면, 110년을 비월하여 한반도·한민족의 미래 방략을 제시한 우당의 생생한 숨결과 고동을 느낄 수 있다.

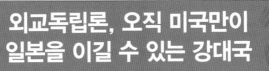

외교독립론, 오직 미국만이 일본을 이길 수 있는 강대국

1. 관 속으로 들어간, '대한민국 상하이 임시정부 대통령'

1919년 9월 6일, 상하이 임시정부 의정원은 회의 결과 이승만을 초대 대통령으로 선출했다. 이승만은 9월 필라델피아에서 일주일 동안 전체 한인회의를 개최하고, 이후 미국 각지를 순회하며 대한민국 지지를 호소하는 강연을 벌였다. 다음 순서는 상하이 임시정부로 가서 초대 대통령 취임을 해야 했다. 그러나 일본은 이미 이승만(45세)의 목에 현상금 30만 달러(지금의 수천억 원)를 걸어놓았다. 이승만과 비서 임병직은 중국 상하이에 건너가기 위해 치밀한 계획을 짰다. 극비리에 날짜를 잡고, 이승만은 죽음을 위장키로 했다.

1920년 11월 15일, 이승만은 중국인 시체로 위장하여 관 속으로 들어가 누웠다. 비서 임병직은 지게에 관을 메고 화물선에 오르는 데 성공했다. 하와이에서 상하이를 오가는 화물선은 미국 본토나 하와이에서 사망한 중국인들의 시신을 실어 나르곤 했다.[1]

---

1. 뒤에 박헌영이 월북 시에 이 방법을 벤치마킹한다. 박헌영에게 이승만은 롤 모델이었다. 미국 유학을 위해 선교사를 찾아갔으나 거절, 광주 지산동의 한 벽돌공장에서 VOA에서 나오는 이승만을 경청하며 세계정세와 일본의 패망을 판단한 것. 그리고 장례식의 관 속에 들어가 포천을 통해 월북한 과정이 모두 이승만의 벤치마킹이다.

하와이 호놀룰루를 출항한 뒤 몇 시간, 이승만은 임병직의 도움을 받아 관짝을 열고 밖으로 나왔다. 두 사람을 발견한 승무원은 '무전승선한 자들'이라며 선장에게 신고했다. 다행히 하와이 시민이기도 한 선장과는 사전에 조율이 되어 있었다. 선장은 일단 두 사람을 크게 혼을 내어 나무란 후 젊은 임 비서에게는 화물선의 청소를 시키고, 중년의 이승만에게는 망을 보게 했다. 이승만 일행은 상하이에 도착하여 중국인으로 변복한 뒤 무사히 입국하여, 프랑스 조계에 도착한다.[2]

목숨 걸고 도착한 상하이 임시정부는 세 갈래 노선으로 갈라져 파벌 간 내홍이 극심했다. 이동휘 등 소련으로부터 자금을 받아 무장 독립투쟁을 주장하는 소련 공산당계열, 이회영 등 자주 무장투쟁과 외교노선을 병행하자는 민족계열, 이승만 등 외교독립 노선이다.

이승만은 이미 노선과 파벌싸움에 휘말릴 사람이 아니었다. 이승만은 독립협회와 만민공동회의 좌절과 투옥, 허무하게 좌절된 대한제국의 특사임무, 그리고 미국 주류 지식인들과의 교류 속에서 취득한 당대의 강대국 중심 세계정세를 모두 꿰뚫어보고 있었다. 이승만은 한반도·한민족 독립은 강대국의 개입과 결정이 없이는 불가능하다는 '한국 자주 독립의 구조적인 한계'를 꿰뚫어보고 이론체계까지 완성했다.

---

2. 2010년 무렵, 이승만주의자인 전광훈 목사가 하와이를 방문하여 그 선장의 3세를 직접 만났다고 한다. 그 손자는 전 목사에게 우리 할아버지가 당신들의 나라 건국대통령의 목숨을 구해줬다며 자랑스럽게 말했다고 전했다.

1) 현실: 항일무투의 기원 안중근 의사와
세계 3위 군사강국 일본

1920년대 초 이승만이 판단한 일본은 이순신의 활약과 의병들과 명(Ming Dynasty)의 개입에 의해 패퇴됐던 조선조 임진왜란(1592) 때 일본이 아니었다. 1910년 일본은 한일병탄으로 국운팽창의 탄력을 받아 천황제일주의를 일색화하며 전 세계 3위의 군사강국으로 올라섰다. 일본 천황 군국주의는 인구 8천만 명 중 군인이 800만 명(한국청년 강제징발 포함), 해군력 세계 2위권이었다. 이와 비교할 때, 초기 임정은 아직 군대의 형태조차 갖춰지지 않은 상태였다.

항일무장투쟁의 기원은 안중근 의사(martir)이다. 1909년 10월 26일 만주 하얼빈에서 안중근은 이토 히로부미(伊藤博文1841~1909)를 총살했다. 일본에서 네 차례의 총리대신을 지낸 이토는 한일병탄의(민비 시해, 을사늑약, 조선통감, 한일병탄)의 결정권자였다. 이토는 3개월 전 7월 6일 내각회의에서 한일병탄을 결정하고 러시아 순방길에 올랐던 터였다. 따라서 안중근 의사의 이토 총살은 항일무장투쟁의 기원에 해당한다.

광복군은 1911년 신흥무관학교 설립부터 이상룡·이시영·이회영·이동녕·지청천·김좌진 등을 포함하여 해방될 때까지 가장 번성했을 때 4,600명 가량으로 알려져 있다. 김구가 임시정부 국무령을 맡은 때는 1932년 12월이고, 1930년 이시영·이동녕과 함께 한국독립당을 조직하면서 본격적인 무장투쟁에 나서 이봉창·윤봉길 의사 등의 쾌거를 이룬다.

1942년에야 창건된 조선광복군은 가장 번성했을 때가 500여 명으로 알려졌다. (1937년 중일전쟁 발발과 국공합작 방침에 따라, 장제스의 권유로 한국군도 통합된다. 1942년 민주주의자 김구·공산주의자 김원봉이 합작하여 한국광복군이 탄생한다. 좌우익 합작의 기원이다. 일본군을 탈출한 장준하·김준엽 등이 참여한 시기이고, 박정희는 일본의 항복·일본군 해체와 함께 참여한다) 임시정부 초기에는 광복군 세는 미미했던 상황이었다.

2) 이승만, 오직 미국만이 일본을 이길 수 있는 강대국

이승만은 강대국 중심의 현실주의 국제정치학을 섭렵한 세계적인 지식인이다. 신철식에 따르면, 이승만은 무장투쟁으로 일본을 물리치고 독립을 이룬다는 것은 이상주의적 발상으로 여겼다.[3] 또 이승만은 옥중에서부터 오직 미국만이 일본을 이길 수 있는 군사강국으로 여기고 있었다. 청일전쟁, 러일전쟁에서 패배하는 중국과 러시아의 국력의 한계를 절감했다. 세계 최강 미국은 좀처럼 전쟁에 참견하지 않는 중립국 입장을 견지하고 있었다.

5개월간 초기 임정 내부의 노선갈등과 파벌 간 주도권 다툼을 겪은 뒤, 1921년(5.29) 이승만은 워싱턴 군축회의 개최 정보를 접하고 '외교상 긴급성과 재정상 절박성' 때문에 불가피하게 떠난다는 요지의 '고별교서'를 발표한 뒤 하와이로 돌아온다. 4년 뒤 이승만

---

3. 신철식, 제86회 우남 이승만 포럼 강연(2018.4.17). 이승만건국기념사업회 회장.

은 너무 오래 자리를 비웠다는 이유로 면직됐다.(1925.3.11)

그로부터 10년 후 1932년 임시정부 내무부장 김구는 이동녕의 지지에 힘입어 임시정부 국무령에 선출되고 지도권을 획득한다. 국무령 김구는 이승만을 대한민국 임시정부를 대리하여 국제연맹에 한국독립을 탄원할 전권대사로 임명한다. 이승만은 흔쾌히 수용하여 임무를 수행한다. 한 살 차 이승만과 김구 간의 깍듯한 호형호제의 출발점이다. 이승만과 김구는 1920년 12월부터 5개월여 동안 초대 대통령과 경무국장으로 함께 근무했다. 경무국장직은 경찰, 정보감찰, 밀정 색출, 임시정부 재판장 역할을 수행한다. 이승만이 하와이로 떠나면서 김구도 사임한다.(1921년 5월) 이승만은 상해임정의 전권대사 자격으로 부대사 서재필, 서기 정한경, 고문 프레데릭 돌프와 함께 워싱턴에 도착, 군축회의 미국대표단에게 한국독립청원서를 제출한다.

하와이는 이승만 외교독립 전개과정의 근거지였다. 1900년대 초반 미국 본토에 한인 800여 명이 살고 있던 시절, 하와이에는 4,000여 명(70%)의 교민의 거주했다. 대부분은 사탕수수밭 노동자로 여러 개 섬에 흩어져 살고, 생활은 비참했으며, 자녀들은 교육 없이 방치되어 있었다.

1913년에 하와이 호놀룰루에 도착한 이승만은 한인중앙학교, 한인여자학원을 거쳐, 1918년 9월 한인 최초의 남녀공학제 민족교육기관인 한인기독학원(Korean Christian Institute)을 발전시켰다. 한글과 우리역사를 가르치는 한인사회 민족교육 중심기관으로 자리 잡고, 1921년 2월 칼리히 계곡에 약 5백만 평에 달하는 교육 사업대지를 마련했다.

　임정에서 돌아온 이승만은 민찬호와 함께 대한인동지회를 조직하고, 태평양주보를 창간하고, 1911년 기독교인사 105인 사건을 기록화한 『한국교회핍박』을 출간했다. 일본이 한국 기독교인들을 탄압한 이유는 교회가 자유주의사상을 퍼트려 일본의 군국주의 체제를 약화시키고, 청교도적 윤리를 강조하여 한국인들을 도덕적으로 건전하게 만드는 것을 염려했기 때문이라고 강조했다.

　미주지역 한국교민 70% 이상이 거주하는 하와이는 자연스럽게 구미 독립운동의 중요 거점이 되었다. 따라서 독립운동 지도자 간에 주도권 싸움도 전개되었다. 하와이 내에서는 이승만의 외교독립노선(= 대한인동지회)과 박용만의 무장투쟁(= 국민군단)이 각축을 벌이고, 본토에서는 안창호의 실력양성론(= 흥사단)이 전개되었다.

　당시 하와이국민회는 하와이 한인 전체를 대표하고 한인들은 자신들을 대표하는 정부로 인식했다. 따라서 하와이 주정부는 '하와이국민회'를 한인들의 대표기관으로 인정하여 사법권에 준하는 대리권한까지 부여하는 실정이었다. 결국 1915년 하와이에서는 이승만이 하와이국민회를 장악하면서 박용만은 상하이로 무대를 옮긴다. 이후 구미 독립운동은 이승만의 반공 자유민주주의론과 안창호의 좌우합작노선이 부딪히게 된다. 중국 공산당 혁명과정에서 고난의 행군기에 마오쩌둥이 징강산을 근거지화했다면, 이승만은 하와이를 항일투쟁 한국 독립의 근거지로 삼아 미국 본토와 아시아와 유럽을 넘나들었다.

3) 외교독립노선 목표: 임시정부의 국제적 승인

이승만 외교독립 전개는 처음부터 끝까지 **'대한민국 독립의 당위성 · 임시정부의 국제적 승인'으로 일관된다. 이승만은 한일병탄의 원인을 1882년 조미수호조약을 배신한 미국책임론으로 귀결시켰다.**(이는 광복 뒤에 미국이 이승만의 한국귀국을 저지한 주된 이유로 작용한다) 한국독립의 당위성은 한일병탄의 불법성에서, 한일병탄의 불법성은 조미수호조약에 대한 미국의 배신이 그 원인이라는 미국 책임론으로 맞물렸다. 그 결과 천황신격화 군국주의가 한국의 기독교를 말살하고, 만주와 중국침략으로 이어지고 있으며, 중국도 한국과 같은 입장을 겪고 있고, 결국 미국과 세계적 대전쟁을 벌여 올 것이라고 끊임없이 경고했다.

임시정부의 국제적 승인은 '영토와 주권'을 강탈당한 한반도 · 한민족의 실체성을 국제사회로부터 인정받아야만 일본의 패망 뒤에 자주독립의 정당성을 획득하는 근거가 된다는 점에서 필수불가결하다. 따라서 이승만은 국제회담이 열리면 반드시 참석하여 한국의 외교주권의 실체를 강변하거나, 언론과 출판을 통해 호소하거나, 인맥을 활용하여 임시정부의 실체성을 인정받으려는 외교투쟁을 지속했다. 물론 미국은 유럽의 8개 망명정부를 비롯해 한국의 임시정부에 대해서도 철저한 불승인 정책으로 일관했다. 모든 한국인 독립운동 단체들은 연합국으로부터 교전단체로 인정받지 못했고, 2차대전 종전 후 국제사회에서 아무런 발언권을 가지 못했다.

이승만의 외교독립노선은 1905년 대한제국 미국 밀사가 그 시작이라면, 1945년 일본의 패망에 이를 때까지 미 국무부와 대통령을

상대로 끊임없이 한일병탄의 미국책임론과 임시정부 승인을 요구
했다.

이승만은 1919년 1월 파리강화 회의, 1922년 1월 워싱턴 군축
회의, 1933년 1월 국제연맹 전권대사, 1941년 임시정부·재미한
민족연합회의 주미외교위원장직 추대, 1942년 한국독립을 지원하
기 위한 한미협회 결성, 1942년 미국의 소리(VOA) 한국어 방송시
작, 1941년 12월 일본의 진주만 폭격과 함께 시작된 한미 첩보부
대 OSS 발족(한국광복군과 OSS의 군사합작)의 성과, 1945년 임정요인
의 환국, 1947년 한국독립문제의 유엔이관, 한국전쟁 유엔군 참
전, 정전협정과 한미동맹으로 이어진다. 이 모든 외교독립 실행의
근거지는 하와이였다.

요컨대, 이승만의 외교독립론은 1905년 대한제국 비밀특사로 시
작되어 1953년 7월 한미동맹을 맺기까지 48년 걸렸다. 고종의 비
밀친서를 품에 간직하고 태평양을 건너던 한국이 낳은 30세의 청
년은 어느새 백발이 성성한 70세의 노인이 되어 있었다.

2. 강대국에 맞선 이승만의 외교전쟁

1) 스탈린 음모 이전의 한국 관련 조약들

○ 워싱턴 회의(1943.3.27)

미국의 외교노선은 중립국 원칙에 기반하여 강대국을 상대로 전개된다. 미국이 한국의 독립을 최초로 언급한 회의는 미국과 영국 간에 전개된 워싱턴 회의(1943.3.27)이다. 미국 측에서는 루즈벨트 등이, 영국 측에서는 이든 외상 등이 참여했다. 한국독립에 관한 논의들은 스탈린의 참여 이전과 이후로 완전히 달라진다.

1942년 6월 미드웨이 승전 이후 승기를 잡은 미·영은 전후 동남아시아 전반의 처리문제에 관련하여 의견을 나눴다. 미국은 영국령 인도차이나 국가에 대한 영국의 신탁통치, 대만의 중국 귀속, 한국은 중국과 미국 등 국제신탁통치를 제안했다. 일정기간 신탁통치 후 독립이란 개념이고, 중국은 장개석 국민당 정부를 의미한다.

○ **카이로 선언**(1943.11.22~11.26, 선언은 12월 1일)

카이로 회담을 통해 제 2차 세계대전 주요강국들이 한국의 독립을 공식 합의했다. 미국, 영국, 중국은 "한국인의 노예상태를 유념하면서 적당한 절차를 거쳐(at the proper moment) 한국을 독립시킨다"라며 한국 독립의 원칙을 확인했다.

카이로 회담은 루즈벨트와 장개석의 합작품이다. 구미 외교독립을 담당했던 이승만과 중국을 본거지로 독립투쟁을 펼쳤던 김구 임정의 피땀 어린 개가이기도 했다. 월슨부터 루즈벨트까지 국제사회의 임정 승인과 한국의 독립을 주장하는 이승만의 외교독립 노선은 가열찼다. 동시에 김구 주석이 지도하는 중경 임시정부는 사실상 장개석과 영부인 송미령 여사의 지원하에 전개되고 있었다. 한국광복군의 김구·김원봉의 좌우합작도 장개석 부처의 지원과 권유로 이뤄졌다.

1943년 11월, 프랭클린 D. 루즈벨트와 윈스턴 처칠은 장개석과 카이로에서 만나고, 연이어 이오시프 스탈린과 테헤란에서 회담을 가졌다. 카이로 회담은 전후 일본의 영토 처리문제를 논의했으나, 테헤란 회의의 목적은 소련의 동아시아 전쟁 참전 여부에 있었다. 미국 중심 연합군이 유럽대륙에 상륙하면 3개월 이내 독일의 항복이 이뤄진다는 전제하에, 미국과 소련은 연합하여 일본에게 공동 선전포고하는 방안을 논의했다.

루즈벨트는 테헤란 회의에 장개석을 포함시키자고 했으나 중국 마오쩌둥 공산당을 지원하고 있는 스탈린의 단호한 반대로 무산된다. 독일 항복 이후, 루즈벨트 미국은 스탈린 소련을 아시아·태평양전쟁 전선에 끌어들여야 했다. 미국·루즈벨트는 이때까지만 해도 장개석 국민당 정부군이 마오쩌둥 공산당군에게 패퇴하리라고는 상상조차 못했던 상황이다. 루즈벨트는 자유민주주의체제 중국이 스탈린·소련공산주의 보루가 될 것으로 믿었다.

○ 테헤란 회의(1943.11.27.~12.2)

장개석이 제외되고 스탈린이 참여한 테헤란 회의는 의제의 결이 조금 달라진다. 루즈벨트와 처칠의 의견은 장개석과 일치했으나, 스탈린은 장개석과는 달랐다. 스탈린은 세계 공산주의 팽창야욕을 실현하기 위해 동북부유럽 상당부분을 점령하여 내려오고 있었다. 동시에 아시아 대륙의 공산화에 욕심을 두고 있었다. 이를 간파한 미·영은 유럽에서의 소련팽창 억지와 독일항복 뒤 아시아 대일 전쟁의 참여를 동시에 약속받아야 하는 입장이었다.

즉 테헤란 회의에서 논의된 한반도 의제는 카이로회담과는 그 성격과 내용이 조금 달라진다. 중국 장개석은 "하루빨리 한반도는 독립되어야 한다"고 주장, 루즈벨트는 장개석의 한반도 주도권 야욕을 의심할 정도였다. 장개석 중국정부가 중국을 통일했더라면, 김구의 한반도 대통령은 현실 가능성이 적지 않았던 대목이다. 장개석 중국정부가 있었다면 한국전쟁도 없었을 가능성이 높다.

그러나 스탈린은 한국의 독립에는 원칙적으로 찬성하고 공동성명에도 동의한다. 그러나 "약속할 수는 없다"는 입장을 견지한다 (approve, but not commit). 루즈벨트는 수정안을 제안한다. 약 5~10년간 신탁통치를 실시하되, 수탁국은 미국, 영국, 중국, 소련으로 하는 방안이다. 스탈린은 동의서명·묵시적 수락을 했다. 스탈린은 러·일 전쟁(1904.2.8.-1905.9.5)의 뼈저린 패배의 교훈 속에서 한반도의 지정학적 중요성을 인식하고, 옛 영토의 회복과 한반도 점령·부동항 확보라는 야심을 버리지 않았다.

2) 얄타회담: 소련·스탈린이 이빨을 드러낸 먹잇감, 한반도(Yalta Conference, 1945.1.30.~2.11. 2주간)

얄타회담에서 카이로 회담의 성격과 내용은 변질된다. 동유럽 흑해 연안에는 지정학적으로 한반도와 매우 흡사한 지형의 크리미아(Crimea)반도가 있다. 크리미아 반도는 1992년 우크라이나의 자치공화국이 되었으나, 2014년 소련이 다시 강제로 병탄했다. 우크라이나는 지금도 자신들의 영토임을 주장한다.

제2차 세계대전의 승리의 윤곽이 드러나던 1945년 크리미아 반도 얄타에서 미국·영국·소련의 수뇌자들은 독일 이후 세계와 그 관리 방안을 의논하게 된다. 미국의 대통령 프랭클린 루스벨트(Franklin D. Roosevelt), 소비에트 연방의 당 서기장 이오시프 스탈린(Joseph Stallin), 영국의 총리 윈스턴 처칠(Winston Churchill)이다. 전후처리를 위한 국제기구의 창설(UN) 등 7개 조항이 논의 되었다. 전후 유럽 안보관리 기구, 독일, 폴란드 루마니아·불가리아·헝가리, 이란, 중국의 내전에 대한 영·미와 소련의 의견을 조정한 회담이었다.

이미 신탁통치가 확정된 상태에서 한국문제는 공식 주요의제는 아니었다. 다만, 루즈벨트와 스탈린은 처칠을 배제한 채 비밀리에 비공식 회동을 갖고 합의를 확인했다. 루즈벨트는 "소련, 중국(장개석 국민정부), 미국의 대표로 구성되는 신탁통치기구를 한국에 둘 생각이 있다. 그 기간은 필리핀의 경우 50년 걸렸지만 20~30년이면 된다"고 제안했다. 스탈린은 "짧으면 짧을수록 좋다. 한국에 외국 군대를 주둔시키는가?"라고 묻자 루즈벨트는 '아니다'라고 부인하고 스탈린은 찬성한다.

그들의 한국관련 합의내용은 역사성과 지정학에 기초하고 있었다. ① 한국과 육지로 연결된 중국과 소련은 전통적인 이해관계에 있다. ② 카이로선언에서 미·영·중은 한국이 적당한 절차를 거쳐 자유 독립 국가가 될 것을 약속했다. ③ 한국에 대한 특정국가의 군사적 점령은 심각한 정치적 저항을 유발할 수 있다는 내용이었다.

그러나 얄타회담은 전혀 다른 시공간, 예기치 못한 인물에 의해 크나큰 파문을 일으켰다. 이승만은 카이로선언이나 얄타회담은 강대국의 이해관계에 따라 언제든지 변경될 수 있는 현실을 직시하고 있었다. 특히 소련 스탈린의 공산주의 팽창 야욕을 꿰뚫어 보고 있는 이승만은 전략적 요충지인 한국·한반도의 독립을 쉽사리 용인할 가능성이 없다고 의심했다.

1945년 6월 26일, 50개 연합국들은 얄타회담의 결과에 따라 샌프란시스코에서 창립을 위한 유엔헌장의 조인식을 갖기로 했다. 이어 10월 24일 헌장은 미국, 영국, 프랑스, 소련, 중화민국 등 46개의 타 국가 동의로 발효되면서 유엔이 공식 출범할 예정이었다.

한국의 이승만은 이 회의에 당연히 참가신청을 했으나 거부당하자, '한국독립의 위기이자 적신호'라는 판단을 굳히게 된다. 이에 이승만은 '얄타회담 음모론'을 제기하여 미국과 유엔창립 총회를 뒤흔들어버린다. 음모론의 요지는 "미·영·소는 소련의 대일전쟁 참전을 이끌어내기 위해 한국을 즉각 독립시키지 않고, 소련이 단독관리를 하는 비밀협정을 맺었다"는 주장이다.

평지풍파를 맞은 미국은 사실무근이라며 강하게 반발했고, 영국도 부인했고, 소련은 침묵했다. 이승만은 구체적 증거를 제시하며 싸움을 확대하지는 않았지만, 의도했던 것을 모두 얻었다. 미·영은 "카이로 선언대로 한국의 독립을 늦추지 않겠다"고 확약하고 "소련에 넘겨주지 않겠다"는 입장을 분명히 확인했다.

사실, 이때까지 루즈벨트 미국 대통령은 체제의 상반성에도 불구하고 소련과 함께 전후에도 동맹으로 존속할 수 있다고 믿었다. 따라서 한반도를 육지로 연결된 역사성과 지정학상, 중국과 소련의 신탁통치에 두는 방안도 나쁘지 않다고 본 것이다.

이 같은 루즈벨트의 판단은 그의 사후, 중국 공산화와 한국전쟁으로 연결되면서 역사적 오판으로 입증된다. 이승만은 이미 소련·스탈린에 대해『공산주의·공산당의 내막』(1923년)을 정리해 놓을 정도로 공산주의의 기원과 전개과정, 결말을 내다보고 있었다. 이승만은 얄타회담을 지켜보면서 루즈벨트를 뛰어넘고 스탈린의 미래 노선까지 일관하여 예측하고 있었다.

3) 이승만, '얄타회담 밀약설'로 미·영·소를 뒤흔들다

복거일은 월간조선 2018년 8월호에서 얄타밀약설의 인과관계를 연구하여 소상히 밝힌다. 〈이승만과 얄타밀약의 실체: 이승만, '밀약설' 제기해 한국에 대한 미국의 관심 제고 성공〉 다음은 그 요지다.

"얄타협정에 따라, 1945년 4월 25일 샌프란시스코에서 국제연합의 헌장을 기초하는 회의가 열렸다. 3월 8일 우남은 회의를 주도하던 에드워드 스테티니어스 국무장관에게 보낸 편지에서 대한민국 임시정부가 초청받을 수 있도록 해 달라고 요청했다. 그러나 국무부는 '1945년 3월 1일 현재 연합국으로 승인된 나라들만이 초청받을 수 있으므로' 대한민국 임시정부는 자격이 없다고 거절했다.

국제연합 회의에 초청받을 가능성이 희미해진 5월 초순, 에밀 구베로(Emile Gouvereau)가 우남을 찾아왔다. 그는 우남의 오랜 친구이자 통신사 INS의 기자인 제이 제롬 윌리엄스가 러시아 공산당에서 전향한 러시아인이라고 소개했던 터다. 그는 우남에게 얄타협정에 관한 비밀 정보를 귀띔했다. 얄타회담에서 "미국·영국 및 러시아의 지도자들이 조선을 일본과의 전쟁이 끝날 때까지 러시아의 영향 아래 두며 미국과 영국은 조선에 대해서 아무런 약속도 하지 않기로 했다"는 얘기였다. 이런 비밀협정은 스탈린의 요구에 따라 이루어졌다고 했다.

구베로의 정보는 우남의 판단과 부합했다. 우남은 이미 여러 해 전부터 미국 국무부가 조선 문제를 러시아의 이익 위주로 접근한다는 것을 느꼈다. 그리고 이번 국제연합 회의에 대한민국이 초청받지 못한 것도 미국 국무부 안에 러시아의 이익을 앞세우는 세력이 있어서 방해하기 때문이라고 여겼던 참이었다.

1942년 1월 2일, 우남은 국무부를 찾아 동아시아 정책을 담당한 앨저 히스(Alger Hiss)를 만났다. 예의 한국 독립의 당위성과 임시정부의 승인을 요청했다. 그러나 히스는 우남의 요청을 단박에 거절했다. '조선 문제는 러시아의 이익과 관련되었다. 지금 러시아는 일본과 불가침조약을 맺은 상태라서, 조선 문제에 나설 수 없다. 따라서 조선 문제는 일본이 패망한 뒤 러시아가 참여한 자리에서 비로소 논의될 수 있다'는 설명이었다.

태평양 전쟁 초기에도 그처럼 러시아의 이익을 앞세웠던 히스가 이제는 국제연합의 창설을 지휘하고 있었다. 우남은 이내 행동에 나섰다. 우남은 미국에서 가장 많은 신문들을 거느린 윌리엄 랜돌프 허스트에게 편지를 썼다. 구베로가 제공한 정보를 설명한 다음, 강대국들의 비밀협정으로 희생된 한국을 도와달라고 호소했다. 통신사 INS도 허스트의 소유였다. 다음 날 우남은 구베로 명의로 의회 지도자들인 랠프 브루스터 상원의원, 월터 조지 상원의원 그리고 클레어 호프먼 하원의원에게 전보를 보내서 얄타회담에서 연합국들이 맺은 비밀협정을 바로잡아 달라고 호소했다.

우남의 전보에 월터 조지 상원의원이 반응했다. 조지는 구베로 명의로 된 두 통의 전보를 트루먼 대통령에게 보내면서, "나는 이 전보들을 각하에게 보내야 한다고 생각합니다. 나는 그 주제에 관하여 전보 말고는 다른 정보를 갖고 있지 않습니다. 그러나 그것은 각하께서 주의를 기울여야 할 문제라고 믿습니다"라고 편지에 썼다.

조지에게 전보를 친 날, 우남은 트루먼 대통령에게도 편지를 썼다. 그는 조선을 러시아에 넘긴다는 '얄타 비밀 협약'이 바로잡혀야 하며, 대한민국이 국제연합 회의에 참석할 자격이 있고, 조선인들을 일본과의 전쟁에 동원하는 정책이 합리적임을 역설했다. 백악관은 이 편지를 국무부에 이송했다.

홍보를 맡은 구베로는 우남과 신문기자들의 회합을 주선했다. 국제연합에 관한 소식들이 드물었던 참이라, 신문들은 우남의 '얄타 비밀 협약' 주장을 대서특필 보도했다. 특히 허스트 계열의 간판 신문인 '샌프란시스코 익재미너'는 우남의 주장을 상세히 소개하고 "만일 사실이라고 일컬어지는 그 각서가 정말로 사실이라면, 이곳에 모인 연합국 회의에 외교적 폭발물이 될 것"이라고 평가했다. 의회에선 폴 셰이퍼 하원의원이 '얄타 비밀 협약'에 대한 국무장관의 해명을 요구했다. 우남의 노림수는 적중했다. 미국과 영국은 즉각 반응을 보였다. 결정적 증거는 없으나, 우남은 미국 조야가 한국문제에 관심을 갖도록 하는 데 성공했다. 그의 오랜 동지인 정한경에게 털어났다.

"정 박사 얘기대로 나는 증거가 없소. 그것은 오직 나의 관찰에 따른 신념일 따름이오. 한국을 위하여 나는 내가 틀렸기를 바라오… 내가 바라는 것은 얄타협정에 서명한 국가 수뇌들이 그것을 공식으로 부인하는 것이오. 그보다 더 나를 기쁘게 할 것이 없소."

유엔총회 참여권이나 발언권이 허용되지 않는 절박한 상황에서,

구베로의 첩보는 천금의 가치가 있었다. 이승만은 고도의 정보심리전으로 미국정부와 루즈벨트의 팔을 비틀고 있었다. 1945년 6월 5일, 국무부 극동국장 대리 프랭크 록하트는 국무장관 대리를 대신해서 우남이 트루먼 대통령에게 보낸 5월 15일 자 편지에 대한 답장을 보내 왔다.

"우남이 제기한 의혹은 '거짓 소문'에 바탕을 두고 있고, 카이로 선언에서 천명된 연합국의 조선에 관한 정책은 충실히 이행될 것"

이어 6월 8일 조지프 그루 국무장관 대리는 록하트가 우남에게 편지로 통보한 사항을 직접 성명을 통해 발표했다. 이로부터 꼭 1년 만인 1946년 2월 11일 얄타회담에서 맺어진 동아시아에 관한 비밀 협약이 공개되었다. 스탈린은 독일과의 전쟁이 끝난 뒤 두세 달 안에 일본과의 전쟁에 참여하겠다고 루스벨트와 처칠에게 약속했다.

러시아가 챙긴 이득은 외몽골의 현상유지, 1904 러일전쟁 이후 권리복원(남부 사할린과 주변 섬들의 반환, 다롄항의 국제항화 및 러시아 특권 복원, 뤼순항의 해군기지조차 복원, 만주철도의 중국 공동운영, 쿠릴열도 러시아 할양) 등이었다. 우남이 주장한 '얄타 비밀 협약'의 실체가 드러난 것. 다만, 조선에 관한 항목은 없었다.

복거일은 스탈린이 대화한 상대로 미 행정부 내 러시아 간첩으로 밝혀진 앨저 히스를 지목했다. 어찌됐든 미 행정부를 상대로 한 우남의 고단위 심리전은 완승을 거두었다.

복거일은 평가한다. 멸망한 나라로선 세상 사람들로부터 잊히는 것이 가장 두려운 운명이다. 우남은 자기 조국이 잊히는 것을 막기 위해 평생 진력(盡力)했다. 그가 그런 목적을 위해 일부러 소란을 피우고 말썽을 일으킨 적은 한두 번이 아니었다. 그리고 '얄타 비밀 협약'을 공개적으로 거론함으로써, 그는 미국 시민들과 관료들과 정치가들이 '코리아(Korea)'를 결코 망각하지 못하도록 만들었다.

나아가서, 그는 미국 국무부가 비밀 협약이 없다고 확인해주는 성과를 얻었다. 그 확인은 러시아의 한반도 장악가능성을 크게 줄였다. '얄타 비밀 협약'의 폭로는 우남의 독립운동 가운데 단연 으뜸이다. 특히 이후 루즈벨트의 한반도 정책은 미국의 직접 개입으로 완전히 돌변한다. 1945년 7월 17일~8월 2일, 포츠담회담에선 미국은 조선의 일부를 군사적으로 점령한다는 방침을 세운다.

4) 포츠담 회담(1945.7.26~8.1):
소련의 대일 참전 빙자, 한반도 점령 음모 승인

○ 1945년 4월 12일 루즈벨트 돌연 사망

1945년 4월 12일 루즈벨트 미 대통령이 사망한다. 후임 트루먼은 홉킨스를 모스크바에 특사로 파견하여 스탈린·소련에게 얄타 회담의 약속이 계승될 것임을 확인한다. 스탈린은 미, 영, 중, 소에 의한 한국의 신탁통치에 동의를 확인했고(5월 29일), 트루먼은 장개석에게 미·소·영은 한국에 대한 4대국 신탁통치에 동의한다고 알려줬다.(6월 15일)

1945년 7월 26일, 독일의 포츠담에서 미국 트루먼, 영국 처칠, 중화민국 장제스가 회담에 참여하여 일본 패망이후의 처리문제를 논의했다. 의제는 얄타회담에서 사실상 정리되어 있고, 소련의 대일전 참전만을 남겨놓은 상황이었다.

1945년 5월 8일, 2개월 여전에 독일은 항복했다. 미국은 극동에서 소련의 대일전 참전을 여러 차례 요청했지만, 일본과의 이미 중립조약(1941.4.13)을 맺은 소련은 좀처럼 화답하지 않았다. 미국은 얄타회담에서 이미 소련의 입장과 이익을 대폭 수용했었다. 소련은 나아가 "대일전쟁 작전지역으로 한반도 38°선 이북·북한을 포함한다"고 요구했고, 다급한 미국은 수용했다. 대일 전쟁 중인 미국은 당연히 한반도에 군사력을 진입할 수 있었으나, 소련은 한반도 군사진입의 대의명분이 없었던 처지였다. 소련 측은 얄타회담 조건 이행에 더하여 한반도를 소련의 작전구역으로 요구했고, 미국은 덜컥 승인하고 말았다. 결국 포츠담 회담은 한반도·한민족의 분단·전쟁·재분단의 현재진행형이라는 비극적 미래 운명을 결정지은 회담이다.

소련의 한반도 군사력 진입과 전쟁의 길이 열렸다. 미국은 일본의 급작스런 항복과 함께 소련이 한반도에 군대를 그토록 급히 파견시키리라고는 전혀 판단하지 못했다. 더욱이 회담 도중인 7월 16일 미국 뉴멕시코 알라모 고르도에서 원폭실험 성공 소식이 보고되자, 고무된 트루먼은 스탈린에게 원자폭탄의 개발완료 소식을 과시하고 말았다. 내심 경악한 스탈린의 입장에서는 보초병·완충지대로서 한반도의 지정학적 중요성이 더욱 절급해졌다.

포츠담 회담 이후 한반도 관리문제는 '정치적 차원의' 신탁통치 개념에서 '군사안보적' 전쟁개념으로 변질·확장되어 버렸다. 카이로 회의에서 선언된 일정기간의 신탁통치는 대표단과 고문단의 파견을 의미할 뿐, 군사의 진입을 의미하지 않는다. 얄타회담까지만 해도 스탈린이 "신탁통치라면 외국 군대가 주둔하는가?"라고 질문하자, 루즈벨트는 "군대주둔은 아니다"라고 부인한다.

포츠담회담의 동시 부속협상으로 미국 육군참모총장 마샬과 소련 육군참모총장 안토노프 사이에 안보분야 작전회의가 열렸다. 양측은 한반도를 작전구역으로 합의했다. 어차피 미국에게 한반도는 작전구역이고, 참전하지 않은 소련은 아직 작전구역이 아니었다. 미국 측은 소련이 러일전쟁 패배의 뼈저린 교훈과 한반도 팽창야욕을 품고 있다는 역사적 사실을 전혀 인지·고려하지 않았다.

안토노프(Antonov): "우리(소련군)이 진격할 동안, 미국은 한국 해안에 상륙할 작전을 세워놓고 있습니까?(소련이 한반도에 진격하여 대일전을 수행하는 경우 어떤 도움을 주겠느냐는 의미한다)"

마샬(George C. Marshall): "미군은 일본 본토에 대한 통제권을 확보한 이후에야 한국에 상륙할 수 있을 것입니다. 우리(미국)는 선박들이 일본의 자살 공격에 노출될 수 있기 때문에 아직 상륙작전을 수행할 계획을 수립하지 않았습니다. 전쟁은 여러 달 더 지속될 것으로 예상됩니다. 규슈 상륙작전이 성공하고, 미군 항공기가 일본의 최남단 비행장에서 한반도를 엄호할 수 있는 시점에야 한국에 대한 공격을 고려할 수 있습니다. 그렇지만 동맹군(= 소련)이 한반도 공격을 개시하면 미 공군과 해군은 한국에서의 연료공급 및 통신라인을 파괴하고 일본의 항공기와 해군 함정을 파괴할 것입니다."

안토노프가 능장을 부리고 있을 때, 트루먼으로부터 원폭실험 성공 소식이 마샬에게 전해진다. 태도를 돌변한 마샬은 작전국 헐 국장에게 지시한다. "한국으로의 군사이동을 준비하라"(소련은 탁치안이 점령안으로 변경된 것으로 받아들인다) 소련은 미국의 조건을 수용한다. 그리고 소련군은 한반도에서 대일전쟁을 전개할 수 있다는 근거를 얻었다. 이로써 무장해제한 적(일본군)도 없는 한반도에 붉은 군대의 군화발이 나타나 한반도 38°선 이북을 유린한다.

결국, 포츠담 회담에서 미국, 영국, 중국은 일본의 무조건 항복을 요구하는 최후통첩을 발표했다. 그러나 소련은 공동서명자 명단에서는 제외되어 있었다. 일본과 중립조약을 맺고 있었고, 일본은 소련을 통해 연합국과 휴전협상을 시도하던 상황이었다. 일본의 협상안은 '천황제의 유지와 한반도 및 대만식민지 보유'였다. 조급했던 미국의 판단착오와 외교실패는 불과 20여 일 뒤 한반도 분할 무력점령으로 현상화된다.

1945년 8월 6일, 히로시마에 뚱보라는 이름의 원자폭탄이 투하되고, 사흘 뒤 꼬마라는 이름의 원자폭탄은 나가사키(9일)를 괴멸시켰다. 일본은 8월 10일 미국 등 연합군에 항복의사를 전달하고 일본내외 전군에 전투중지명령을 내렸다. 1945년 8월 14일, 일본은 무조건 항복하고, 제2차 세계대전은 종식된다. 핵 무력의 정체성이 이토록 가공할 괴멸력을 지닌 전쟁 절대무력이라는 점을 미국도,

소련도, 일본도 그 누구도 알지 못한 결과였다.

그러나 전쟁이 사실상 끝난 이 시점부터, 오히려 '기민한' 소련의 태평양 전쟁은 개시된다. 8월 8일 오후 일본에 대해 선전포고를 하고 이튿날 새벽부터 만주의 일본군을 공격하기 시작한다. 8월 10일 일본은 모든 전선에서 전투를 중지했지만, 오히려 소련은 만주와 한반도 북부지역에서 전방위적인 전선을 확장한다. 1945년 8월 9일 아침, 소련은 만주 일본군이 주둔한 장춘과 하얼빈, 그리고 한반도 북부의 나진, 청진, 웅기항을 폭격한다. 소련군은 아무런 저항 없이 한반도 웅기·나진을 점령하고(10일), 청진(12일)을 점령했다.

IV.

분단과 해방의 무정부 시공간,
23일간 친일파 · 공산당이 주도권

1. 미국의 대패착, 38°선 이남의 23일간 무정부상태: 박헌영·여운형의 인공, 송진우·김성수의 한민당

1) 소련군은 해방 이전에 이미 38°선 이북·북한 땅 점령

1945년 8월 20일, 소련군은 원산에 상륙하고, 사령관 시스차코프 대장은 조선인민에게 첫 포고를 한다. 그리고 먼저 38°선 부근 개성을 점령한 뒤 다시 평양으로 올라간다. 소련군은 평양에 진주하여 군사령부를 설치한다.(26일) 그리고 김일성 등을 입북시킨다.(9월 19일)

소련의 대일전 참전은 8월 8일 선전포고부터 시작하여 15일까지 6일간 싸우고, 점령지 한반도 이북에서 철수하지 않음으로써 태평양 전쟁의 승전국이자 '한반도 38°선 이북'이라는 전리품을 획득하게 된다. 소련은 태평양전쟁 주요 참가국 중(400만 명)·미(16만여 명)·영(8만 6천여 명)·오스트레일리아(1만 8천 명) 중 가장 피해가 적은 실종사수 및 전사자수 총 68,407명을 기록했다.[1]

---

1. 얄타회담 때 이미 루즈벨트·처칠은 중증 치매를 앓고 있었다는 연구결과들이 있다. 실제로 얄타회담 직후 루즈벨트는 사망한다.

소련은 포츠담선언에 근거하여 한반도 38°선 이북은 소련이, 이남은 미국이 차지한다는 전쟁행위를 실행에 옮겼다. 소련군이 38°선 이남으로 내려오지 않는 사실이 명백한 증거이다. 한반도·한민족의 저항과 미국과의 또 다른 충돌국면의 변수를 제거했다.

미국은 놀랐다. 당시 미군은 오키나와에 주둔하며 일본 본토 침공을 준비하고 있었다. 이토록 빨리 전쟁이 종식될 것도, 소련이 그토록 민첩하게 한반도에 진격할 줄도 전혀 예상치 못했다. 미국의 오판·패착이었다.

1945년 9월 2일, 미국 맥아더 총사령관은 한반도 북위 38°선을 미·소 양군의 군사경계선으로 포고령을 내린다. 미국은 하지 장군의 지휘하에 9월 8일에야 인천에 상륙하여 남한에 진주한다. 이로써 4개국 신탁통치계획은 미·소 분할점령 체제로 변질·이행된다.

미국의 한반도 대일전쟁 공동전선의 목적은 일본군의 무장해제 및 자유민주주의 이행을 위한 신탁통치의 기반을 조성한 뒤 한반도·한민족 단일 독립국가를 세우는 데 있었다. 그 증거는 미·영 워싱턴회의, 카이로회담, 얄타협약, 포츠담 회의에서 일관되게 나타난다.

그러나 소련의 목적은 전혀 상반된다. 소련의 한반도 진격은 러일전쟁 패배의 교훈과 공산화 팽창전략의 일환이었다. 최소한 38°선 이북지역을 폴란드, 유고, 체코슬로바키아 등 동유럽 국가들처럼 공산화하는 데 있었다. 그 증거는 일본이 일체의 전쟁행위 중지를 선언·통보한 8월 10일 이후에도 계속 청진, 원산, 개성으로 남하하여 38°선을 찍고 평양으로 입성하여, 포고령을 내린 데 있다.

또 소련은 북한 땅의 점령과 동시에 서둘러 남한과 연결되었던 철도, 도로, 전화, 전기를 끊어버린다. 북한은 일제를 대신한 소련 공산주의의 식민지배의 땅이 된 것이다. 소련은 일본에게 패퇴한 구제정 러시아의 환원에 불과했다.

실사구시적 관점에서 보면, 세칭 좌파·진보주의 학자군이 말하는 해방공간 3년이 분단·전쟁·냉전·두 개의 한국을 확정시켰다는 해방공간 3년 한국현대사 결정론은 모두 완전한 허구이다. 일본의 항복과 종전선언에도 불구하고 미친 하이에나 떼가 되어 무저항의 38°선 이북을 유린한 소련 붉은 군대의 군홧발이 없었다면, 남북공동의 경제·교통·물류·통신망을 절단시키지 않았다면, 심지어 북조선 건국 뒤에라도 온전하게 철군했더라면, 한국전쟁과 분단사는 성립되지 않는다. 실체적 진실은 38°선 이북은 해방도 되기 전에 신 러일전쟁의 전장이 된 것인데, 그나마도 소련의 대일전쟁 참전쇼는 한반도 점령 목적에 불과했던 것이다. 북한은 해방 이전에 일본을 대신한 소련의 점령지로 병탄되었다. 북조선은 소련 연방국가이다. 따라서 소련은 김일성·박헌영에게 한국전쟁을 전폭적으로 지원하게 된다.

환기하고 싶다. 필자는 오직 실사구시와 실용, 시대정신에 입각할 때만 한국의 근현대사는 올바른 모습으로 나타난다고 강조한다. 해방 이후 한반도·한민족의 시대정신은 민주주의 자주독립국가의 건국에 있었다. 그러나 38°선 이북 북한 땅은 광복 이전에 이미 일제를 대신한 소련 붉은 군대가 장악했다. 그렇다면 "북한 땅에 지금까지 진정한 광복이 있었는가"라는 새로운 질문이 제기된다.

우리는 이 한반도의 비극적 운명을 결정한 전환사적 변곡점에서 얄타회담의 음모론을 제기한 이승만을 환기해야 한다. 이승만의 '소련 관리하의 한반도 양보 음모설'이 아니었더라면, 한반도는 실제로 통째로 소련 붉은 군대의 먹잇감이 되기 십상이었다. 그 근거는 ① 미국이 소련을 동맹으로 여기고 있던 현실 ② 미국의 한반도 대일전쟁과 점령 준비가 전혀 없었던 점 ③ 일본이 사실상 항복을 선언했음에도 불구하고, 소련이 신속하게 전방위적으로 한반도 대일전선을 확대·전개한 점 ④ 해방직후 수립된 최초의 국가형태가 박헌영 주도의 '인민공화국'이라는 점이다.

이승만의 '얄타음모론'의 경고를 무시하고, 한반도 공산주의 팽창야욕을 숨긴 소련에 기만당한 사실을 미국은 뒤늦게 깨닫는다. 그 결과 느슨한 형태의 신탁통치안을 현실적인 군사정책으로 전환시켰다. 그렇지 않았다면, 한반도는 '소련 연방 조선 인민공화국'의 단일 정부가 수립되었을 가능성을 배제할 수 없다. 이승만의 '얄타회담 음모론'은 미국의 한반도·한민족의 지정학적 중요성을 경각시키고, 한국 정책의 전환을 가져왔다는 점에서 너무나 중요하다.

이승만은 광복을 맞기 6개월 전 2월 5일까지 미 국무차관 조셉 그루에게 소련의 한반도 정권수립 야욕을 막기 위한 최선의 방법으로 한국의 임시정부를 즉각 추진해야 한다는 전보를 보낼 정도였다. 따라서 얄타회담과 포츠담회담은 발상의 전환에 입각한 획기적인 연구가 필요하다. 소련은 단 6일만의 '전쟁쇼'로 한반도 38°선 이북 땅을 삼켰지만, 한반도·한민족은 분단·한국전쟁·재분단·냉전체제·핵체제에 이르는 비극적 역사가 현재진행형으로 점철되고 있기 때문이다.

포츠담선언과 소련의 한반도 점령은 한반도·한민족에 자유민주주의와 상반된 체제를 건국하여, 대립·충돌·적대·도발 구조를 현상화했다는 점에서 냉전의 시발점임에 분명하다. 한국전쟁은 미·소 간 냉전체제의 공식선언이자 첫 전쟁이다. 2019년 현재, 한국은 핵과 신냉전 체제의 중심지가 되어가고 있다.

2) 미국의 본색,
소련을 의식한 이승만 · 김구 · 임정 환국의 억류

해방직후 주요 독립운동가들은 모두 미국과 중국 해외에 머물고 있었다. 포츠담협약에 의거하여 '연합국 소련'과 마찰을 우려한 미국은 반공·반소의 '통제불능' 이승만과 임시정부와 광복군을 보유한 김구를 경계하여 미군의 한국장악이 이뤄질 때까지 2개월여 동안 이들의 귀국을 허가하지 않았다.

이승만 귀국 2개월, 김구와 임정 개인자격 환국 2개월 17일 공백기 동안에 38°선 이남에는 천지개벽의 기형적 사태가 발생한다. 2개월여 남쪽 해방공간은 공산주의·공산당을 추구하는 좌익계열, 그리고 민족·친일파 세력이 정치조직화에 성공하여 주도권 다툼을 벌이는 한편, 물정 모르는 좌우합작론자 하지 군정사령관과 합력하여 기득권을 확보해가고 있는 상황이 전개되고 있었다.

9월 6일 박헌영·여운형·김규식은 조선인민공화국을 수립하고 11일 조선공산당을 창당하여 전국을 조직화했다. 이에 대응하여 친일파계열 송진우·김성수 등은 9월 16일 한민당을 창당하여 미 군정에 합력하며 조병옥 경무국장, 김성수 등 11명은 미 군정청 고문으로 임명된다.

이승만·김구의 공백기 2개월간 기간은 향후 일어날 좌익의 대구 폭동, 여순 반란, 제주 4·3사태를 태동했다. 동시에 반민특위 해체와 친일세력 청산 실패의 원형적 딜레마를 결정한다. 요약컨대, 2020년 현재 진보와 보수라는 이름으로 현재진행형화 되고 있는 좌익·우익 진영전쟁의 원형은 이 2개월간의 공백기에 출산됐다.

한반도 주변 일본군 35만 명 및 민간인의 안전과 본국환송 문제, 소련 점령지 북한에서의 김일성의 권력 구축 문제와 함께 남한 박헌영 중심 남로당 권력이 조직화에 이르고 있었다. 미군정 하지는 자신의 역량으로 해결할 수 있는 한계선을 넘었다는 사실을 인지했다. 다급해진 하지는 미군정 업무의 원활한 수행을 위해 이승만·김구·김규식을 개인자격으로 귀국시켜야 한다고 보고했다. 남한의 우익세력들도 맥아더와 중경 임시정부의 조속한 환국, 즉 임시정부 한국이전을 요청했다. 귀국이 지연되는 이승만·김구는 속이 타들어갔다.

결국 맥아더 사령관의 건의하에 미 행정부는 이승만과 김구의 귀국을 허가한다. 개인자격이었다. 맥아더는 평소 크리스천이며 반공·자유민주주의자인 이승만을 자신의 전용기에 태워 김포공항에 내리게 한다. 귀국한 이승만은 하지를 만나 김구의 귀국 필요성을 역설했다. 하지는 11월 2일 참모회의에서 "김구는 고깃국의 간을 맞추는 소금에 불과하다"며 개인자격 입국을 허가했다. 11월 19일

이런 사실을 모르는 대한민국 주석 백범 김구는 중국 주둔 미군 사령관 웨더마이어 중장에게 '개인자격이라도 귀국을 허락해주셔서 고맙고 미군정에 협력하겠다'라는 요지의 굴욕의 편지를 쓴다.

11월 23일 김구는 미군정이 내준 수송기를 타고 환국한다. 환국한 김구는 이승만의 소개로 하지를 만난다. 이승만과 김구의 귀국과 함께 그들은 박헌영이 제안한 조선인민공화국의 주석직과 내부 부장직을 거부했다. 여기에 미군정의 인공 불인정방침과 명령으로 인하여 인공과 조선공산당은 공신력에 일대 타격을 입게 된다. 그렇다면, 불과 2개월 동안의 공백기에 어떻게 조선인민공화국과 조선공산당(후에 남로당)과 친일·한민당은 세력기반을 조직화할 수 있었을까라는 의문이 남게 된다.

3) 기형아:
박헌영·여운형의 인공, 송진우·김성수의 한민당 출산

우리는 현미경렌즈를 조절하여 냉엄하게 1945년 8월 15일부터 9월 8일 미군의 한국 진주까지 23일간의 시간양상을 들여다봐야 한다. 23일간은 **'무정부상태의 분단·해방공간'**이었다. 무정부상태는 숨죽인 채 태동하는 기형적 사회생명체들이 탄생할 수 있는 절호의 기회를 제공했다. 23일간의 무정부 해방공간에서 출산된 영웅은 건준·조선인민공화국의 여운형과 박헌영이었다. 특히 여운형·박헌영의 신속한 움직임은 북한에 진주한 소련의 북한 권력장악 프로그래스와 로드맵을 비월했다.

"장차, 조선인민공화국의 초대 주석은 이승만 박사를 모시고, 초대 내무부장(국무총리격)은 김구 선생을 모실 예정이다."

　해방직후 탄생한 좌익·건준·조선인민공화국의 정체성에 대한 박헌영·여운형의 설명이다. 해방의 감격으로 판단력이 없는 민중들은 이승만과 김구를 내세운 인공을 나침판으로 여기며 환영할 수밖에 없다. 위기감을 느낀 우익·온건·친일파는 한민당을 조직, 행정역량을 발휘하여 미군정과 결합에 성공함으로써 생존 출구전략을 신속히 마련한다. 실례로 김구의 귀국 뒤에 주거 및 집무실로 사용한 경교장은 친일자본가 최창학이 자신의 생존전략 차원에서 무상임대를 자청한 셈이었고, 춘원 이광수의 백범일지 대필 또한 같은 맥락으로 해석된다.

　미국이 이승만을 억류하고, 김구와 임정의 환국을 억지함으로서 형성된 남한 지역 '23일간 무정부상태'는 공산당의 출산과 친일파의 출구전략이 마련된 천금 같은 기회의 시공간이었다. 살아난 그들은 역사적으로 영생불사체로 입증되었다.

　그 결정적 책임은 미국·미군정·하지에게 있다. 승전에 도취한 미국조야의 새로운 관심은 온통 일본민·일본군의 안전한 본국환송 처리에 집중되었다. 경험 미숙의 한반도 군정사령관 하지 중장은 결정적인 판단착오를 범했다. 뒤늦게 환국한 이승만·김구로서는 자신들도 모르게 결정된 불가항력적 도전의 풍파를 맞게 된다. 친일파세력은 미군정의 주요 합력자로 구조화되어 처단에 제한이 걸린 상태였고, 전국적으로 조직화된 공산당세력은 38°선 이북과 연결되어 있었다. 결국 '23일간의 무정부상태'는 2개월여의 공백기로 이어지고, 그 공백기는 공산당·친일파의 미군정 참여, 정부수립, 그리고 한국전쟁으로 이어진다는 점에 그 심각성이 더해진다.

필자가 제시하는 23일간의 한반도 38°선 이남의 무정부상태를 현미경으로 들여다보면, 세칭 반민특위의 좌절과 친일파 논쟁을 두고 해괴망측한 소모전을 벌이는 2020년 현재 극좌파·극우파의 곡학아세 학풍과 허무맹랑한 정치적 논쟁은 바로 인공·공산당과 군정·친일파 자신들의 얼굴이다.

후술하겠지만 이승만과 김구의 초기 노선은 크게 다르지 않았다. 두 사람이 이승만은 반공민족 자유민주주의이고, 김구는 통합민족 자유민주주의이다. 이승만은 현실주의에 입각하여 건국에 성공했고, 김구는 이상주의에 입각하여 현실정치에서 실패했을 따름이다.

2. 이승만이 격퇴·역전시킨
좌우 합작론과 소련·스탈린의 음모:
모스크바 3상회의 결정을 유엔 승인으로 변경

1) 이승만 대 스탈린,
모스크바 3상회의와 남쪽의 내란 예고

1945년 12월 27일(한국시간), 소련의 모스크바에서 열린 미·영·소 3국 외상회의 결과가 발표되었다. 한국 부문 합의결과는 "(5년 내에) 한국을 독립시키되, 신탁통치로 지원하며, 구체적기구로는 미·소공동위원회를 설치하여 협의한다"고 합의했다.

〈모스크바 3상회의 요지〉

① Korea(한국)를 민주주의적 원칙하에 독립국가로 재건설하기 위해 한국 임시 민주주의 정부를 수립한다.(미국 측 제안 수용)

② Korea 임시정부를 위해 남북 공동위원회를 설치한다. 정당 및 사회단체와 협의한다. 최종한은 미·영·소·중 정부의 견해를 참작한다.(소련의 요구 수용)

③ Korea 독립국가 수립을 돕고 협력하기 위한 공동위의 제안은

최고 5년 기간 4개국 신탁통치 협약을 작성하는 데 대해 미·영·소·중 정부와 공동으로 참작한다.(카이로·얄타·포츠담선언 확인)

④ 구체적 계획의 이행을 위해 2주 이내에 미소 공동위원회 회의가 소집된다.(미·소 38°선 남북 진주 협약 연장선)

회담주체는 미국 번스(James F. Byrnes) 국무장관, 소련 몰로토프(Vyacheslav Molotov) 외무장관, 영국 베빈(Ernest Bevin) 외무장관이었고, 한국문제는 7개 의제 중 하나에 불과했다. 일견 카이로·얄타·포츠담 선언·미소38°선 남북 점령에서 새로운 내용이 없어 보이는 합의 결과이다.

그러나 '신탁'(trusteeship of Korea)이라는 단어 하나가 남한을 뒤흔든다. 정확히 말하자면, 5개 임시권력집단의 노선과 이해관계에 따라 해석의 격차가 너무 크기 때문이었다. 결국 제4항에 따라 소집된 미소공동위원회는 한반도 분단을 사실상 기정사실화·제도화하는 시간에 해당한다.

2) 대한민국 건국을 가로막은 좌우합작론 4대 세력: 하지·미군정, 박헌영·여운형 남로당, 미·소공동위, 김구와 한독당

신탁통치론은 한국 남남갈등의 숙명적 기원이다. 소련·스탈린·공산당·김일성·박헌영은 처음부터 찬성했고, 민족주의계열은 반대하였다가, 뒤에 이승만의 '선거 가능한 지역을 전제로' 단독정부

수립론으로 귀결된다. 또 찬탁·반탁론은 좌우합작론과 자유민주주의 체제 단독정부 수립론으로 갈라진다.

이에 대한 분석은 ① '한국의 즉각적인 독립'을 반대하여 소련이 '신탁통치안'을 제시했다는 UPI통신을 합동으로 전한 동아일보의 오보에 따라 국론이 분열되었다는 지적. ② 모스크바 3상회의를 지켰다면 한반도·한민족의 독립이 가능했다는 분석. ③ 합의안이 너무나 느슨하여 어차피 이행가능성이 높지 않았다는 분석 등으로 나뉜다.

그러나 이 같은 분석은 두 가지 핵심적인 관점을 결여하고 있다. 첫째, 당시 남한 권력집단의 독립노선과 이해관계에 대한 숙고가 없다. 둘째, 이북을 점령하고 분단 상태에서 김일성 공산주의 체제를 순조롭게 구축 중인 소련·스탈린·김일성·공산당의 의도를 포함하지 않고 있다. 남한 5개 권력집단의 노선과 이해관계는 구조와 맥락이 뒤섞이고 뒤얽혀있다.

① 미·소 간 국제협약 이행구조를 우선시하는 미군정·하지의 입장은 좌우합작 자유민주주의 노선이다. 이후 전개되는 미·소공동위원회의 입장은 좌우합작이라는 동일경로가 획정되어 있다.

② 김구의 임시정부·한국독립당은 좌우합작 민족 자주 자유민주주의 노선이다.(2회 변동)

③ 박헌영·여운형의 남로당은 (좌우합작) 공산주의·공산당 민주주의 노선이다.(1회 변동)

④ 이승만의 독립촉성회는 반공·단정·자유민주주의 노선이다.(불변)

⑤ 송진우·김성수·장덕수의 한민당은 반공·단정·자유민주주의 노선이다.(불변)

이들 5개 집단의 독립국가 건국노선은 모두 잠정적으로는 38°선 이북을 포함하고 있다. 그러나 남한은 이미 현실적인 추진동력을 상실했고, 오직 미·소의 협상에 달려 있다. 따라서 모스크바 3상협약의 북한 지역 이행을 위한 결정권은 소련·김일성에게 이미 넘어간 상황이다. 분단 이북은 이미 소련·스탈린·공산주의 체제가 이식된 김일성 체제가 상수화 되고 있었다. 북한은 소비에트 소련 위성국가이고, 김일성은 '꼬마 스탈린'에 다름 아니었다. 북한 김일성의 1946년 1월 1일 신년사는 "미·소 후견국가들의 5년간의 신탁통치가 결정되었으며, 결국에는 우리민족이 하기에 따라 결정된다"고 말해 이를 뒷받침한다.

조망과 압축을 병행하여 들여다보아야 한다. 국제정치적 맥(脈, streamings)에서 볼 때, 전후 미·소 국제협약에 의해 북한 땅은 이미 소련의 붉은 군홧발에 점령되었다. 그러나 중립노선을 견지하는 '어리석은' 미국은 국제협약을 존중하며, 소련을 아직 전쟁동맹으로 대우하고 있다. 국내정치적 락(絡, accident)에서 볼 때, 한반도·한민족·독립국가론은 분단된 남한 내부만의 반쪽의 건국 논쟁으로 축소·변질되었다.

3) 이승만 승부수,
'미국, 한국독립을 유엔(UN)으로 이관하라'

이승만은 이 모든 인과관계의 종말을 꿰뚫어보며 건국의 길에 천착했다. 미·소 공위는 공전했다. 시간이 흐를수록 북한의 소련·김일성 체제는 공고해지고, 남한의 분열상은 가중된다. 더욱이 좌우 합작론은 군정·미소공동위·공산당, 나아가 중도노선의 한독당까지 포괄하는 양상을 띠었다. 독립촉성회와 한민당 계열은 열세로 전환되었다.

1946년 9월 10일, 절박한 상황에 처한 이승만은 임영신 등을 미국에 파견하여 한국독립문제는 미·소공위가 아닌 유엔(UN)소관으로 넘겨야 한다고 주장했다. 미국 조야를 경각시킨 코페르니쿠스적 발상이었다. 그 요지는 "소련은 결코 북한을 포기하지 않는다. 소련은 한국의 통일정부 수립을 원하지 않는 것이 확실하다. 신탁통치는 의미가 없다. 선거가 가능한 남한만의 과도 독립정부 수립이 필요하다. 그렇지 않으면 남한 공산화는 시간문제다"라고 주장했다.

이승만(72세)은 미·소 공동위 전개과정을 관찰하며 장차 도래할 강대국 미·소 간 냉전을 면밀하게 읽어냈다. 그리고 중립국 노선을 지향하는 미국이 어려움을 겪고 있는 미·소 간 협약(카이로, 얄타, 포츠담, 38°선 분할점령)의 틀에서 벗어날 수 있는 묘수를 제시했다.

'한국문제의 유엔이관'은 대의명분이 확실했고, 미국의 외교적 실익이 명확히 보였다. 임영신의 사전 정지작업이 어느 정도 이뤄지자 12월 2일 이승만은 직접 미국으로 건너간다. 미국을 향해 운명을 건 최후의 승부수를 던졌다.

1947년 4월 13일, 4개월여에 걸친 미국로비를 마치고 귀국길에 오를 때까지만 해도 가시적인 성과는 나타나지 않았다. 이승만은 돌아오는 길에 대만의 장제스 총통과 회담을 갖고 반공 연대노선을 과시했다. 5월 24일 국내 우익 59개 단체는 이승만의 신탁통치 반대입장을 지지하는 성명을 발표했다. 급기야 7월 3일 하지 중장이 좌우합작을 강요하자 미군정 협조포기를 선언하고, 가택연금을 선택했다.

1947년 9월 16일, 소련의 속내를 파악한 미국은 트루먼 독트린에 의거하여 한국 독립문제의 해결 노선을 전환한다. 9월 17일 미국 마샬 국무장관은 소련 몰로토프 외상에게 한국문제를 UN에서 토의하자고 제안한다. 그리고 23일 제2회 유엔총회는 미국이 제안한 한국문제 토의 안건을 채택한다. 이승만의 주장이 채택되었다.

소련 유엔대표는 26일 한국문제는 종래 미·소 공동위에서 토의하고, 1948년 초 미·소 군대가 한반도에서 동시에 철군할 것을 제안한다. 그러나 10월 18일 미 수석대표 브라운 소장은 미소공위의 휴회를 제안했다. 이로써 미·소 공위는 붕괴되었다.

1947년 10월 21일, 소련 서울 영사관은 이승만에게 이를 갈며 '황급히' 평양으로 철수한다. 소련대표단의 '황급한 철수'는 가까운 날에 닥칠 유엔감시단의 북한 입국을 저지할 명분을 만들 필요성 때문이다. 11월 14일 유엔총회에서 유엔 감시하의 한반도 자유선거 실시를 가결한다. 이승만의 승부수가 한반도·한민족의 운명을 결정하는 미·소 간 외교협상을 미국 중심으로 역전시킨 결과이다. 이후, 38°선 이남지역은 자유민주주의 선거에 의한 건국의 길을 걸어간다. 건국 주도권은 이승만에게 쥐어졌다. 유엔은 선거·건국과정, 그리고 유엔 승인 한반도 유일한 독립국가로 건국되는 과정을 모두 관리·감독한다.

3. 박헌영의 전쟁:
공산주의·공산당 내전 극복과정

1) 9월 총파업과 10·1 대구항쟁사태

1946년 5월 15일, 미 군정청은 조선 정판사 위조지폐사건의 진상을 발표했다. 군정청은 '공산당 활동의 불법화', '당 기관지 해방일보 폐간'을 결정하고, 정판사 사장 박낙종, 조선은행 직원이자 조선공산당 재정부장이었던 이관술을 체포하고, 박헌영·이강국 등 공산당 간부들에 대한 대대적인 체포령을 내렸다.

정판사 사건은 미 군정청과 조선공산당이 적대적 관계로 전환되는 변곡점이었다. 미 군정청은 38°선을 폐쇄하고 누구도 북으로 가지 못하게 했고, 서울주재 소련 총영사관을 폐쇄시켰다. 다만, 소련과 협의를 전제로 한 남한 좌우합작 연립정부 수립 원칙은 변경하지 않았다. 중도좌익 여운형·김원봉 계열과는 달리, 박헌영계 공산당은 이때부터 더욱 급진적인 성향을 노출하게 된다.

반공검사 오제도에 의해 색출된 조선 정판사 위폐사건은 이주하, 김삼룡을 체포하는 등 조선공산당조직을 뿌리째 뽑아나갔다.

박헌영·이강국은 경기도 포천을 통해 상여행렬의 관 속 시체로 위장하여 월북한다. 일망타진에서 살아남은 산하조직들은 전국 각처로 흩어져, 지하에 잠복하여 폭력혁명의 순간을 벼른다.

폭동과 내란은 UN의 남한 단독정부 수립을 위한 선거부터 건국기까지 다양한 형태로 발발했다. 1947년 9월 총파업과 10·1 사태, 1948년 2·7 폭동, 5·10 총선반대투쟁, 여순 반란사건, 제주 4·3 공산폭동 및 양민학살 등 무장폭력투쟁을 전개한다. 한국전쟁 이후 지리산 빨치산 토벌 뒤에야 사라진다.

1946년 7월 초에 박헌영은 김일성과 함께 소련의 모스크바로 가서 스탈린을 만나 남한정세를 보고했다. 스탈린은 "어려운 여건 속에서 분투하는 그대의 혁명투쟁을 높이 평가한다"는 격려를 받는다. 그러나 김일성이 스탈린에 의해 사실상 북한의 지도자로 낙점받는다. 박헌영은 모스크바에서 돌아오는 길에 북한에서 김일성과 회담하고 7월 22일 귀경한다. 7월 27일 여운형·김원봉의 반대에도 좌우합작을 발표한다. 8월 남한의 공산세력(박헌영·여운형·김원봉)은 조선공산당에 합당된다.

9월 4일 미군정은 박헌영에 대한 체포령을 내렸다. 이후 박헌영은 테러와 암살위협에 시달렸고, 미군정청에 쫓겨 38°선 이북과 이남을 넘나들고, 미군정의 추격을 피해 각지에 은신하며 거처를 옮긴다. 박헌영은 특히 기독교를 제국주의의 첨병이자 착취 수단, 세뇌 수단으로 규정하여 기독교인들의 표적이 되기도 한다. 정판사 사건에 따른 박헌영의 월북은 근거지와 조직 장악력이 무너졌다는 지점에서 김일성에게 완전히 주도권을 내주는 결과를 낳았다.

1946년 9월, 조선공산당과 조선노동조합전국평의회(이하 전평)는 총파업을 주도한다. 부산지역 철도·운송노동자 파업을 시작으로 전국으로 번져나갔다. 10월 1일 박헌영은 경성의 메이데이 행사에 참석하여 축사를 낭독했다. 박헌영의 축사는 전국 각 지역 메이데이 행사에서 낭독되고, 행사는 미군정에 대한 항거로 전환된다. 공산당과 전평은 본격적으로 미군정과 정면충돌했다. 미군정은 경찰과 반공청년단체를 투입하여 파업을 진압하려 했다.

그런데 9월 23일부터 총파업에 돌입한 대구에서 의외의 사태가 발생한다. 10월 1일 대구 시위 도중 경찰의 발포로 황말용·김종태라는 노동자가 총에 맞아 사망하는 사건이 발생했다. 시위는 경찰과 노동자 간의 물리적 충돌양상으로 진행되었다. 사태가 심각해지자 박헌영은 불필요하게 미군정을 자극해서는 안 된다며 무력시위 중단을 촉구했지만 사태는 걷잡을 수 없이 확산되었고, 물리적인 폭력사태로 진행되었다. 박헌영은 즉시 서울시를 떠나 피신한다.

10월 2일, 미군정은 오후 7시 대구지역에 계엄령을 선포하고 미군을 동원함으로써 표면적으로는 질서가 회복되는 듯했다. 그러나 항쟁은 10월 3일부터는 대구·경북 전역으로 전개되고 전국적으로 확대되면서 1946년 말까지 계속되었다. 경북, 영천에서만 1,200여 호의 가옥이 전소, 파괴되었고 사망 40명, 중상자 43명, 피해액 10억여 원의 피해를 입었다. 선산에서는 독립운동가 출신 박상희(박정희의 셋째 형)의 주동으로 지역이 완전히 시위대에게 장악되었다. 박상희는 시위 도중 총격에 피살되었다.

경남지역에서 일어난 저항의 들불은 충청도로 옮겨 붙은 뒤 경기도와 황해도 지방으로 옮겨갔다. 마침내 서울에서도 시위가 발생했다. 10월 3일부터 11월 2일까지 계속됐다. 경찰의 집단발포가 있었고, 서울에서는 폭탄이 터지기도 했고, 시민이 피살되기도 했다. 황해도 연백, 장단, 강원도의 강릉과 묵호, 횡성, 평창에서 봉기했다. 10월이 끝나갈 때 즈음 전남의 항쟁의 불길이 일어났다. 전북은 남원과 순창에서만 작은 규모의 항쟁이 발생했다.

전국적인 10월 민중항쟁은 당시 경찰력으론 진압할 수 없었다. 따라서 각 지역에서 미군과 남조선국방경비대를 비롯하여 한민당 세력, 민족청년단, 서북청년회, 백의사, 족청 등 반공주의 우파 단체들이 진압에 가세했다.

9월 총파업, 10·1항쟁의 정확한 규모와 피해상황은 기록 미비로 집계·추산되지 못했다. 다만, 대구·경북지역에서만 사망자가 공무원 63명, 일반인 73명으로 총 136명인 것으로 발표되었다. 박헌영은 이 사건을 '10월 인민항쟁'으로 부르며, '동학농민운동, 3·1운동과 함께 조선의 3대 위대한 인민항쟁'이라 평가했다. 공식적으로는 전면에 나서지는 않았지만, 불씨는 박헌영과 조선노동당이 질러놓고 지역각처에서는 공산당원들이 불길을 확대시켰다. 우익 쪽에서는 박헌영 일파의 모략선동에 기인한 것이라고 일제히 비난했다. 좌익 내부에서도 비판이 쏟아졌다. 조선공산당을 제외한 좌익계열 9개 정당 대표들(정백과 이영)은 '박헌영의 공산당이 벌인 모험주의'라며 격렬히 비난했다. 1946년 10월 24일 덕수궁 한미공동회담에 참석한 수도경찰청 수도국장 최능진은 "대구폭동은 공산주의자들의 책동에 의한 불행한 사건이다. 그러나 그 원인은 우리 경찰 내부에도 있다. 국립경찰은 친일경찰과 부패 경찰관들의 피난처가 되었다"고 말했다.

그로부터 64년이 지난, 2010년 3월 대한민국 진실화해위원회는 '대구 10월사건 관련 진실규명결정서'에서 해당 사건을 "식량난이 심각한 상태에서 미군정이 친일관리를 고용하고 토지개혁을 지연하며 식량 공출 정책을 강압적으로 시행하자 불만을 가진 민간인과 일부 좌익 세력이 경찰과 행정 당국에 맞서 발생한 사건"으로 규정했다.

9월 총파업과 10·1민중항쟁을 정리·소개한 이유는 두 가지 숨은 행위자(hidden actor)를 찾아야 하기 때문이다.

첫째, '23일간의 무정부상태'에서 살아남은 핵심적 두 부류 세력들이 그 원인이고 주체 행위자라는 점이다. 일제의 주류세력이었던 지주, 자본가, 기업인, 지식인층 등 친일파 세력은 군정청과 결합할 수 있는 언어소통역량과 행정경험을 보유하고 있었다. 그들이 일제 경찰에서 국민 경찰로 옷을 바꿔 입었을 뿐이다. 최능진 수도국장의 고백이 입증한다.

둘째, 건준·인공을 만든 장본인 박헌영계 공산당 조직들이 당시 억압과 착취, 배고픔과 질병에 시달리는 민중의 가슴에 불을 집어넣고, 책임은 지지 않았다는 점이다. 중도 좌익계열 정백·이영은 '박헌영의 공산당이 벌인 모험주의'라고 규정했다.

셋째, 구한말 대원군과 민비, 그리고 수구파와 개화파의 권력투쟁에서 극단적·급진적 성격을 지닌 도전은 모두 실패했다는 점이다. 갑신정변, 갑오경장, 민비 시해, 대원군의 몰락은 모두 양쪽의 급진성과 극단성에서 초래되었다.

2) 1948년 2·7폭동: 이승만·김구의 정치적 결별

1947년 10월 17일, 미국은 한반도 정부수립문제를 유엔에 제출했다.

① 유엔참관 아래 선거를 실시하고, ② 선거 결과를 토대로 남북을 아우르는 전국적인 의회를 구성하며, ③ 그 의회가 마련한 법과 절차에 따라 전국적인 정부를 세우고, ④ 한국정부의 군대가 조직된 후에 미·소양군은 철수한다. 한편 미국안에 반대하는 소련안은 우선 군대부터 철수하고 그 다음에 정부를 수립하자는 것이었다.

1948년 11월 14일, 유엔총회는 미국안을 통과시키고, 유엔한국임시위원단(UN Temporary Commission on Korea)을 구성했다. 이승만과 김구는 쾌히 찬성하고 김구의 국민의회와 이승만의 민족대표자회의를 통합시켰다. 김규식 등 중도파는 유엔총회 결정에 조심스런 입장을 드러냈다. 좌익은 유엔의 결정, 한국독립당과 한국민주당을 맹렬히 반대했다. 그런데 한민당 장덕수 암살사건이 발생했다. 한민당과 한독당의 관계는 절단 나고, 이승만·김구의 통합 민족대표자대회의 계획도 무산됐다. 이승만과 김구는 완전히 결별했다.

1948년 1월 8일, 한국의 선거를 돕기 위한 유엔한국임시위원단이 서울에 도착했다. 위원단은 남북한 총선거를 통해 통일정부가 세워져야 한다고 강조했다. 그러나 소련·김일성은 유엔한국위원단의 북한 방문을 반대하여, 유엔 임시총회는 이승만 등 우익계열의 선거 가능한 남한만의 선거를 주장하는 안을 통과시켰다. 1948년 3월 1일 유엔은 남한에서 5월 10일 선거를 실시하겠다고 발표했고, 3월 17일 미 군정청은 국회의원선거법을 공표했다. 1948년

2월 7일, 총선 일정이 확정되자 남로당과 민주주의 민족전선은 전국적인 대규모 파업을 일으키고, 경찰과 물리적 충돌이 발생했다.

2월 9일, 김구는 성명서 〈삼천만 동포에게 읍고함〉를 3일에 걸쳐 신문상에 게재했다. 김구는 성명서에서 거명하지는 않았으나 (이승만을) 일진회의 선구자로 비유하며 "유엔대표단이 왔으나 소련과 미국이 합의를 보지 못하여 남한만의 선거를 통한 정부를 수립한다는 것은 인정할 수 없다. 따라서 남북 제 정당 연석회의를 통하여 '우리 민족끼리' 통일정부 수립을 위한 회의를 3천만 동포에게 제안한다"고 주장한다.

요컨대, 그 골자는 '미국·이승만·한민당의 단독 정부수립을 반대하고, 그 대안으로 우리끼리 우리의 운명을 결정하는·남북회담'을 제안하는 글이었다. 김구는 이승만을 거명하지는 않았으나 (이승만을) '일진회의 선구자'로 비유하기도 했다. 김구로선 최후의 정치적 승부수를 던졌다. 김구는 실제로 남북대표자 연석회의에 도착하여, "우리끼리 단결하여 우리의 독립문제를 완성하자"는 요지의 성명서를 발표한다. 남북대화 시에 북한의 단골메뉴로 쓰이는 수사인 '우리 민족끼리'라는 용어의 기원은 김구에서 비롯된다.

1946년 9월 총파업, 대구 10·1시민항거가 남로당의 계획과 민중들의 불만이 반반 결합되어 발생했다면, 2·7 총파업은 남로당의 철저하게 계획된 폭동이었다. 남로당은 정판사 사건 이후 미군정으로부터 불법화되고 지하로 잠복한 상태였다.

남로당의 단선반대 구국투쟁위원회가 지휘한 노동자 파업을 중심으로, 전기 노동자들이 송전을 중단하고 철도 노동자들은 철도

운행을 중지하며, 통신 노동자들은 통신 설비를 파괴하는 방식을 통해 미군정을 압박하며 이루어졌다. 이에 호응한 농민들의 가두시위와 학생들의 동맹휴학이 더해졌다.

경상남도 부산은 부두 노동자들과 선원들의 파업으로 부산 일대의 해상교통이 일제히 마비되는가 하면 전차 운행도 중지되고 4,500여 명의 학생들이 시위에 나섰다. 밀양, 합천 등지로 확산되며 전국적인 충돌이 일어나면서 2월 20일까지 2주 동안 진행되었다. 약 전체 참가 인원은 약 200만 명이며, 이 과정에서 사망한 사람은 100여 명, 투옥된 사람은 8,500명 정도로 추산된다.

2·7파업, 폭동은 남로당계열이 일으킨 계획되고 준비된 폭동이다. '단선단정 반대'라는 구호와 함께 전국적인 규모에서 조직적으로 동시다발적으로 일어날 수 있었다. 2·7폭동은 결국 제주 4·3사태, 여순 반란군사태라는 무장 봉기로 이어졌다. 2·7파업, 폭동이 주는 시사점은 크다.

첫째, 이승만과 김구가 정치적으로 완전히 갈라섰다. 이승만은 한국독립 문제를 미소공위에서 UN으로 옮겨 미국의 정책노선을 선회시키는 데 성공했다. 남한 정부수립의 주도권은 이승만에게 집중되었고 처음에는 김구도 찬성했다. 한민당 김성수·장덕수 등도 이승만과 연대했다. 그러나 장덕수 암살 이후부터 문제다. 우남은 장덕수의 죽음과 백범의 무관함을 변호하여 주지 않았다. 백범은 우남에게 도움을 요청했으나 우남은 들어주지 않았고, 백범은 법정에 증인자격으로 출두하는 수모를 겪어야 했다. 이후 백범의 입장은 단정단선 반대로 180° 돌아선다.

둘째, 남로당이 철저하게 책동한 2·7파업, 폭동 이틀 뒤에 김구의 〈3천만 동포에게 읍소함〉이라는 성명서가 발표되고, 그 목표는 김일성을 향해 "우리(민족)끼리 통일국가 수립을 위한 선거문제를 해결하자"는 남북 제정당 연석회의의 제안이었다. 현재의 출발점은 남로당의 파업·폭동을 징검다리 삼아 김일성과의 회담이라는 미래시간을 지향하고 있다. 2·7파업, 폭동은 김구와 김일성 만남의 접점 역할을 했다.

셋째, 김구가 주도한 중경 임시정부노선은 좌·우 합작 정부였다. 2·7파업·폭동이 4·3제주 폭동사태의 마중물이라는 점에 그 심각성이 더한다. 한 국가, 한 헌법체계 속에서 자유민주주의와 공산주의는 통합·양립할 수 없다. 공산주의의 변증법적 발전이란 허구에 불과하다.

공산당은 민주주의(개혁·진보)를 위장하는 기만술을 부린다. 항일 독립투쟁기에는 좌우합작이 가능하지만, 독립정부 건국에는 자유민주주의와 공산주의가 합작·공생할 수 없다. 중국의 국공합작, 미국과 소련, 북한에서도 조만식·조선민주당과 김일성·북노당이 입증했다. 동유럽의 수많은 나라들이 좌우합작을 통해 공산화의 길을 걸어갔다.

민족주의자 김구는 이 지점에서 요동한다.[2] 그리고 남북연석회의에 이르기까지 참석하게 된다. 당시 이철승 대학생대표 등 반대하는 축도 많았다. 그러나 그 길을 선택했고 결과적으로 소련·김일성의 시나리오에 기만당하고 만다. 남북연석회의는 72세의 독립운동

---

2. 최근 문재인 대통령의 외교와 대북한노선을 볼 때, 이와 유사하다. 요동한다.

의 살아있는 역사의 어깨에 35세의 꼬마 스탈린을 앉히고 '스탈린 동지 만세, 김일성 동지 만세'를 외치는 선전의 장이 되고 말았다.

김구의 월북소식을 들은 이승만은 "소련 공산당에게 기만당하는 행위'라고 지적했다. 결국 이승만이 옳았다. 함께 월북한 인사 300 명중 70여 명이나 소련·북한·김일성에게 남고 돌아오지 않았다. 그리고 그들은 한국전쟁의 주요 행위자로 활약한다. 그들의 정체성은 우리에게는 '불구대천(= 동족학살)의 전범들'이다. 그 가운데 대표적인 인사가 김원봉과 홍명희다.

3) 남로당·김달삼 작품:
제주 4·3공산폭동, 양민희생사태[3]:
1948년 4월 3일-1954년 9월 21일

① 김대중은 '공산폭동 양민희생', 노무현은 '민중봉기'
정의가 너무 다르네?

1043년 2월 7일, 제주도 남로당원들은 유엔임시한국위원단의 활동 반대투쟁을 벌이고, 이후 2·7 연장선상에서 남한정부 반대를 위한 시위를 고조시켜 나갔다.

1948년 4월 3일, 남로당 공산당간부와 김달삼 외 주력군 400여 명과 1,000여 명의 동지들이 5·10 선거를 반대하기 위해 무장을 하고 일어섰다. 4월 3일 새벽 2시 제주도 내 12개 경찰지서를

---

3. 제주 4·3 사건(濟州四三事件)은 1948년 4월 3일부터 1954년 9월 21일까지 전개. 「제주 4·3사건 진상규명 및 희생자 명예회복에 관한 특별법」에 규정.

기습공격하여 고일수 순경의 목을 쳐 죽이고, 김장하 부부를 대창으로 찔러 죽인 다음, 선우중태 순경을 총살하는 등 폭동을 일으켰다. 폭도들은 선거관리위원들과 우익인사들을 닥치는 대로 죽이고 제주도 3개 선거구 중에서 2개 선거구를 폭력으로 무효화시켰다. 1954년 9월 21일까지 무려 11년간 전개됐다.

피해자는 2017년 10월 집계, 사망 1만 244명, 행방불명 3천 576명, 후유장애 164명, 수형자 248명 등 1만 4천 232명이다. 남로당 무장대에 의해 살해된 군경과 우익인사 등 민간인은 모두 1천 756명으로 집계되고 있다.[4]

제주 4·3사태와 관련하여 여러 가지 규정이 존재한다. 4·3폭동(우파), 제주 민중봉기(노무현 좌파), 제주 4·3사건(언론)으로 대별된다. 이와 관련 연구와 법제화까지 되어 있기 때문에 필자는 쟁점과 필자가 전하고 싶은 메시지만 기록하기로 한다.

자문1: 공산폭동인가(= 우파), 민중봉기인가(= 노무현 좌파).
자답1: 제주 4·3사태는 '제주 4·3공산폭동·양민희생' 사태이다.
자문2: 김대중과 노무현의 제주 4·3사태에 대한 규정은 왜 다른가.
자답2: 김대중을 좌파로 규정한다면, "김대중은 중도좌파, 노무현은 극진좌파"

---

4. 조영환 편집인/올인 코리아 ,뉴데일리, 제주 4·3사태, 민중봉기 아닌 공산폭동 "김대중 대통령도 공산폭동 인정했다"

우파(보수)는 전통적으로 제주 4·3사건은 대한민국의 건국을 저지하기 위해 남로당 제주도당 좌익 무장대가 북과 연계된 중앙당의 지령을 받아 일으킨 '공산폭동'으로 규정한다. 노무현은 남로당 제주도당의 자발적이고 단독적인 '민중봉기'로 규정한다. 자칫 미군정 소속인 국군은 학살주범, 김일성의 교시를 받은 공산폭도는 희생자로 해석될 여지가 있다.

따라서 진압과정에서 희생된 양민들을 주요행위자(actor)로 보고, '민중봉기', '인민봉기', '민중항쟁'을 붙이면 국군은 양민학살의 주체가 된다. 반대로, 공산폭도에 초점을 맞추면 공산당의 야만적 행위에 의한 양민들의 희생으로 규정된다.

따라서 필자는 분단과 해방의 시공간 23일간의 무정부상태 ⇒ 박헌영·여운형 공산당의 출산 ⇒ 정판사 사건 ⇒ 9월 총파업 ⇒ 대구 10·1 폭동 ⇒ 2·7폭동 ⇒ (여순 군 반란사태)을 지루하게 연결시켜오고 있다. 제주항쟁의 정체성을 어떻게 규정하느냐에 따라, 그 이념적 성격을 파악할 수 있다.

② 북한 김일성의 입장: 인민봉기, '반미-반파쇼 구국항쟁'

북한은 '미제를 축출하고 통일중앙정부 수립하라'는 김일성의 교시와 호소를 받들어 제주인민이 일으킨 '인민봉기'이며 '반미-반파쇼 구국항쟁'이라고 문헌에 기술하고 있다.

"제주도 인민봉기는 주체의 기치 따라 유격투쟁과 기타 각종 형태의 투쟁이 결합된 새로운 특징을 지닌 반미 구국투쟁이었으며, 전체 도민 30만 명 중 24만 명이 궐기한 대중적이고 전인민적인 항쟁이었

다. 제주도 인민들은 조국의 통일독립과 자유와 민주주의를 위해 자기 희생성과 대중적 영웅주의를 유감없이 발휘하였다."(김일성 저작집 4권, p. 376)

제주 4·3사태 주모자 김달삼은 박헌영의 남로당 제주도당 군사부 총책이자 제주 인민유격대사령관이다. 박헌영은 1946년 5월 남로당의 '조선정판사위폐사건'으로 미군정의 지명수배를 받게 되자 그해 9월 북으로 도주한 뒤에도 서한 등을 통해 계속 남측의 남로당에 지령을 내리고 투쟁을 독려했다.

김달삼은 이후 김일성, 박헌영, 홍명희, 허헌 등과 함께 49명으로 된 조선민주주의인민공화국 헌법위원회 위원으로 선임돼 9월 9일 선포된 조선민주주의인민공화국 창설에 기여했다. 김달삼은 제주 4·3폭동에 대한 공로로 1949년 1월 8일 수상이던 김일성으로부터 국기훈장 2급을 받았다. 한국전쟁 직전 빨치산부대를 이끌고 미리 남침했다. 1950년 3월 강원도 정선군 여량면 봉정리 인근 정선지역전투에서 잡혀 목이 잘렸다. 김달삼은 사후 평양 근교 신미리의 애국열사릉에 '가묘'로 안장됐고, 이러한 사실은 2000년 3월 평양을 방문한 우근민 당시 제주지사에 의해 확인된 바 있다.

③ 노무현 정부: 제주 4·3사태는 '제주도 민중봉기'

노무현 정부는 제주시 봉개동 12만 평 부지에 제주4·3평화공원을 건립했다. 국민혈세 592억 원이 들었다. 이승만 전 대통령과 국군을 학살자로 표현되고 있다. 노무현의 민중봉기와 김일성의 인민봉기는 사실상 같은 의미다.

④ 유족들과 김대중의 입장

4·3 사건을 경험한 유족들의 회고:

"좌익도 우익도 자기 마음에 안 들면 마구잡이로 죽여 버리는, 완전히 미쳐버린 세상이었다"

김대중 전 대통령(1998년 11월 23일 CNN과의 인터뷰):

"제주 문제가 (진상규명특별법 제정안으로) **원래 시작은 공산주의자들이 폭동을 일으킨 것이지만 많은 무고한 사람들이 공산주의자로 몰려서 억울하게 죽음을 당했다. 이 문제는 세월이 많이 지났지만 그들의 명예를 회복시키고 해서 유가족들을 위로해 줘야 한다"**

"한국에서는 언론의 자유도 있고 신체의 자유도 있다. 한국이 남북한 대결상황에 있기 때문에 공산주의를 지지한다면 대한민국을 뒤집어엎는다는 것이 되기 때문에 그 자유만은 제한되고 있다"

김대중, 제주 유가족들, 북한·김일성 기록을 종합하면, 제주도 4·3사태는 제주도 4·3 공산폭동·양민희생이 정확하다. 그렇다면 노무현과 김대중의 입장은 무엇이 어떻게 다른가.

자답: 김대중 정권의 성격은 중도통합이다. 김대중 – 김종필 – 박태준의 연합정권적 성격을 배제할 수 없다. 합리적 보수·온건좌파적인 중용적·통합적 성격을 모두 지녔다. 구태여 김대중을 좌파로 규정한다면 노무현과 차이점은 김대중은 중도좌파, 노무현은 급진적 좌파라고 할 수 있다. 김대중은 사건의 주동 주요행위자를 공산당세력으로 보

고 있고, 양민들을 희생자로 보고 있는 반면, 노무현은 주요 행위자를 공산세력과 희생된 양민전체를 포괄적 한 덩어리로 보고 있다. 결국에는 김일성과 같은 논리적 맥락이 일치한다. 현재진행형인 제주 4·3사태는 급기야 바다를 건너 여순 군 반란사태로 불길이 번진다.

4) 여수·순천 군 반란사태(1948년 10월 19-27일. 9일간): 박정희 소령이 걸려들다

여순 군 반란사태를 알기 위해서는 해방직후 한국 국방의 기원부터 열람해야 한다. 기원을 알기 위해 우리가 먼저 인지해야 할 전제는 미군정의 원칙, 즉 1946년 정판사 사건이 터지기 전까지, 미군정의 노선은 '좌우익 합작노선'을 존중·도모했다. 미군·하지의 한국 땅 진주와 함께 처음 만나 협력을 요청한 '토종' 지도자들이 좌익은 여운형·박헌영이었고, 우익은 송진우·김성수 등이었음을 간과해선 안 된다.

1945년 8월 15일, 해방이 되자 자주국방력 보유라는 명분 아래 조선 국군준비대 등 60여 개의 단체가 우후죽순처럼 생겨났다. 미군정청은 이들 단체에 일제 해체령을 내리고 정식 군대를 창설한다.

1945년 10월 21일, 미 군정청은 산하에 경무국을 창설하는데, 곧 국립경찰의 발족이었다. 초대 경무국장은 미군정 헌병사령관인 로렌스 M. 쉬크(Lawrence M. Schick) 육군준장이 4개월여 겸직했다. 제4대 경무국장에 독립운동가 출신의 유석 조병옥 박사가 임명된다. 1946년 1월 17일, 조병옥은 경무부장으로 승진하고, 4월 '국립경찰 조직에 관한 건'에 의거하여 경찰조직을 일대개편하고, 1949년 1월까지 사실상 건국기 내무치안의 통수권자로 활약한다.

정치노선으로 볼 때, 조병옥·장택상은 송진우·김성수와 함께 한민당의 원류에 해당한다. 이승만·김구의 임정의 귀국이 억지되는 분단과 해방의 시공간 속에서, 유학파·행정경험·자본력을 갖춘 친일파들은 재빨리 '점령지역의 장악력이 최우선시하는' 미 군정청의 필요성 요구에 부합·결합한다.

송진우·김성수 등 친일계열들이 거둔 첫 열매가 경무국장직에 자신들을 보호해줄 수 있는 조병옥을 천거하여 앉히는데 성공했다는 것이다. 조병옥 경무국장은 장택상과 더불어 경험 많은 친일파 경찰출신들을 재등용했다. 조병옥의 채용기준은 직업적 친일은 안 되지만, 가족과 생명을 보호하기 위한 연명책의 친일은 구별해야 한다는 것이었다. 이 기준이 뒤에 국군·경찰 갈등의 불씨로 잉태된다. 친일 출신 국립경찰들은 해방 이후 정부수립에 이를 때까지 일제경찰 구악잔재를 되풀이하여, 민중들의 원성이 쌓여갔다.

한편, 1946년 1월 15일, 미군정은 남조선국방경비대를 창설한다. 창설군은 태릉소재 옛 일본군 지원병 훈련소(지금의 육군사관학교)에서 중대장 1연대 A중대(중대장 채병덕 정위)의 187명으로 시작하여 2월 8일 1연대 대대편성을 완료했다. 이어 6월 15일 '군정법령'에 따라 국방경비대는 조선경비대로 개칭된다.

국방경비대의 첫 사령관은 미군 중령 존 마샬이었다. 뒤 46년 12월 송호성이 사령관이 되었다. 부대확충은 모병제(募兵制)였다.

모병에 의해 연대·여단·사단이 편성되었고 한국전쟁 직전에 10개 사단을 일단 갖추었다. 그러나 백선엽 회고록에 따르면, 이 사단들은 경험이 턱없이 부족하고 갖춰진 게 전혀 없는, 일단 외양만 갖춘 껍데기 사단이었다. 1948년 8월 15일 대한민국 정부 수립과 동시에 조선경비대를 '육군'으로 개칭하였으며, 11월 3일에는 '국군조직법'이 국회를 통과함에 따라 국방부 산하에 육군본부를 두어 완전한 국군으로 재탄생하였다.

1948년 8월 15일, 대한민국 정부 수립과 함께 '육군'으로 개칭되고, 11월 3일 '국군조직법'이 국회를 통과함에 따라 국방부 산하에 육군본부를 두고, 조선해안경비대는 해군으로 독립하였다. 항공대(공군의 전신)는 육군 예하의 육군 항공대였으나 대한민국 국군 창군 1년 후인 1949년에 공군으로 독립한다.

반란의 원인은 모병제에 있었다. 신원조회가 없던 시절이고, 군병들에게는 미군의 병영체계가 여과 없이 이식되어 사상과 정치적 자유가 완전히 허락되었다. 이 틈새로 공산주의·공산당 계열이 대거 침투한다. 여운형·박헌영의 좌익계열과 친일 지주와 일제경찰에 반감을 품은 소작농, 빈곤 노동자의 후예들이 입대하는 경우가 많았다. 군 장악을 위해 공산당에서 위장 입대한 요원들은 군 내부에 많은 동조자들을 포섭·교육하는 데 성공을 거둔다.

요컨대, 분단과 해방의 시공간 속에서 건국 전까지 한국의 치안과 안보는 미군정의 설계·관리·통제·감독하에 두 갈래로 나뉜다. 임시정부 광복군이 중국에서 억류된 상황에서, 한쪽 내무치안은 친일파 계열이 장악하고, 다른 한쪽 군부 쪽은 공산당 계열이 깊숙이 침투해 있었던 것이다. 여기에 국가·국민 생명 보호의 주도권 다툼까지 더해졌다. 군과 경찰은 서로 적대적 감정 속에서 대립·갈등·무장충돌도 마다하지 않았다. 이와 같은 구조적인 한계와 경로 속에서 여순 14연대 군 반란사태가 발생한 것은 크게 이상한 일은 아니다.

불씨는 바다 멀리 제주도에서 날아왔다. 4·3 공산폭동이 현재진행형인 가운데 남한 단독정부는 수립됐다.(1945.8.15) 1948년 6월 제주도 제9연대장 박진경 대령이 암살되는 사건이 일어났다. 정부 수립 후에는 사상검열과 숙군 바람이 불었다. 10월 11일, 14연대 창설 요원이자 본부중대 하사관이 체포되자, 14연대 남로당 조직은 무장 반란계획을 수립해 놓고 있었다. 10월 17일 전남 여수시 주둔 14연대에 제주 4·3사태 진압 출동준비 명령이 떨어졌다.

남로당계열 군인들은 단선단정반대라는 5·10선거 반대 입장을 갖고 있었다. 게다가 전남지역은 심정적으로 제주도를 동향이라고 여기는 정서 때문에 동향사람들에게 총부리를 겨눈다는 심정적 혼란도 중첩되었다.

"지금 여수 경찰이 쳐들어왔다!"

10월 19일 지창수 상사의 외침은 전쟁의 신호탄이었다. 14연대 중위 김지회 등 2,000여 명은 무장한 반란군이 되어 경찰과 전쟁을 전개한다. 반란에는 최소한의 명분과 구호가 전제되어야 한다. 반란군은 '제주토벌 출동거부 병사위원회'의 이름으로 '애국인민에게 호소함'을 발표했다. 그 내용은 "동족상잔 결사반대, 미군 즉시

철퇴"로 남로당의 주장, 그 자체이다.

"이승만 괴뢰, 김성수, 이범석 도당들은 미 제국주의에 발붙이기 위해 조국을 파는 것과 마찬가지인 분단정권을 만들었다…동족을 억압하고 수탈하며 일제의 군국주의 협력자였던 경찰이 해방 후 미 군정과 이승만의 묵인하에 다시 경찰 제복을 입고 등장했다…"

당시 김옥주 국회의원은 "군정 3년 동안 행정 부패와 폭압행위를 저지른 경찰에 대한 원한이 민중의 뇌 속에 침투했던 것이 여순사건의 최대 원인"이라고 주장했을 정도이다. 반란군은 여수를 점령한 후 순천시로 이동해 중위 홍순석이 지휘하는 14연대 2개 중대 병력과 결탁해 순천을 장악하고는 살인, 약탈, 방화 등을 저질렀다. 당시 전남지역 경찰·경찰서·경찰가족들·한민당정치인·대동청년단·경찰후원회장 등 싸잡아서 습격, 피로서 응징했다. 19일부터 25일까지 여수, 순천, 벌교, 보성, 고흥, 광양, 구례, 곡성 경찰서에까지 이르렀다.

정부군은 10월 21일 여수, 순천 지역에 계엄령을 선포하고, 진입사령관에 송호성 준장을 임명하고 10개 대대 병력으로 진압했다. 이승만 대통령은 포고문에서 "군대가 빨갱이에 점령됐다"며 "빨갱이는 인간이 아니다!"라고 진압을 지시했다.

이들을 진압하는 과정에서 전남 여수·순천 인근 지역에서 수많은 무고한 민간인들이 희생되었다. 반란군들은 경찰 74명을 포함해 약 150명의 민간인을 살해했고, 정부측 진압 군경은 2,500여 명의 민간인을 살해했다. 10월 23일 오전, 진압군은 순천을 장악하고, 27일 여수를 완전히 장악했다. 그러나 반란군의 주력은 백운산과 지리산으로 도주하여 숨어버렸다. 여순 반란 사태는 대한민국 정부수립 전후사에 엄청난 영향을 끼쳤다.

첫째, 이승만과 김구의 정치적 인연이 완전히 끝났다.

이승만 정부는 그 원인을 남로당과 김구의 합작품으로 몰아 씌우려 했다.

"공산주의자가 극우 정객들과 결탁해 일으킨 반국가적 반란이고 국군 내부 주모자는 여수 연대장 오동기이다."(이범석 국무총리, 1948.10.21. 오전 11시. 언론 인터뷰)

이범석은 22일 '반란군에 고한다'는 제목의 포고문에서 "반란군이 일부 그릇된 공산주의자와 음모 정치가의 모략적 이상물이 되었다"고 밝혔다.(서울신문 1948. 10. 24) 여순사태의 배후에 있던 극우정객이란 김구를 지칭한다. 김구는 언론기자회견을 통해 "극우분자라니 이해할 수 없는 일"이라고 분개한다.(한성일보 1948년 10월 28일 기사) 김구는 여순 사건을 반란, 테러로 규정했다.

"순진한 청년들이 용서할 수 없는 죄를 범하였으며, 모반의 무리(叛徒, 공산주의자)의 목적은 북한 정권을 남한에 연장시키는 것'으로 보인다… 금번 여수·순천 등지의 반란은 대규모적 집단테러 행동이다… 부녀와 유아까지 참살하였다는 보도를 들을 때에 그 야만적 소행에 몸서리쳐지지 않을 수 없다"(서울신문 1948년 10월 30일)

둘째, 국가보안법 제정과 숙군작업이다.

원래 이승만 정치철학은 반공에 기인한다. 정부수립 2개월 만에 발생한 이 사건은 이승만 정부의 전략과 정책기조를 극단적 반공체제 구축으로 획정했다. '반공법'을 제정하는 한편, 군 내부적으로는 공산주의자들을 검열하여 숙청하는 '숙군작업'을 벌였다.

1948년 12월 1일, 국가보안법을 제정하여 사회 전반에 걸쳐 좌익세력에 대한 대대적인 색출·처벌에 나섰다. 그 숙군작업에 걸려든 군인이 있었다. 11월 11일 구미 독립운동가 박상희의 동생 박정희 소령이 군부 내 남로당 하부 조직책으로 체포되었다. 박정희 소령은 사형의 위기에 처해 있었다.

김종필의 증언에 따르면 그를 살려준 사람은 당시 군내 좌익 색출 작업의 총책임자였던 육군정보국장 백선엽 대령이었다. 1949년 2월 백선엽 대령은 사형 위기에 처해 있던 박정희 소령을 만났다.

박정희: "한번 살려 주십시오"

(그의 목소리는 조금 떨리고 있었다. 꼭 할 말만을 강하게 내뱉었지만, 그는 격한 감정에 휩싸인 모습이었다. 그 모습이 의연하기도 했지만 처연하기도 했다. 나도 모르게 내 입에서는 이런 말이 흘러나오고 말았다)

"그럽시다, 그렇게 해보도록 하지요."

백선엽 대령은 박정희 소령이 중형을 면할 만한 이유가 있었다고 봤다. 군부 내 남로당 조직책이라고는 했지만 다른 군인을 포섭하는 활동을 안 했고, 또 조사 중 자신이 아는 군부 내 남로당 조직을 수사팀에 알려줬다.

박정희는 1심에서 "파면, 급료몰수, 무기징역"을 선고받았으나 2심에서 "징역 10년으로 감형하며, 감형한 징역을 집행 정지함" 조치를 받았다. 다음 해 1월 강제 예편되고, 정보국 문관으로 백의종군한다. 1년 뒤 1950년 6월 한국 전쟁이 발발하자 소령으로 현역에 복귀한다.

"그때 좌익이라는 것은 유행처럼 번지던 사조였다. 박정희 소령은 진정한 공산주의자라고는 판단할 수 없는 사람이었다."(백선엽 회고록)[5]

셋째, 이승만 정부가 반민족행위 처벌법을 포기한 결정적 계기이다.

1948년 9월 7일, 건국 초대 이승만 정부의 첫 작품으로 반민족행위처벌법이 통과되었다. 그 후속조처로 반민족행위특별조사위원회(약칭 반민특위)가 구성되고, 특별검찰·특별재판소는 국회에 설치했다. 1948년 10월 23일, 위원장 김상덕(경북), 부위원장 김상돈(서울) 등 10명의 전국 위원들을 선출했다. 산하에 특별경찰대를 배치하여 1949년 1월 8일부터 7,000명의 명단 가운데 559건에 이르는 검거활동을 벌여가기 시작했다.

일제시대의 악질기업가 박흥식, 일제 군국주의를 찬양하며 청년들의 일본군 입대를 고무했던 최남선·이광수 등 많은 친일 매국분자들을 색출했다. 그러나 1949년 6월 6일 특별경찰대가 강제 해산되면서 기능이 상실되고, 국회는 특위기간을 단축했다.

---

5. 한애란 기자, '사형위기서 살아난 박정희', 중앙일보(2015.03.05)

반민특위 해산에 대해 전통적인 연구논문은 이승만과 미국의 이해관계가 일치하여 고의적으로 반민특위를 해체했다고 주장한다. 사실은 1947년 1월 1일 김일성 신년사는 남한 침공의 의도를 감지하기에 충분했고, 긴장한 이승만의 마음은 바빠지기 시작했다. 그러던 터에 내전과 같은 공산당 폭동이 전개되고, 진압을 위한 주정부군이 경찰이 된다. 건국 직후 이승만으로선 반민족 행위 처벌법이냐, 공산당 대처가 우선이냐라는 양단간 선택에서 이미 김일성과 완전히 손을 잡은 공산당과 맞서는 것이 최우선 과제였다.

이승만에게 제주 4·3공산폭력 사태와 여순 군 반란사태, 그리고 남침을 복선에 깔아둔 김일성 1947년 신년사는 하나로 엮여있는 동일체이다. 따라서 이승만 전략은 반공국가 통일과 실용 외교전략으로 전환을 가져오면서, 일제청산과 반미특위는 핵심현안에서 후순위로 밀려나게 되는 결정적 변곡점이 된다.

V.

건국, 유엔이 관리·감독·승인한 한반도 유일 합법정부

1. 기독교 근본 입국론:
유교에서 기독교문명권으로 전환

1) 그리스도 안에서 하나였던 이승만과 김구

1904년 6월 29일, 이승만은 한성감옥 학교의 역작,『독립정신』을 탈고한다.『독립정신』은 이승만의 신앙 간증과 정치철학, 독립방법론과 독립국가의 목표와 비전, 즉 아시아 기독교 모범국가 건설 및 영세중립국 등 그 원형이 모두 오롯이 담겨있다. 이승만은 『독립정신』 결론부를 예수 그리스도로 마무리 짓는다.

"지금 우리나라가 쓰러진 지점에서 다시 일어나려 하며, 썩은 곳에서 다시 싹을 내고자 하려면, 반드시 예수 그리스도교로써 근본을 삼아야만 한다. 아무리 세계와 소통하여도 참 이익을 얻지 못할지라도… 마땅히 예수 그리스도교로써 만사에 근원을 삼되, 나의 몸을 잊어버리고 남을 위하여 일하는 자가 되어야 한결같은 마음으로 나라를 받들어 영·미 각국과 동등한 나라를 이룩할 수 있다."

우리 민족이 독립국가의 기독교를 국가의 근본(國基, 국교)을 삼는 다면 우리나라는 미국이나 영국 같은 일등 국가가 될 수 있다고 주장했다. 이승만에게 독립운동 동안 기독교·목사·교회는 독립운동의 기구이자 체제 자체였다.

1919년, 이승만이 3·1운동 직후 병탄망국 한국의 임시대통령 자격으로 부상하던 무렵, 필라델피아에서 그는 한국의 독립운동 지도자들의 주의(-ism)는 "한국 땅을 동양의 제일가는 예수그리스도 국가로 건설하는 것"이라고 언명했다. 즉, 이승만은 3·1운동의 주도세력은 기독교 교인이고, 신생 대한공화국(The Republic of Korea)의 목표는 아시아 최초의 기독교 국가를 만드는 것이라고 공언했다. 하와이는 이승만 독립활동의 근거지이자 기독교입국의 모형 공동체였다.

1913년 8월, 하와이 한인중앙학원 한글수업, 순 한글 잡지 「태평양주보」, 한인기독학원(1918.9), 한인기독교회(1918.12.23), 대한동지회(1921.6.29), 하와이대한인교민단(1922.1.25), 재미한족연합위원회 결성 등이 모두 기독교·하와이를 근거지로 했다.

1919년 8월, 이승만은 임시정부 임시대통령 자격으로 워싱턴 D. C.에 구미위원부(歐美委員部: The Korean Commission to America and Europe)를 설치할 때, 핵심 간부들을 모두 **독실한 기독교 목사 내지 장로들** 가운데서 선임하였다. 동시에 그는 서재필과 함께, 미국인 기독교 목회자들 중심의 '**한국 친우회**(The League of Friends of Korea)'를 조직, 이를 통해 한국인의 독립운동을 지원토록 하였다.

1941년 12월 8일, 미·일 태평양전쟁이 발발하자, 그는 미국 정부를 상대로 중경(重慶) 임시정부 승인을 얻어내려는 외교운동을 벌였다. 이승만은 미 연방 상원의 원목(chaplain)인 해리스(Frederick B. Harris) 목사를 이사장으로 하는 '한미협의회'(The Korean-American Council)를 조직했다. 후원회장 제임스 크롬웰은 국무장관 토델 헐에게 임정승인을 촉구한다(1942.5.5). 또 연희전문학교 교장이었던 애비슨(O. R. Avison) 박사를 주축으로 '한국 크리스천 친우회(The Christian Friends of Korea)'를 조직하여 이들 두 단체의 적극적 지원을 받았다.

1945년 11월 28일, 김구 환국 5일 뒤, 서울 정동 예배당에서 이승만과 김구는 함께 예배를 드리고 인사말씀을 한다. 김구는 "반석위에 새 나라를 세우되 경찰서 열 곳보다 교회 한 곳을 세우는 것이 낫다"라고 하며 확고한 신앙관과 국가관을 밝힌다. 이승만은 김구의 인사말씀을 더욱 강조하며 화답했다. 예수 그리스도와 교회안에서 이승만과 김구는 한 몸과 같았다.

"나는 건국대업을 앞두고 두 가지 방침을 세웠습니다. 첫째로 건국이요. 둘째로 건교(建敎)입니다. 종교로 교화한 나라는 어떠한 강국이라 할지라도 감히 손을 대지 못하는 것입니다. 그래서 경찰서 열을 세우는 대신 예배당 하나를 세우려는 것입니다. 여러분이 주신 오직 이 성경 말씀에 의지해서 삼천만 동포가 살아야만 할 것입니다. 우리는 대한이니 무엇이니보다 먼저 모두 천국백성이 되어야 할 것입니다. 사랑하는 여러분들은 십자가의 정병들입니다. 이 땅의 천국을 건설하는 천국백성이 되어야 할 것입니다."(백범 김구 선생)

"40년 동안 사람이 당하지 못할 갖은 고난을 받으며 감옥의 불 같은 악형을 받으며 예수 그리스도를 불러온 여러분께 감사를 드립니다… 아까 김구 주석의 말씀대로 우리나라를 튼튼한 반석 위에 세우려 합니다. 오늘 여러분이 예물로 주신 이 성경 말씀을 토대로 해서 새 나라를 세우려 합니다. 부디 여러분께서도 하느님의 말씀을 반석 삼아 의로운 나라를 세우기 위하여 매진합시다."(우남 이승만 박사)

김구가 깊은 신앙의 감리교 크리스천이었던 사실과 이승만과 똑같은 기독교 입국론의 비전을 품고 있었던 사실은 깊이 연구되거나 부각되지 않았다. 후세 사가들이 놓친 아쉬운 대목이다.

2) 제헌의회 기도문과 애국가 속의 하나님

대한민국 건국은 예수 그리스도 이름으로 하나님께 드리는 기도로부터 시작된다. 미국의 건국과 역대 대통령 취임식순과 똑같다. 제헌국회와 대통령선서에서 '크리스천 이승만'은 평생토록 공약해 왔던 기독교 근본 입국론 약속을 실행했다.

○ 제헌의회, 대통령 선서

1948년 5월 10일, 미군정은 유엔한국위원단의 감시하에, 제헌국회 설립을 위한 총선거를 실시한다. 이승만은 동대문 갑구에 출마하여 국회의원으로 당선되고, 제헌국회 개원식 임시의장으로 추대된다. 1948년 5월 31일, 제헌국회 개원식(제1차 회의)에서 임시의

장 이승만은 역사적 개헌국회를 개시하기에 앞서, 이윤영(李允榮) 의원(목사)에게 식순에 없는 기도를 부탁했다.

"대한민국 민주독립국 제1차 회의를 여기서 열게 된 것을 우리가 하나님에게 감사해야 합니다. (우리의) 종교·사상이 무엇이든지간에, 당면한 오늘을 볼 때 사람의 힘으로만 이뤄졌다고 자랑할 수는 없을 것입니다. 그러므로 하나님에게 감사를 드리지 않을 수 없습니다. 이윤영 의원께서 나오셔서 간단한 말씀으로 하나님에게 기도를 올려 주시기 바랍니다."

이승만 의장의 부탁에 응하여 단상에 오른 이윤영 목사는 아래와 같은 기도를 드렸다.

"우주와 만물을 창조하시고 인간의 역사를 섭리하시는 하나님이시여, 이 민족을 돌아보시고 이 땅에 축복하셔서 감사에 넘치는 오늘이 있게 하심을 주님께 저희들은 성심으로 감사하나이다. 오랜 시일 동안 이 민족의 고통과 호소를 들으시고, 정의의 칼을 빼서 일제의 폭력을 굽히셨으니, 하나님은 이제 세계만방의 양심을 움직이시고 또한 우리 민족의 염원을 들으심으로 이 기쁜 역사적 환희의 날을 이 시간에 우리에게 오게 하심을… 저희들은 믿나이다.
하나님이시여… 남북이 둘로 갈리어진 이 민족의… 고통과 수치를 신원하여 주시고 우리 민족 우리 동포가 손을 같이 잡고 웃으며 노래 부르는 날이 우리 앞에 속히 오기를 기도하나이다. 하나님이시여… 원컨대 우리 조선 독립과 함께 남북통일을 주시옵고 또한 우리 민생의 복락과 아울러 세계 평화를 허락하여 주시옵소서.

이제 이로부터 국회가 성립이 되어서 우리 민족의 염원이 되는 모든 세계만방이 주시하고 기다리는 우리의 모든 문제가 원만히 해결되며, 또한 이로부터 우리의 완전 자주독립이 이 땅에 오며 자손만대에 빛나고 푸르른 역사를 저희들이 정하는 이 사업으로 완수하게 하야 주시옵소서.

하나님이 이 회의를 사회하시는 의장으로부터 모든 의원 일동에게 건강을 주시옵고 또한 여기서 양심의 정의와 위신을 가지고 이 업무를 완수하게 도와주시옵기를 기도하나이다. 역사의 첫걸음을 걷는 오늘 우리의 환희와 우리의 감격에 넘치는 이 민족적 기쁨을 다 하나님에게 영광과 감사로 올리나이다. 이 모든 말씀을 주 예수 그리스도 이름을 받들어 기도하나이다. 아멘.”

이 기도 후 속개된 본 회의에서 이승만은 재석 의원 198명 중 188표로 의장에 당선되었다. 1948년 7월 24일, 이승만은 국회에서 실시된 건국 정부통령 선거에서 180표의 압도적 다수의 지지로 대통령에 당선되었다. 이날 거행된 취임식에서 이승만 대통령은 하나님의 이름으로 선서를 했다. 1948년 8월 15일, 이승만은 대한민국 정부수립 기념식에서 “하나님과 동포 앞에서 나의 직무를 다하기로 일층 더 결심하며 맹세합니다.”라는 취임사를 낭독했다.

〈초대대통령 취임사 요지〉(필자가 현대어로 번역을 가함)

“여러 번 죽었던 이 몸이 하나님의 은혜와 동포의 사랑과 보살핌으로 지금까지 살아오다가 오늘에 이 영광스런 추대를 받았습니다… 40

년 전에 잃었던 나라를 다시 찾았고, 죽었던 민족이 다시 살아났습니다. 하나님의 이름과 동포 앞에서 나의 직무를 더욱 다하기로 맹서합니다. 모든 우방 국가들이 칭찬하는 바와 같이 우리 총선은 대성공을 거뒀습니다….

그 결과 국회성립, 다수정당제에 의한 완전무결한 민주주의제 틀 속에서, 무소속과 중도 좌익계열 의원도 여럿 탄생했습니다. 헌법제정, 정부조직법, 의장부의장선거, 국무총리와 국무위원조직이 며칠 안으로 결정됩니다… 일할 수 있는 기관, 견고해서 흔들리지 않는 기관이 중요합니다… 다만, 공산당의 매국주의를 반대하고, 남의 괴뢰가 되어서는 안 됩니다.

새로운 나라 건설은 새 정신을 가진 새로운 정부가 필요합니다. 지난 40년 동안 잃어버린 세월을 회복하여 세계문명국과 경쟁할, 사랑하는 3천 남녀는 날로 새로운 백성이 되어 새로운 국가를 만년반석 위에 세웁시다." - 대한민국 30년 7월 24일(1948년 7월 24일)

애국가는 "하느님이 보우하사 우리나라 만세"로 끝을 맺는다. 상하이 임정시절 박영효 작사설 때문에 폐기론이 일기도 했으나 크리스천(감리교) 김구 주석이 지켰다.

3) 이승만 정부의 기독교 우선주의 정책

이승만 개인은 평생 독실한 크리스천의 모범으로 살았다. 더불어 공적으로는 헌법에 명시된 정교분리(政敎分離)의 원칙을 사실상 형해화(形骸化)시키면서 기독교(특히 개신교) 최우선 특혜 정책을 펼쳤다.

○ 기독교 특혜 정책 사례

국가의 주요 의식을 기독교 절기 의식에 따라 집행하였다. 크리스마스를 국경일로 정하고 국기에 대한 경례를 주목례(注目禮)로 바꾸었다. 미군정의 일요일 임시 휴일을 법제화했다. 군대에 군종제도(軍宗制度)를 도입했고, 감옥에 형목제도(刑牧制度)를 도입했다. 정부 요직에 기독교 인사 권장정책과 언론방송 장려정책을 펼쳤다. 기독교 신문과 방송사의 설립, 기독교계 학교와 신학교의 설립, 그리고 YMCA 및 YWCA의 활동을 장려 내지 지원했다. 기독교 선교사들을 우대하고, 6·25전쟁 전후 외국의 구호금과 구호물자를 '한국기독교연합회'를 통해 배분했다.

해방 전, 한반도·한민족 기독교 인구는 37만 명 정도였다. 해방 후 북쪽의 크리스천들이 대거 월남함으로써 1950년 남한 기독교인은 60만 명 정도로 불어났다. 1960년에는 남한 기독교인 수가 160만 명으로 확장된다. 2005년 말 기준 기독교인 총수가 1,376만 명(개신교 861만 명, 가톨릭교 514만 명)에 도달한다. 대한민국은 한국 역사상 최초의 크리스천 대통령 이승만의 기독교 장려정책에 힘입어 아시아 최강의 기독교 국가로 거듭났다.

○ 아시아 기독교 표본 대한민국, 유교문명권에서 기독교문명권으로 전환

이승만은 조선 왕조의 왕족 가운데 최초로 기독교로 개종한 지식인 개혁가 가운데 한 사람이다. 해방 후 김구 선생과 함께 드린 예배에서 '성경말씀을 토대로' 새 나라를 건설하자고 역설했다. 1948

년 8월 15일 건국 이후 이승만 12년 통치기간 동안 한국은 아시아 굴지의 기독교 국가로 변모했다. 한국·남한·대한민국 문명은 중국·한자·유교·도덕숭상 문명권에서 미국·영·한글·기독교·과학 문명권으로 전환되었다. 한국은 전 세계에서 유래를 찾아볼 수 없을 정도로 자연스럽게 미국·개신교(청교도 정신)와 반공·자유민주주의를 한국화 하는 데 성공한 나라이다.

따라서 남과 북의 현대사 전쟁은 기독교 대 김일성 주체사상교라고 해도 전혀 과언이 아니다. 북한의 국가정체성은 김일성 유일사상체계(종교)·군사·독재·국가 자본주의·왕조국가이다. 남한의 국가정체성은 반공·자유민주주의 시장경제체제이다. 이승만·한국 기독교는 한국의 국가정체성의 근간으로 구축되었다. 남과 북 사이에는 상반된 국가정체성이 대립된다. 따라서 어느 한편이 붕괴·체제전환이 이뤄져야만 통일이 가능하다. 한국전쟁 이후 남과 북은 국가정체성 전쟁을 공진하고 있다. 국가정체성은 종교, 사상, 정치·경제체제, 국가역량, 국민역량의 총집결태이다.

2.이승만은 박정희 산업화와 김대중 민주화의 근본

1) 반공·자유민주주의, 반공·시장경제 시스템

이승만·한국의 민주주의는 미국식 자유민주주의를 모판으로 하고 있다. 미국형 체제는 기독교 정신(인간의 자유와 만민평등, 인권존중, 인류보편의 정신 박애)에 입각한 자유민주주의, 독립전쟁(연합과 영국의 대립, 외교협력), 남북 내전(평등과 화합과 외교중립노선), 세계 제1차 대전의 경험(반 팽창주의, 중립외교 노선의 실패)이 모두 축적되어 있다. 따라서 미국헌법·미국사·미국체제·미국인들에게 전체주의와 공산주의는 미국을 침략하는 악마적 체제로 받아들여진다.

미국은 제2차 세계대전에서 반 전체주의(나치즘, 파시즘. 일본 군국주의 팽창)노선을 선택하고, 전후 또 다른 전체주의·독재체제인 공산주의·공산당 노선과 대립하면서, 세계는 미·소 주도의 냉전구조가 시작된다. 전후 서독·유럽·일본은 모두 반공을 전제로 한 체제이다.

분단구조의 모태 속에서 출산된 한국독립체제의 모델은 미국형이다. 미국형은 기독교정신을 기반으로 한 반공·자유민주주의체제이다. 자동적으로 반공이 전제된다. 분단체제는 전쟁과 평화가 공진·대립하는 긴장상태의 현재진행형이다. 따라서 분단체제가 지속되는 한 한국체제는 반공이 전제된 자유민주주의 체제이다.

1948년대 세계정세 인식에서 이승만의 실사구시는 반공·국가보안법이었고, 실용은 통상자유·중립무역원칙 위에서 국가주도 경제개발계획 추진, 시대정신은 반공·자유민주주의체제 건국이었고, 건국·한국전쟁 승리·한미동맹 체결로 성공을 거뒀다. 다만, 노년의 독재정치 전락지경은 이승만 생애의 결정적 과오이다. 4·18 고대 학생운동으로 촉발된 4·19 민중항쟁에 미련 없이 결행한 하야결단은 이승만다웠다고 평가할 수 있다.

세계사 속에서 면밀하게 들여다보면, 이승만의 삶의 방향성은 '언제나 한결같이' 시대정신과 부합하려는 치열한 자기와의 싸움이었다. 그 과정은 죽음을 두려워 않고(고종퇴위 사건에서 독립운동기), 역경을 기회로 여기며(한성감옥 학교), 언제나 강대국 중심의 현실주의 세계관 속에서 한국의 완전한 독립(기독교·반공 자유민주주의)과 자립경제(통상자유·중립무역·수출입국)를 지향했다.

이승만의 하야결단은 '늦었지만' 시대정신에 부합되었다. 제2의 고향 하와이로 떠나며 그의 시대는 끝났다. 짧은 장면내각을 거쳐, 군사정변을 일으킨 박정희의 경제독재에 의한 경제혁명에 성공한 뒤, 1980년 후반에 이르러서야 김대중·김종필에 의해 반공·자유민주주의 체제 혁명은 완성된다. 이승만의 입장에서 본다면『독립정신』에 그려진 이승만의 자주독립·영세중립국가 비전과 목표의 절반은 박정희에 의해, 절반은 김대중에 의해 완성된 셈이다.

곡학아세·역사왜곡의 한국 지식인들(학자·정치인·언론인)은 세
칭 건국 40년 만의 산업화와 민주화에 성공한 세계 유일한 국가를
자랑하면서 그 시원 이승만을 언급하지 않는다. 좌파든 우파든 자
문·자답·자증해야 한다. 박정희 독재 없는 배고픔으로부터의 해
방과 경제강국을 어디에서 찾을 수 있는가? 김대중 '헌신과 화합'
없는 민주화의 완성과 국난극복이 있었는가? 이승만 없는 박정희·
김대중은 단연코 없다.

시대정신에 입각하여 들여다보면, 이승만·박정희·김대중이 모
두 한 몸으로 얽혀 있다. 이승만의 반쪽·자주경제면이 박정희이
며, 이승만의 반쪽·자유정치면이 김대중이다. 박정희의 개발경제
의 성공은 미국과 세계 속에서 한국의 위상을 새롭게 했다.(필자는
역사 속에서 전두환·노태우 정권을 언급·기록하지 않는다) 이승만 정치의 또
다른 한 축 반공·자유민주주의는 박정희의 경제성공 토대 위에서
야 그 혁명이 완성된다. 그 이후 시대정신은 반공 자유민주주의였
다. 김대중 정권은 반공·자유민주주의와 통합정신에 입각하여 탄
생했다. 김대중은 박정희의 또 다른 얼굴, 김종필·박태준·이한
동·정주영과 통합, 권력을 반분한다.

이승만의 관점에서 본다면, 박정희 정권은 경제혁명에 중점을
둔 실사구시와 실용이요, 김대중 정권은 정치통합에 중점을 둔 실
사구시와 실용에 해당한다. 이승만의 역사는 박정희·김대중에 의
해 완성되었다. 이는 움직일 수 없는 엄연한 역사적·정치적·경제
적·실체적 진실이다.

따라서 좌파든 우파든 근현대사를 해석하는 기본 자세를 이승만으로 출발해야 한다는 점이다. 그렇지 않으면 박정희는 하늘에서 떨어진 경제혁명가요, 김대중은 하늘에서 보낸 정치지도자로 우상화되고 만다. 재언하여 환기한다. 이승만 역사의 절반은 박정희, 다른 절반은 김대중에 의해 완성된다. 박정희·김대중은 움직일 수 없는 이승만의 역사적 실체라는 점이다. 이승만의 성공한 양대 열매인 박정희나 김대중이 아니라, 그들의 기원(A)인 이승만의 관점을 회복하여 면밀하게 들여다봐야 한다.

2) 시장경제:
무상몰수 무상분배, 유상몰수 유상분배의 차이

분단과 해방의 시공간·건국과정에서 **토지개혁은 거스를 수 없는 시대정신**이었다. 토지의 소유권은 곧 자유민주주의와 시장경제의 물질적 토대이다. 지주제 해체와 균등한 토지 경작권 분배는 전후 일본, 한국, 대만 등에서 집행되었다. 해방정국에서 미국과 소련 모두 토지개혁이 반공 혹은 공산화에 유리할 것으로 여겼다.

토지개혁은 북한과 남한을 함께 파악해야 한다. 1946년 3월 5일 북한에서 먼저 토지개혁이 전격 시행되었다. 남한에서는 1948년 3월 미군정이 소작료 3·1제(33%)를 실시했으나, 핵심적 개혁과제는 제1공화국 몫으로 넘겨졌다.

해방 당시 상황을 먼저 열람할 필요가 있다. 전 인구 78%가 농민이요, 농민의 80% 이상이 소작농이었고, 산출량의 50%를 소작료로 지불해야 했다. 악덕지주들은 6~70% 이상을 징수하기도 했다. 소작농은 땅 1평, 집 한 간도 없이 지주들을 위해 노예와 같은 삶을 살아야 했다. 똥구멍이 찢어지도록 가난해도 벗어날 길이 없었다. '농민종사자 78% = 한글문맹률 78% = 소작농 99%'를 의미한다. 가난과 굴종, 무지와 억압의 역사와 삶이었다.

○ 북한: 무상몰수 무상분배, 토지는 밭갈이 하는 농민에게

1946년 3월 5일, 북조선 임시 인민위원회는 "토지는 밭갈이 하는 농민에게!!"라는 아름다운 슬로건을 내걸고 '무상몰수 무상분배'를 실시했다. 해방 후 1년인 1946년에 북조선 임시 인민위원회(위원장 김일성)는 이미 사실상의 정부로서 인민들의 핵심주권을 행사했다.

인민들에게는 역사적이고 혁명적인 조치였다. 조선왕조·일제를 통틀어 이런 사건은 없었다. 농민의 80% 이상이 소작농인 상황에서 자신의 땅이 주어지는 하늘의 축복이자 기적이 일어났다. 지주들의 모든 토지는 무상으로 몰수되고, 인민들에게 배분되었다. 스탈린·김일성에 대한 지지도는 수직상승했고, 김일성 중심 통치권력 기반이 구축·장악되었다. 그러나 권력 장악이 성공한 3개월 뒤 그 본색이 드러났다.

1946년 6월 27일, 인민위원회는 북조선 현물세령을 공포했다. 제1조에 "북조선 농민은 토지에 대한 일체의 조세를 면제한다" 해놓고, 단서조항에서 수확량에 대한 현물세 25%(1/4)를 부과했다. 나아가 애국미 헌납운동을 벌였다. 토지의 국유화를 전제로 하여 '경작권'(= 현물세)만 준 것이다. 하물며 뒤에 집단농장제로 전환되면서 경작권까지도 국가로 귀속되어 버린다. 일제 강점기 수탈구조를 뛰어넘는 농노제에 다름 아니다.

하루아침에 땅을 잃은 지주들은 오지로 쫓기거나 월남해야 했고, 인민들은 (다가올 한국전쟁 군량미 비축을 위한) 애국미 헌납운동까지 벌여야 했다. 북조선 토지개혁은 소련군 민정담당 부사령관 로마넨코 등이 김일성의 지지도를 올리려는 치밀한 계획 끝에 나온 것이었다. 소련 붉은 군대의 군홧발이 북한 전역을 어떻게 유린했는가는 향후 깊고 다양하고 넓은 연구가 요구된다. 북조선 토지개혁은 김일성 지지도를 수직 상승시키고, 남북분단을 돌이킬 수 없게 만든 조치였고, 소련의 이북 점령·공산정권 수립 목적을 드러냈다.

○ 남한: 유상몰수 유상분배, 죽산 조봉암의 혁혁한 공적

미군정이 조사한 바 남한의 경우 6명의 대지주들과 불교계·사찰이 토지의 80%를 차지하고 있었다. 미군정은 지주해체·토지소유권 이전이라는 토지개혁의 핵심에는 접근조차 못 했다. 미군정의 최우선 과제는 일본군대 무장해제와 본국송환에 있었다. 또 이미 미군정 통치의 한 축이 되어버린 한민당의 극렬한 반대를 거부할 수 없었다. 한민당은 친일·지주·지식인·행정·경찰관료 출신 등 자본·교육·행정 권력의 기득권자들로 구성되어 있었다. 토지개혁은 제1공화국의 최우선과제로 이양되었다.

제1공화국 이승만 정권의 전략과 로드맵은 놀라울 따름이었다. 이승만은 조봉암을 초대 농림부장관으로 임명했다. 죽산(竹山) 조봉암은 일제강점기에 소련으로 건너가 중국의 덩샤오핑·류샤오치 및 베트남의 호찌민 등이 나온 모스크바 공산대학 2년을 수료한, 공산계열 대표적 독립운동가였다. 1946년 5월 박헌영(朴憲永)과 결별·

사상전향한 뒤 좌우합작·남북협상 노선을 걷다가 1948년 제헌국회의원 선거에 출마하여 당선되었다.

조봉암은 헌법제정 당시 30명의 헌법위원 중 대통령제를 반대한 단 두 명 중 한 사람이었고, 과격할 정도로 농지개혁을 주장한 사람이다. 정가에서는 완전히 초대 대통령 이승만의 눈 밖에 난 사람으로 꼽혔다. 그런 이승만이 그를 농림부장관직에 발탁한 것. 조봉암 스스로도 상상조차 할 수 없는 일이었다. 부름을 받고 이화장에 가서야 임명소식을 들었다고 한다.

토지개혁주의자 조봉암의 초대 농림부장관 발탁은 한민당을 발칵 뒤집었다. 이승만은 정치적 수사로는 조봉암의 과격한 토지개혁을 반대하는 척 하면서도, 실질적으로는 유상매입·유상분배의 농지개혁을 이뤄갔다.

1949년 6월 23일, 한 농가의 토지소유한도는 2정보에서 3정보(1정보는 약 3만 평)로 정했고, 상환방식은 5년간 수확량의 30%를 국가에 내면, 그 땅은 농민들의 소유로 귀속되었다. 일제 강점기 수탈구조와 비교하면 공짜에 다름 아니었다. 지주들에게는 지가증권과 함께 국가사업 우선 참여권 부여, 적산가옥 우선불하권, 교육사업 재단 면세권 등의 조처가 동반되었다. 그리고 1950년 4월부터 농민들에게 토지분배가 시작되었다. 똥구멍이 찢어지게 가난하던 농민(78% 농업종사자 = 99% 문맹률 = 세계최빈국)이 자신의 토지를 소유할 수 있게 된 것이다. 신생독립국에게 토지개혁 의의는 참으로 크다.

첫째, 소작인·토지소유권은 자유민주주의 체제의 물질적 토대

이자 시장경제의 출발점이다. 토지주권이 국가·군주·영주들에게 있다면, 그 사회는 전체주의·공산주의·봉건주의체제에 불과하다. 따라서 국민의 토지주권 소유는 자유민주주의와 시장경제의 기초적 토대가 된다.

둘째, 식민지주제는 철폐되었고, 한국전쟁 중 남한에 **공산주의 침투를 원천적으로 방지했다.** 남한을 점령한 공산군이 '무상몰수 무상분배'를 선전했으나 농민들은 이미 북한·공산당의 경작권·집단농장의 현물세(논작물 27%, 밭작물 25%)를 모두 알고 있었으며 내심 코웃음과 반감만 살 뿐이었다. 농민들로선 토지개혁법으로 꿈에도 그리던 자작농이 된 상황에서 토지를 다시 빼앗긴다는 것은 상상할 수 없는 공포 그 자체였다. 한국전쟁 이후 대지주들의 저항은 없었고, 자영농 집안의 잉여 노동력은 산업현장으로 옮겨갔다.

시대정신을 정확히 읽어낸 이승만은 개혁의 적합자를 꼽고, 정밀하고 강력한 토지개혁을 통해 시대전환적 정책을 성공시켜 냈다. 조봉암은 뒤에 국회부의장, 제2대 대통령후보에 나섰지만, 공산당 자금수수 의혹으로 사형된다. 일각에서는 '사법살인'이라는 해석도 있다.

3) 박정희 계승, 통상자유·중립교역 원칙, 국가주도 경제개발 계획

한국전쟁 이후 경제정책은 전시 비상경제체제를 평시경제체제로 회복시키고, 생산과 소비의 경제활동수준을 한국전쟁 이전의 수준으로 회복하는 데 초점이 있었다. 그러나 미국과 한국의 경제성장 노선은 일치되지 못했다. 미국·UN 한국재건단은 한국경제를 민간주도하의 시장경제체제로 정착시키려는 전후복구 및 경제안정을 추구했다. 미국 측 경제컨설팅 기관 네이산(Nathan)협회의 5개년 한국경제부흥 최종보고서(1954년 2월에 1953/4~1958/9까지)에 따르면, 계획의 중점사항은 은행의 민영화, 자유주의적 시장개혁, 통화가치 안정의 추구에 있는데, 이는 미국의 '일본경제 중심축·변국안정'이라는 동아시아 발전전략의 일부였다. 따라서 미국은 한국에 소비재 중심의 비계획 원조를 이어나갔다.

한국과 미국의 경제정책기조는 충돌할 수밖에 없었다. 박태균·김일영·한승연에 따르면, 이승만은 미국과 일본관계가 경제중심 파트너가 된다면, 한미관계는 군사·안보적 측면에서 파트너십이 되어야 한다고 보고, 미국 측에 집단 안보동맹과 동남아시아 파병 등을 제안했다. 미국을 중심으로 한 자본질서 속에서 안보동맹을 축으로 한국의 계획경제 원조를 견인하려 했던 것이다.

한국은 산업부흥 5개년계획(1949년), 종합부흥계획(1954년), 경제부흥5개년계획(1956년) 등을 수립하여 미국의 경제원조를 받아 사회간접자본을 확충하고, 기간사업을 건설하여 궁극적으로는 자립경제를 건설하고자 했다. 그러나 당시 인도가 주도한 민족주의 비동맹운동과 제3세계주의가 유행했다. 이런 추세와 맞물려 미국은 제3세계권과 같은 한국의 민족주의적 경제발전 기조를 우려하여 소비재 원조를 고집한 측면이 있다.

결국 이승만 정부 12년 동안 국가주도의 경제 개발계획은 시행되지 못했다. 폐허가 된 신생독립국가는 ① 미국의 일본 경제중심 주변부국가 발전정책 ② 인도를 위시한 제3세계국가론 한국편입에 대한 미국의 경계심 ③ 소비재 중심 미국의 원조 속에 국가 계획경제를 추진할 동력의 부재 ④ 경제모델을 계획·입안·추진할 경제엘리트의 부재가 결정적이었다. 이때부터야 비로소 한국에서는 미국·유럽의 선진 근대화 학습과 경험을 적극 도입하기 위한 유학장려 정책이 본격화된다.

한국전쟁 직후 한국은 자원과 인재가 빈곤한 폐허의 나라였다. 그러나 이승만의 시대를 비월한 세계질서의 변동과 외교·통상노선, 즉 '통상자유' '중립교역'의 원칙에 입각한 국가주도 경제발전계획은 옳았다. 이승만 정권의 국가주도 경제개발발전전략은 박정희 정권의 핵심 국가 전략으로 계승·추진된다. 이승만이 계획한 한국의 통상자유·중립교역 원칙·플랜은 미국이 주도하는 세계시장질서의 동력지원과 함께, 박정희의 '수출입국' 슬로건으로 재탄생하여 눈부신 경제성장의 20년을 구가한다. 미국은 박정희의 한·일 국교수교, 베트남 참전 등에 화답했다.

미국은 한국·박정희의 계획경제를 적극 지원했고, 한국은 1960년~80년대까지 세계 최고의 성공한 '중상주의 발전국가 모델'로 손꼽히게 된다. 이승만 정치목표의 절반에 해당하는 통상자유·중립무역·경제자립 독립국가, 국가주도 경제개발 발전 모델은 결국 박정희 시대에 계승되고 이뤄진다. 박정희는 이승만의 절반을 계승·발전한 것이다.

3. 한국전쟁·한미동맹과 영세중립국의 꿈

1) 이승만의 끝없는 고뇌: 미국은 믿을 만한 나라인가?

이승만의 정체성을 극우·반공·숭미주의자로 보는 시선들이 있다. 이런 관점은 이승만의 역사를 반민족주의·반통일주의·외세의 존주의·독재자의 틀(framework) 안에 가두어 두려는 의도의 일환에서 진행된다. 그렇다면 좌익계열 조봉암을 농림부장관으로 중용하여 토지개혁을 이룬 사실은 어떻게 해석될 수 있는가. 한국 좌파의 역사는 이승만 역사를 부인, 단죄해야만 좌우합작·좌익이 정당화되는 근본적 한계를 지니고 있다.

한국 좌파의 뿌리는 극좌 박헌영·중도좌파 여운형에 있다. 김일성은 소련·스탈린·공산주의·공산당의 페르소나에 불과하다. 1972년 황장엽에 의해 이론화된 김일성 주체사상이란 김정일에게로 권력승계를 위한 이론적 토대구축을 목적으로 만들어졌다.

이승만을 들여다보기 위해서는 망원경과 현미경을 병행해서 들여다봐야 한다. 망원경이란 글로벌적 국제정세의 변동추세를 현실주의적 관점에서 조망하는 지평이다. 현미경이란 글로벌적 변동추세에 의해 영향을 받는 한반도·한민족·남·북한 내부의 변화과정을 면밀하게 들여다보는 자세다. 조망과 집중을 병행하며 국제정세와 국내정치를 접합·조화시키는 작업이 곧 이승만식 정치의 실현 과정이다.

이승만이 일생토록 천착한 고뇌가 있다. 강대국, 특히 미국의 정체성 중에서 외교기조였다. 한마디로 **"미국은 믿을 수 있는 나라인가?"**라는 질문이었다. 이승만의 「청일전기」 번역은 먹잇감·사슴·한반도를 두고 쟁투를 벌이는 하이에나 떼·일본·청나라·러시아의 역학관계와 전쟁, 그리고 한국의 독립을 위한 자주적·독립적 노선을 찾아 제시하려 하고 있다. 이승만은 결국 '한성 감옥학교'에서의 통찰과 성령경험으로 그 해법을 찾게 된다. 『독립정신』에서 제시한 명확히 독립된 한국의 국가 미래상은 하나님이 만든 나라, 미국식 자유민주주의와 시장경제, 그리고 영세중립국의 길이었다.

그러나 1905년 대한제국 밀사가 가쓰라·테프트 밀약에 의해 좌절되고, 을사늑약을 당한 현실 속에서 그가 받은 배신감과 분노는 형언할 수 없을 정도였다. 그때부터 이승만의 질문은 강대국 미국은 믿을 만한 나라인가로 천착되었다.

미국이라는 나라는 선교사·기독교·학교를 통해 이승만을 키운 나라요, 미국 정치체제는 반드시 독립된 한국에 이식하여야 할 시스템이었다. 하와이는 국권회복 투쟁의 근거지가 되었고, 워싱턴과 뉴욕은 외교독립 투쟁의 주 무대였다.

이승만이 파악한 미국은 초강대국의 힘을 보유한 영세중립국이다. 중립국이 되려면 자기 충분성·충족성의 국력을 보유해야 한다. 이승만은 미국을 자기 충분성을 지닌 세계 유일한 나라로 평가했다. 그 연구가 박사학위논문 『미국이 주도하는 전시중립국』에 오롯이 담겨있다.

그렇다고 해서 이승만이 숭미주의자가 될 수는 없었다. 100개의 미국을 준다고 해도 한국을 더욱 사랑했다. 한국을 자신과 일체화했다.

독립과 통일을 꿈꾸는 이승만은 철저한 현실주의자였다. 이승만은 국제정치면에서 결코 미국을 믿지 않았다. 미국의 중립외교노선이란, 강대국을 중심으로 세계질서를 바라보는 힘의 논리를 바탕으로 한다. 따라서 강대국의 역학관계에 휩쓸린 약소국으로서는 너무나도 뼈아픈 비극을 당할 수 있다. 특히 한국과 같은 반도국가의 경우, 지정학적 요충성 때문에 더욱 그 위험성이 크다.

이승만이 대미외교를 펼칠 때는 반드시 역사철학에 기반했다. 1882년 조미수호조약을 배신한 미국 때문에 한국은 한일병탄을 당했으며 그 불씨는 만주·중국침략이라는 세계 제2차대전의 산불이 되었고, 결국 미국을 덮쳤다는 것. 이 같은 논리는 한미동맹과정에서도 이어진다. 한국전쟁의 원인은 현실을 무시한 트루먼 정권과 에치슨 라인에 입각했고, 중공의 개입과 한반도의 재분단은 맥아더 원수의 해임과 아이젠하워의 강화노선에 있었다.

평화선과 휴전도 같은 논리다. 맥아더 라인이 인정한 우리 땅 독도에 대한 주권주장은 일본과 연합군의 종전협상의제가 될 수 없다. 따라서 일본 어선과 어민들은 우리 영해의 침범·약탈자이므로 모두 체포·나포하여 한국법에 의해 처벌하겠다는 것이다.

휴전 또한 미국의 휴전논리는 중국과 소련노선에 집중되어 있다. 따라서 우리 한국은 민족자주 안보를 위해 북진통일을 해야겠으며, 그러므로 군 인력이 필요하고, 반공청년들은 당연히 석방하여 국가에 보탬이 되어야 한다.

이승만은 결코 숭미주의자가 아니라 용미·자유민주주의자였다. 실용적 측면에서 이승만의 계승자는 박정희. 이승만의 반공·통상자유·자유무역, 국가주도경제개발 계획, 원자력 발전은 박정희의 용미주의에 의해 계승되었다. 이념적 정치적 측면에서 이승만의 계승자는 김대중이다. 이승만의 기독교적 자유민주주의·사장경제·인권존중·인류보편가치 추구라는 형태의 용미주의는 김대중에 의해 계승되었다.

현실주의적 관점으로 국가 간의 정치를 바라본다면, 강대국은 오직 자신의 핵심적 국가이익을 위해 못 할 바가 없는 행위자들이다. 이승만의 현실주의적 고뇌는, 미안하지만 박정희의 깡과 김대중의 유연함으로 계승되었다. 다급할수록 이승만으로 돌아가야 하는 이유가 여기에 있다.

2) 깡, 독도를 지킨 외교의 신: 전시 중에 대통령직선제를 실시하다

1952년은 전시 중 격동의 한 해이다. 한국전쟁은 한반도형·국지적 세계전쟁이다. 미국·유엔 16개국이 참전하여 소련·중공과 맞붙었고, 일본은 미국·유엔군의 전쟁물자 전진기지였다. 세계전쟁의 화마 속에서, 1956년은 이승만·한국이 대외적으로는 미국의 힘을 이용하여 해양경계선·독도 영유권·실효적 주권을 획득했고, 국내적으로는 대통령을 직선제로 선출한 '특이한' 해로 기록된다.

'평화선'과 '제2대 대통령 선거'와 관련하여 많은 연구 성과가 넘친다. 그럼에도 필자가 실사구시와 실용, 시대정신의 잣대로 정리하는 까닭은 이승만의 신의 경지에 오른 외교역량과 신앙 차원의 국가주권 수호의 의지, '깡'에 주목하지 않을 수 없기 때문이다. 전쟁의 화마에 휩싸인 약소국·한국·이승만이 연합국·미국·맥아더 라인을 통해, 연합국·일본의 샌프란시스코 강화조약의 교묘한 책동을 분쇄하고, 자국의 **영토주권·독도**를 수호·회복하는 과정은 2020년 현재 한국이 당면한 외교현실 과제에, 의미심장한 교훈과 시사점을 제시해주고 있기 때문이다. 당면한 외교현실이란, 북한 핵 무력 대응방안과 위기의 한일관계, 약화되는 한미동맹을 의미한다. 동시에 전시국가에서 **부산정치파동·발췌개헌·대통령 직선제**가 나타나는 나라는 상상하기 어려운 세계사적 사건으로 판단된다.

○ 평화선, "독도는 몇 개 바윗덩어리가 아닌 조선침략의 상징"

우리는 평화선(Peace Line)이라고 하지만 미국·중국·일본 등은 이승만 라인(Syngman Rhee line 李承晩線, 李承晩ライン)이라고 부른다.

1946년 1월 29일, 맥아더 연합군최고사령부(SCAP)는 포고령 677호를 발령하여, 일본의 영토 경계선을 규정한다. 일명 맥아더 라인이다. 맥아더 라인에서 독도(Liancourt)는 일본의 영토에서 제외됐다. 독도는 한국 점령군인 미 24군단(군단장 존 하지 중장) 관할로 명

기돼 있다. 사실상 한국영토로 확인된다. 미군은 2차 대전 때 일본 군이 사용한 지도에서 독도가 일본 관할 밖에 있어 이를 근거로 '맥아더 라인'을 설정한 것으로 보인다.

그해 6월 발표한 포고령 1033호에도 독도 12마일 인근 일본 어선의 조업권 접근을 금지한다. 미군은 1947년 4월부터 독도 인근 해상을 전략폭격기 B-29 폭탄투하 훈련장으로 사용했다. 이 바람에 한국 어부 30여 명이 사망하는 참사가 빚어지기도 했다. 한국은 독도인근에서 홀로 조업하는 혜택을 누려왔다.

1951년 9월 8일, 샌프란시스코 강화조약이 조인되고, 1952년 4월 28일 발효될 예정이었다. 강화조약의 발효는 곧 맥아더 라인의 자동적 효력상실을 의미한다. 이후 일본 어선들의 독도인근 출어·남획이 기정사실로 여겨지고 있는 때였다. 문제의 단초는 샌프란시스코 강화조약 내용이 변경되면서 발생한다.

1951년 9월 8일 샌프란시스코 강화 조약 초안의 내용을 살펴보면, 1947년 3월 19일의 대일강화조약의 초안(원본)에서는 "일본이 포기하는 영토"에 독도가 명기되고 있었다. 즉 독도는 한국영토라는 얘기다. 그러나, 1949년 12월 29일 강화조약의 초안(= 2차본)에는 "일본이 보유하는 영토"에는 포함되고 "포기하는 영토"에는 포함되지 않았다. 원안에서 변경된 2차본 내용에 대해 미국·연합국 구성국들은 반발했다. 1951년 4월 7일 영국은 강화조약 미국 측 전권대사인 존 포스터 덜레스에게 독자적 협상안과 독도가 한국령으로 기재된 지도를 알려준다.

1951년 5월 3일, 결국 미국·영국은 독도를 한국과 일본 모두의 영토에서 기재하지 않는 방식으로 초안을 수정·확정했다. 맥아더

라인은 고려되지 않았고, 독도는 임자(owner)가 없는 섬이 될 처지에 놓였다. 전쟁의 화마 속에서 이승만·한국정부의 반응은 침착했고, 대응자세는 세계를 깜짝 놀라게 했다.

1952년 1월 18일, 이승만 대통령은 '한·일 간의 평화를 위한' 평화선(Syngman Rhee line); '대한민국 인접해양의 주권에 대한 대통령의 선언'을 제정·선포한다. 강화조약이 발효되는 4월 28일을 불과 100일 앞둔 상황이었다. 평화선은 맥아더 라인과 거의 일치했고, "대한민국 영토인 평화선 안으로 들어오는 모든 외국 어선은 주권침해로 간주하여 나포한다"는 게 그 요지다.

"독도는 일본의 한국침략의 최초 희생물이다. 해방과 함께 독도는 다시 우리의 품에 안겼다.

독도는 한국독립의 상징이다… 독도는 단 몇 개의 바윗덩어리가 아니라 우리 겨레의 영예의 닻이다. 이것을 잃고서야 어찌 독립을 지킬 수 있겠는가. 일본이 독도탈취를 꾀한다면 그것은 한국에 대한 재침략을 의미한다."(변영태 외무부장관)

1954년 1월 8일, 한국정부는 평화선 선포 2주년을 기해 독도에 '한국령(韓國領)'이라는 표지석을 세우고, 독도가 영원한 한국영토임을 밝혔다. 1952년 2월 12일, 미국은 평화선을 인정할 수 없다고 통보했으나, 이승만·한국은 이를 묵살한다.

1952년 6월 18일, 일본 어선들이 침범하여 조업해왔고, 한국 해군들은 그 어선과 선원들을 총격을 가해 나포했다. 한국 해군은 일본 어선 328척을 나포, 일본 어부 3,929명을 감금·억류했고, 이

과정에서 일본 어부 44명이 사망했다. 뒤에 협상할 때 이승만·한국은 일본 정부에게 형무소에 수감 중인 한국인 범죄자 석방을 요구했고, 일본은 이 요구를 수용하여 한국인 472명에게 특별 영주권을 주고 석방했다. 당시 한일 간에 전개된 협상은 우월적 협상이었다.

결과적으로 평화선 선언과 그에 따른 조처는 해방 이후 미수교 일본과 어로 문제·해양주권을 두고 13년간의 분쟁으로 이어진다. 이승만 정권에서 한·일 재수교가 이루어질 수 없는 시대상황을 보여주는 단적인 사례이다. 미국은 두 동맹국 간에서 대체적으로 중립적 입장을 지켰다.

1965년 6월 22일, 박정희 정권에 들어와 한일기본조약(韓日基本條約)이 체결되고 한일관계정상화가 이뤄진다. 한·일 어업협정부문에서는 13년 동안의 분쟁을 해소하기 위해 일본이 어업 협력금액으로 한국에 9천만 달러(영세어민용 4천만 달러는 정부차관 형식, 이자는 5%. 그 외 5천만 달러는 민간차관 형식. 이자는 5.75%)를 공여키로 합의했다. 아울러 양국 간 분쟁이 발생했을 때는 국제사법재판소보다는 양국 간 외교교섭을 통해 해결하기로 약속하였다.

박정희·김종필이 주도한 1965 한일어업 협정과정에서 일본 측의 강력한 요구에 밀린 결과 기존의 평화선은 무력화되었다. 특히 독도 인근을 공동어로구역으로 설정, 이후 독도를 둘러싼 갈등·분쟁의 빌미를 제공했다. 이는 한일기본조약이 일본에 대한 굴욕외교라는 비판의 근거가 되기도 한다. 이후 1995년 일본은 한일어업협정을 일방적으로 파기했고, 독도주권 분쟁이 현재진행 중이다. 이에 대해 대한민국 정부의 공식입장은 독도 분쟁과 한일어업협정은

별개의 사안이라고 이야기한다.

2020년 한국 정부는 1952년 전시·이승만·한국정부의 평화선 선언·물리적 충돌·우월적 협상을 깊숙이 환기할 필요가 있다. 비록 전시 중이었지만 이승만은 국제정세와 일본의 한계를 꿰뚫어 보고, 그들의 미래전략을 손금 읽듯 하고 있었다. 이승만 외교협상의 특징은 "이겨 놓고 협상한다"는 데 있다.

○ 이겨 놓고 협상한 이승만, 지고 들어간 박정희

국제정세란, ① 일본은 1992년 4월 28일까지는 국가주권을 잃은 패전국에 불과하다는 점, ② 반면, 한국은 유엔이 독립승인하고, 유엔군이 직접 전쟁하고 있는 '준유엔국가'라는 점(이승만이 맥아더 유엔사령관에게 작전권을 이양한 숨은 뜻은 한국을 준 유엔국에 자동 포함시키려는 효과 때문이다), ③ 유엔군이 한국군과 결합한 상황에서 일본의 군사적 행동은 구조적으로 제한된다는 현실, ④ 미국 등은 중립에 설 수밖에 없다는 현실을 가리킨다.

이승만을 위시한 한국의 입장은 "일본이 침입하면 선일본 전쟁 불사"라는 주장을 할 정도로 강경했다. 이승만의 강력한 조처는 국민들의 공감을 일으키는 한편, 다가올 선거에서 이승만에 대한 지지도 제고에도 영향을 미쳤다. 간선제 선거당선 가능성이 불투명해지자, 이승만은 대통령선거의 국민직선제 개헌을 추진한다. 그 결과 부산 정치파동·발췌개헌·대통령 직접선거로 연결된다.

○ 전시 중 대통령 직선을 하는 나라, 대한민국

1950년 5월 30일, 국회의원 선거 결과 야당이 압승했다. 국회간선제를 통한 대통령 이승만의 재선은 난망해졌다.

1951년 11월 30일, 정부는 대통령직선제를 골자로 하는 개헌안을 국회에 제출한다. 전쟁의 화마는 이승만의 지지도를 잡아먹고 진해되었다. 미국은 '외교 난동가 이승만'보다는 장면 등 부드러운 리더십을 원했고, 국회의원들은 내각제 개헌의지가 강했다. 이승만의 돌파구는 오직 대통령 직선제 외길뿐이었다. 국회는 당연히 이승만·정부의 직선제 안을 부결시키고(1952년1월 18일) 현행 간선제 대통령중심제를 폐기하고 내각중심제 개헌 입법을 추진하려고 했다.

이승만·원용덕 헌병사령관은 출근하는 의원들의 버스를 탈취하여 감금시키고, 국회 해산을 강행하기 위하여 부산과 경상남도, 전라남북도 23개 시·군에 계엄령을 선포하였다.(25일)

1952년 5월 26일, 내각제 개헌을 주장하는 야당 의원 50여 명을 헌병대가 버스째로 연행하고 12명은 국제공산당 관련 혐의로 구속해 버렸다. 정치파동이었다. 부통령 김성수는 대통령을 비판하며 사임했고(5월 29일), 이종찬 참모총장은 정치 중립·무개입의 자세를 견지했다. 국내외 비난 여론이 쇄도하자 이승만은 국회 해산을 보류한다고 표명했다.(6월 4일)

꼬일 대로 꼬인 혼란한 정국이었다. 국회의원 장택상을 중심으로 정부안·대통령직선제와 국회안·내각 책임제를 발췌하여 혼합한 이른바 「발췌개헌안」을 마련했다.

1952년 7월 4일, 계엄 군경들이 국회의사당을 포위했다. 국회의원들은 기립하는 방식으로 투표하여 출석 의원 166명 중 찬성 163표, 반대 0표, 기권 3표로 발췌개헌안을 통과시켰다. 그리고 부산

피난시절 대통령 직선제에서 국민들은 압도적 다수로 이승만을 당선시켰다. 1951년 12월 이승만은 어떤 정당에도 가입하지 않겠노라던 정당가입 불가원칙을 깨고 자유당을 창당했다. 자유당 창당과 발췌개헌안 통과는 이승만·독재의 출발점이었다.

필자로서는 부산정치파동·발췌개헌·대통령직선제에 이르는 일련의 과정이 난해하다.

실사구시에 입각하여 정리하자면, ① 전시 상황 속에서 권력창출을 위해 대통령 중심제를 내각제 개헌으로 추진하는 '정신 나간' 다수의 입법의원들, ② 또 국회의원들을 사실상 억류한 상태에서 대통령제 개헌을 강압하는 '후안무치'의 독립지도자·자유민주주의 대통령, ③ 정치력 부재상태의 야만적 혼란상 ④ 그런 이승만을 또 압도적 지지율로 대통령으로 재선출하는 국민들, 한마디로 **"깡밖에 남은 게 없는 지도자들과 국민들"**로 정리된다.

전쟁은 인간을 집단적 광기·야만·폭력의 권력투쟁이라는 혼돈 속에 처하게 해 집단지성을 마비시킴에 틀림없다. 이승만의 과오이다. 대통령 이승만은 특유의 정치력으로 난국을 돌파해 나갔어야 했다.

뒤에 역사평가에서 '평화선 선포'를 저평가 받게 된 원인이다. 평화선 선포와 대일본 전쟁불사 의지의 천명은 국민들의 자긍심에 난 상처를 회복하는 효과를 거뒀다. 비록 전시체제하에서라도 난생처음 대통령을 직접 뽑게 되는 국민들로서는 이승만 재선에 긍정적 점수를 줬을 가능성이 높다.

전시상황임을 감안하여 '당(옳음)·부당(그름)'을 떠난다고 해도, 이승만의 자유당 창당·부산정치파동·발췌개헌 사건은 훗날, 박정희·전두환·노태우의 군사정변 의지에 '잘못된 신호'의 유산으로 작용되었음은 분명하다.

3) 한미동맹,
강대국이 약소국에게 당한 세계사적 불평등조약

한국 학계·언론계·교육계·정치계가 착오 속에 일반적으로 사용하고 있는 외교 언어가 있다. 바로 '한미동맹'과 '한미상호방위조약'이다. 한미동맹은 실사구시와 실용, 시대정신에 입각하여 구분해야만 이념적 논쟁으로부터 자유스러울 수 있다. 한미동맹 (ROK · US Alliance; Coexisting Partnership between S.Korea and U.S.)은 한미관계의 역사성을 통괄한 개념이며, 한미상호방위조약(ROK–US Mutual Defense Treaty)은 양국 간의 군사 안보조약이다. 예를 들어 2019년을 '한미동맹 65년사'라고 정의한다면, 1953년 이전의 한미관계의 시간들은 실종된다.

따라서 한미동맹을 논할 때 반드시 역사성이 전제되어야 한다. 한미동맹이라 함은 1945년 9월 8일, 미국의 38°선 이남, 즉 남한 진주로부터 현재까지의 진행되고 있는 한미관계를 통틀어서 지칭한다.

한미 상호방위조약이라 함은 1953년 10월 1일 미국 워싱턴 D.C.에서 변영태 외무장관과 덜레스 미 국무장관이 조인하고, 1년 후 1954년 11월 18일 정식 발효된, 대한민국과 미합중국 간의 상호방위조약(Mutual Defense Treaty between the Republic of Korea and the

United States of America)을 의미한다.

요컨대, 한미동맹의 알파(A, 시작)는 1945년 9월 8일이며, 1953년 한미상호방위조약으로 한미 간에 공식·조인되었으며, 현재진행형에 있다. 그 차이점은 한미동맹은 현재진행형의 역사이며, 한미상호방위조약은 한미 간 외교적 사건이라는 데 있다.

○ 한미상호방위조약 내막: 반공 청년 포로석방

1950년 10월 25일, 압록강을 도하한(19일), 중공인민지원군은 첫 전투를 개시했다. 한반도 침공군은 연인원 60만 명으로 추정된다. 한·만 국경을 눈앞에 두고 승전의 시간을 기다리고 있던 국군·유엔군에게는 마른하늘에 날벼락이었다. 인해전술에 밀려 퇴각한다. 1·4후퇴 이후 서울 재탈환, 그리고 전선은 38°선에 고착되면서 중공·북한군과 유엔·한국군 간에는 수많은 사상자가 발생하는 치열한 전투가 지속되었다.

1951년 7월 10일, 유엔 소련대표 말리크(Yakov Aleksandrovich Malik)는 전전협상을 제의했고 중공·북한과 미국은 이를 수락했다. 휴전협상 분위기는 이승만의 생각과는 다르게 진행되었다. 한국·시공간은 해방 전후 38°선 분단 상태로 역행하고 있었다.

이승만의 꿈과 드라마는 무너지고 있었다. 이승만에게는 "한국 전쟁발발 ⇒ 유엔군참전 ⇒ 맥아더사령관 ⇒ 인천상륙 ⇒ 평양수복 ⇒ 한·만국경 대치"에 이르는 일련의 과정이 유엔·한국군에 의한 통일을 이룰 천재일우의 기회였다. 현실주의자인 이승만은 미·소·중 강대국들은 '분단의 현상유지'를 원할 뿐, 결코 한반도의 완전한 통일을 진심으로 바라는 국가들이 아니라는 것을 알고 있었다.

유엔군이 참전한 이유도 일본·태평양선의 완충인 한반도의 지정학적 중요성 때문일 뿐이었다. 철석같이 믿었던 맥아더 사령관이 강제사임·본국으로 송환된 지금, 다시는 통일의 기회가 오지 않을 수도 있다. 따라서 자나 깨나 '북진통일론'을 내세웠다. 이승만의 북진통일론은 외교적 제스처가 아닌 현실적 몸부림이었다. 이승만은 "약소국입장에서 미국에 순응하여 휴전에 협조하면, 비록 칭찬을 받을지는 모르지만, (한국의) 자살을 재촉하는 행위"라고 언급했다.

"미국의 중립노선 원칙과 한반도 분단의 현상유지 정책에 끌려가면, 한국은 또 하나의 자유중국이 되거나, 해방 전후 분단의 시공간으로 되돌아간다. 한국이 공산당에 팔릴 바에야 통일의 그날까지 전쟁·북진을 계속해야 한다."

○대통령 명령이니 "반공애국청년들을 석방하라"

그리고 '외교의 신·유엔 깡패' 이승만은 초유의 결단을 내린다. "약소국 한국도 마음만 먹으면 (강대국 미국을 향해) 무엇이든지 할 수 있다" 히든카드는 헌병사령관 원용덕 중장이었다.

1953년 3월 24일, 3개월 전 이승만은 대통령 제 153호에 의거 국군헌병사령부를 국방부 내에 설치했고, 원용덕 소장을 중장 진급과 동시 헌병총사령관에 임명했다. 그리고 극비리에 반공포로 석방작전계획수립을 명령했고(6월 6일), 작전계획을 수립한 원용덕 장군이 경무대로 대통령을 예방했다(6월 8일).

"나의 명령이니 반공한인애국청년들을 석방하라. 가만(可晩)"

제네바 협약상 포로는 스스로의 운명을 결정할 권리가 없었다. 따라서 이는 대통령이 결정한 극비 친필 명령서였다. 원용덕 장군은 손원일 국방장관, 백선엽 참모총장에게도 비밀로 하고, 육군헌병사령부와 포로경비대를 통해 이를 수행하였다(이승만은 손원일·백선엽에게 "원용덕에게 숙제를 주었네. 잘 좀 도와주게!"라고 넌지시 언질을 주었다).

1953년 6월 18일 0시, 전국 포로수용소에서는 반공포로 27000명이 석방됐다. 이어 6월 19일 새벽 6시. 헌병총사령관 원용덕 중장은 중앙방송국에서 "반공포로를 석방했다"는 담화문을 발표했다. 소식을 들은 애국학생들은 헌병총사령부 정문 앞에 몰려들어 "원용덕 장군 만세"를 외쳤다. '포로의 아버지'가 된 원용덕 장군은 63세 일기로 타계했다.

1953년 6월 18일 오전 8시, 이승만은 "내가 책임을 지고 인도주의적인 입장에서 반공포로들을 오늘 석방시키라고 명령했다"는 성명을 발표했다. "청명에 죽으나 한식에 죽으나"가 알맞게 벼랑 끝에 내몰린 이승만이 미국을 향해 경고한 것이다. 이승만식 승부수는 미국 조야와 전 세계를 충격 속에 빠뜨렸다. 덜레스 국무장관은 잠든 아이젠하워 대통령을 깨워 보고했다. 타임지는 이승만을 표지 인물로 선정했다.

"이렇게 되면 최후의 전면전이 불가피하고, 자칫 확전되면 원자탄을 사용해야 할지도 모른다." 강화론자 아이젠하워(Dwight D. Eisenhower, 1890-1969)는 이승만을 강하게 비난했다. 이승만도 물러서지 않았다.

"역사만이 나를 심판할 수 있습니다. 비록 우리의 행동이 자살

행위가 될지라도… 그것은 우리의 특권입니다. 미국과 한국이 다른 길을 가야 한다면 여기서 친구로서 헤어집시다."

결국 미국은 이승만을 제외한 휴전은 없음을 깨닫고, 지한파이자 이승만과 교분 깊은 로버트슨(Waiter Robertson) 국무부 차관보를 특사로 보내 이승만 설득에 나섰다. 두 사람은 6월 25일부터 7월 11일까지 14차례의 회동을 진행하고, 합의에 도달했다.

이승만·한국은 미국으로부터 한미상호 방위조약·경제원조·국군증강 등을 당당하게 받아냈다. 이승만이 미국에게 준 것은 "휴전에 반대하지 않겠다"는 한마디의 말뿐이었다. 세계사에 영원히 남을 세계최약체국 한국·이승만이 세계최강국 미국·아이젠하워를 상대로 벌인 대미 외교대전의 승리였다. 1953년 7월 27일, 개성 판문점에서 유엔·중국·북한 간 휴전협정이 조인되었다.

1953년 10월 1일, 미국 워싱턴 D. C. 백악관에서 변영태 외무장관과 덜레스 미 국무장관의 서명으로 한미상호방위조약이 체결되었다. 미국은 1952년 7월 부산정치파동기간과 휴전협정기간 동안, 두 차례에 걸쳐 이승만을 제거하고 쿠데타 정권을 세우려는 에버레디 작전(Operation Eveready)을 수립한 사실이 뉴욕타임즈(1975.8.3. 일자)에 의해 드러났다.

4) 한·미동맹의 역사 정체성: 역사와 국가운명의 미래 혈맹

한미동맹의 기원은 1882년 조·미 수호 통상조약이다. 조·미 조약은 미국의 오판과 배신으로 이행에 실패한 조약이다. 대한제국은 일본에 병탄되고, 일황 군국주의가 일으킨 대동아 세계전쟁의 화마로 번진 자그마한 불씨나 다름없었다.

1953년 한미동맹은 실패한 역사, 1882년 조미수호통상조약의 '통회'에서 성립된다. 역설적이게도 '역사적 통회와 대안'을 완성시킨 주인공은 한국인이었다. 1904년 조·미 수호조약의 이행을 위해 밀파된, 대한제국 특사 이승만은 가쓰라·테프트 밀약(memonrandom)이라는 암초를 만나 좌초하고 만다.

1910년 이승만은 냉혹한 국제관계의 현실에 좌절하고, 그 좌절감은 단 5년 만에 조지워싱턴(학사), 하버드(석사), 프링스턴(박사) 졸업과 170여 회라는 강연을 병행하는 초인적 강행군을 가능케 한 자기혁명의 열정으로 승화되었다.

1951년 이승만은 '벗 맥아더 장군'을 사임시키고, 정전협정과 함께 철수하려는 미국 아이젠하워 행정부의 정책기조를 속속히 읽고 있었다. 이승만은 정전협상 불참·반공포로 석방 강행·연합군 철수 시 단독 북진 전쟁불사론을 펼친 끝에 한미동맹을 맺었다.

이름하여 "한미상호방위조약(Mutual Defense Treaty between the Republic of Korea and the United States of America)"이다. 1882년 맺은 한미동맹이 1953년에 와서야 법적·국제적·물리적 기반을 마련했다.(1953년 8월 8일 서울 가조인, 10월 1일 워싱턴 D.C. 정식 조인, 양국 국회의 비준을 거쳐 1954년 11월 18일부터 공식발효)

한미동맹은 강대국·미국·아이젠하워가 강제적으로 끌려다니며 약소국·한국·이승만과 맺은 세계사적으로 유례가 없는 불평등조약이다. 미국은 안보방면에서는 주한미군 주둔은 물론, 경제방면에서는 6억 달러 무상원조를 약속했다. 그리고 통상, 외교와 교육 문화방면 등 거의 전방위적인 지원을 약속해야 했다. 미국으로선 한미동맹은 1882년 배신·1950년의 오판에 대한 '통회의 보상'의 성격에 해당한다. 한미동맹을 동요·훼손하려는 행위는 반역사·반국가적인 의도로 해석되는 이유이다.

한·미동맹 정체성은 포괄적 역사동맹이자 현실적 국가동맹이고, 미래동맹이다. 역사동맹이란, 기독교선교사들의 헌신, 한국전과 베트남전을 함께 치른 혈맹의 축적이다. 현실적 동맹이란, 군사·안보·외교·경제·정보적 측면을 말한다. 미래동맹이란, 비핵 한반도 영세중립국가노선의 운명을 결정할 안보동맹 정체성을 의미한다.

첫째, 한미동맹은 종교·문화적으로는 기독교 신앙 동맹으로 시작되었다

이수정·언더우드·아펜젤러로 시작된 개신교 신앙과 교육문화 개화의 역사이다. 조선 말은 암흑의 시대였다. 가난과 질병과 무지와 억압 속에서 신음하던 이 땅의 사람들을 개화시키고, 그리스도 예수를 알려 주고, 교육시키고, 병원을 설립하면서 이 땅에 묻힌 선구자들은 선교사들이었다. 크리스천 이승만과 건국의 주인공들을 길러 낸 영성의 보호자들도 선교사들이었다.

개화와 함께 한국 문명은 구습의 한자문명권에서 벗어나 미국중심 신 영어문명권으로 전환되었다. 그리고 개화 100년, 현재 한국의 방탄소년단(BTS) 등 세계를 휩쓸고 있는 한류 문화의 원천은 모두 개화교육과 서구 융합문화에서 발원된다. 미국의 입장에서 기독교 동맹국가는 전 세계에서 한국이 유일한 존재이다. 한국기독교는 미국 기독교가 기원·염원했던 아시아판 기독교국가의 전형이다.

둘째, 한미동맹은 군사·안보 피의 동맹이다

한국전쟁(1950-53) 때 미군은 480,000명이 참전하여 36,574명의 청년들이 한반도 산하에서 전사하고, 103,284명이 부상했으며, 3,737명이 실종되었고, 4,439명이 포로로 잡혔다. 총 137,250명이다.

베트남전(1964-66) 때는 반대였다. 한국군은 32만 명이 파병되어 5,099명의 청년들이 주검으로 돌아왔고 11,232명이 부상당했으며, 159,132명이 고엽제후유증으로 시달리고 있다. 피·생명을 나눈 운명·가치의 현재진행형 동맹을 보여 준다.

평화 시에는 정보·작전·기술·합동훈련 동맹으로 진행된다. 한반도의 통일이 이뤄진다고 해도 영세중립국가로서의 기반이 구축될 때까지는 존속해야 하는 역사적·현실적인 당위성을 갖는다. 반도국가 한반도의 운명은 국력이 약화되는 순간, 강대국들에게 순식간에 사슴처럼 찢겨 먹히는 것이 숙명이다. 이승만은 미국의 국가정체성이 한반도를 에워싼 강대국 중 유일하게 영토 팽창 야욕이 없는 나라임을 통찰했다. 옥중 저술인 『독립정신』의 결론부에 제시되어 있고, 그 연구 성과가 박사학위논문 「미국이 주도하는 전시 중립국가론」이다.

셋째, 한미동맹은 경제공동체 동맹이다

미국은 1945년 8월 15일 한국이 일본으로부터 해방된 직후부터 1970년 5월까지 20년 동안 물자와 외화부족 문제를 무상으로 지원해 주었다. 특히 1953년, 한미 상호방위조약(한미동맹) 체결에 따라 미국의 한국 원조정책은 확대되었다. 한국에게는 유일한 외자도입 창구였던 미국의 원조는 무상 약 44억 달러, 유상 약 4억 달러에 달했는데, 한국 경제부흥에 가장 큰 바탕이 되었다. 한국 경제의 투자재원 마련, 국제수지 적자보전 및 경제성장과 인프라 구축, 기업창업에 매우 중요한 역할을 했다.

1953년 8월 8일, 한미동맹 최종안을 서울에서 가조인한 뒤 이승만은 성명서를 발표했다.

"한미상호방위조약이 성립됨으로써 우리는 앞으로 여러 세대에 걸쳐 많은 혜택을 받게 될 것이다. 이 조약이 있기 때문에 우리는 앞으로 번영을 누릴 것이다. 한국과 미국의 이번 공동조치는 외부 침략으로부터 우리를 보호함으로써 우리의 안보를 확보해 줄 것이다."

한국전쟁 후 백년대계를 고뇌하고 승부수를 던지며 한미동맹을 체결해 냈던 이승만의 혜안은 불과 10년 뒤 베트남 전쟁에서 확인되었다. 1965년 5월 18일, 박정희·케네디 간 워싱턴 한미정상회담에서 "한국에서 전쟁이 발생할 경우 미국은 즉각 자동적으로 개입한다"는 전제 속에 한국군의 베트남 파병이 확정되었다.

미국은 한국에 대해 미국 시장을 개방하고 최혜국 대우를 했으며, 베트남에 한국기업진출을 허용했다. 미국은 한국군 병사에게 2억 3천 6백만 달러를 지불했고, 대한민국은 파병의 대가로 경제 발전을 이루었다. 대한민국의 GNP는 파병을 전후로 하여 5배가량

성장했다. 경부고속도로가 건설되고 항만 인프라가 구축되고, 그리고 눈부신 중화학공업 발전이 이루어졌다.

넷째, 체제동맹이다

자유민주주의와 시장경제 동맹이다. 아시아 국가를 통틀어 미국식 자유민주주의와 시장경제체제의 원형을 훼손하지 않고 이식한 나라는 대한민국이 유일하다. 미국식이란 기독교입국론을 의미한다. 물론, 이승만 정권 말기의 과오, 박정희 근대화 개발독재의 폐단이 있었으나, 김대중·김영삼 정부의 민주화 성공으로, 불과 50년 만에 근대화와 산업화에 성공한 최초의 국가로 우뚝 섰다.

아시아를 통틀어 한국보다 높은 수준의 민주주의와 시장경제체제를 구축한 나라는 결단코 없다. 대통령 중심제하에서 삼권분립이 명확하고, 종교·인권·사상·교육·언론·출판·양성평등 면에서 미국, 선진유럽과 유사한 체제의 성숙도를 갖추었다.

타이완은 총통 민주주의체제이고, 일본은 천황중심 입헌민주주의에 가깝고, 싱가포르는 기독교에 기반하고 있지 않다. 110년 전부터 한미동맹을 기반으로 근대화와 민주화를 이뤄야 한다는 비전과 전략과 계기를 통찰하고, 이론화하고, 투쟁하고, 만들어 낸 한반도·한민족의 운명적 지도자는 누구인가? 이수정·아펜젤러·언더우드 등 선교사가 지키고 양육한 우당 이승만이다.

Ph. D. 요한은 기록한다. 한미동맹을 흔들려는 세력들이 있다. 사실이라면 절대적 오판이고 오류이고, 자살·자멸 행위다. 한미동맹은 미국과 한국의 역사적 운명동맹이기 때문이다. 물로 피를 씻어 낼 수는 있지만, 페인트로 피를 만들어 낼 수는 없다. 역사를 올바르게 본다면 스스로를 기만하지 않게 된다. 이승만의 관점에서 볼 때, 한미동맹이 강하게 결합되어 있다면 북한 김일성·김정일·김정은 핵 무력·독재 왕조체제는 한 줌 거리도 안 된다. 기독교를 근간으로 하는 민주주의, 시장경제 체제와 공산당 전체주의 체제는 결코 양립할 수 없다. 박정희·김대중의 남북 대화과정은 전쟁과 평화의 공진과정이었음을 눈여겨봐야 한다. 미국의 중립패권은 힘에 의해 유지되듯, 평화는 오직 힘에 의해 유지될 뿐이다. 이승만을 바로 보면, 미래가 보이는 이유이다.

VI.

삶의 저편에서: 이승만과 김구, 그리고 박정희 · 김대중이 함께 만나 대화하다

1. 이승만과 김구,
무엇이 같고 어떻게 다른가?

　이승만과 김구의 접점과 평행, 그리고 분기점을 논함에 있어 좌파·우파 등 진영논리를 적용하면 크나큰 오류를 범하게 된다. 한국독립투쟁사의 두 축이었던 거인들의 발자취는 철두철미한 실사구시적 방법론의 적용을 요구할 때만이 이해할 수 있다.

　실사구시에 입각하면 이승만과 김구는 UN감시체제하의 단독 정부수립 추진까지는 '형님아우'관계로 별반 문제가 없었다. 그러나 한민당 장덕수 암살사건을 분기점으로 김구는 단독정부 수립론을 버리고, 남북 제정당 연석회의노선으로 선회, 방북하면서 둘 사이는 갈라진다. 남북연석회의의 내용은 "유엔대표단의 감시하에 선거 가능한 지역부터 정부를 수립하도록 한다"는 유엔의 결정을 배제하고, "우리 민족끼리 합의하여 통일정부를 세우겠다"는 것이었다. 그 결과는 차치하고, 이승만이 김구를 배신한 것이 아니라, 김구가 반공·UN방침을 철회하고 좌우합작 노선으로 수정·선회한 것이다. 오직 실사구시에 입각하여 이승만과 김구의 접점과 분기점을 찾아보고, 그 결과와 맞춰 보는 일관성·과학성·균형성이 요구된다.

1) 단정수립론과 임정 마지막 주석추대 거부

1946년 6월 3일, 이승만은 전북 정읍에서 "소련·김일성이 북한을 점령·봉쇄한 지금, 남북한 통일정부를 세우는 일은 난망하게 되었다. 시간이 지체되면 남한에 소요가 일어 공산화될 수도 있다"면서 "선거가 가능한 남한만에서라도 일단 단독정부를 수립해야 한다"고 연설했다. 이른바 정읍발언이다.

엄청난 역풍이 일었다. 미군정은 물론, 박헌영 조선공산당, 심지어 김구의 한독당까지 나서 "이승만이 통일을 반대하고 찬탁·단독정부수립으로 돌아섰다"면서 비판했다. 코너에 몰린 이승만은 민족통일총본부를 결성하여 모면해 나갔다. 마침내 이승만은 특유의 승부수를 던진다.

1946년 9월 10일, 먼저 선발대로 임영신을 미국으로 보내 모스크바 3상회담 결정을 취소하고, '소련의 북한장악 현실화·통일정부 불원·선거 가능한 남한 과도정부 수립론'을 주장하게 했다. 12월 초에는 그 스스로 미국으로 건너가 4개월 동안 미국 조야를 만나, 설득하는 노력에 총력을 기울인다.(1947년 12월 2일-4-13)

이승만이 출국할 때 김구는 김포 비행장에 나가 환송하였다. 두 지도자 이승만·김구는 깊은 밀약을 맺어 두었다. 이승만의 미국 외교활동을 강화하는 차원에서 국내에서는 김구를 중심으로 우익 세력을 총결집시켜 반탁운동을 벌이되 김구가 투옥될 정도로 격렬하게 하자는 것이었다. 그런데 이승만·김구밀약은 미군정 첩보망에 걸려들었고, 하지의 미움을 단단히 사게 되었다. 하지는 미국으로 이를 보고하여 이승만의 활동을 저지하는 한편, 직접 날아와 서

재필을 만나 이승만의 대안으로 교체하려 했으나 불발, 한국으로 귀국한다.

1947년 1월 17일, 뒤늦게 상황을 알고 난 이승만은 미국 워싱턴 발로 김구에게 급전을 보내 과격시위 중단을 요청했다. 노발대발한 하지 중장은 다시 경고했고, 결국 김구는 학생들에게 과격시위를 자제해 줄 것을 당부했다. 이승만이 미국에 있는 4개월 동안, 국내 민족계열 구심점은 김구에게로 집중되었다.

47년 2월 14일(~ 2월 17일), 김구는 비상 국민회의를 소집하여 민족통일총본부, 비상국민회의, 독립촉성국민회 등을 통합하여 국민의회를 결성하였다. 김구의 입장에서는 "만약 이승만이 조속한 시일 내에 미국 측으로부터 확약을 받지 못한다면 김구 자신의 계획에 따라 실천에 옮기겠노라고 약속으로 하고 이승만의 도미를 찬성했다." 김구로서는 이제는 김구의 길을 선택해야 할 시점에 이르렀다. 김구 · 임정계열의 계획은 이승만과는 별개로, 1945년 3 · 1절 전후로 범한민족 독자정부를 수립하는 계획이었다. 그러나 김구의 비밀스런 계획은 누설되어, 거사는 좌절되고 말았다.

1947년 3월 3일, 김구는 차선책으로 임시정부 국무위원을 보선했다. 이승만이 임시정부 주석, 김구는 부주석으로 추대되었다. 김규식, 장건상, 김붕준 등 중도파 국무위원은 보선에서 배제되었다. 4월 귀국한 이승만은 임시정부 마지막 주석직을 수락하지 않았다.

1947년 4월 21일, 이승만이 귀국하는 날, 김포공항에 마중을 나간 김구는 이승만에게 단정론 연설은 하지 말도록 충고했다. 단정론 연설이 자칫 국민들의 감정을 자극할 수 있다는 이유에서였다. 이승만은 그의 의견을 받아들여 연설을 취소했다.

1947년 5월 24일, 미소공동위원회가 열리자 이승만·김구·우익 59개 단체는 반탁 투쟁을 전개했다. 그런데 한민당이 돌연 미소공위에 참가결정을 하고 74개 정당 사회단체로 구성된 '임시정부수립 대책협의회'를 출범시켰다.

1947년 6월 23일, 고립된 이승만·김구는 이철승과 전국학생연맹 등 청년들의 반탁데모를 격려하며 분위기 반전을 꾀했다. 그러나 김구와 이승만의 격려와 지원에도 불구하고 대규모 군중동원에 실패한다.

1947년 9월 17일, 미군정은 트루먼 독트린에 따라 한국 문제를 UN으로 이관한다고 밝혔다. "미소공위를 통해 한반도에 민주적 독립국가를 설립한다"는 계획을 포기한다는 선언이었다. 상황은 급반전되었다. 소련은 반발했고, 이승만·김구는 한민당과 함께 이를 크게 환영하였다. 이승만과 김구의 운명적 동행은 여기까지였다. 김구는 평소 이승만을 '우남 형님', '우남장(雩南丈)'으로 존칭했다. 이후부터는 경쟁자이자 적으로까지 갈라서게 된다.

2) 결별: 장덕수의 죽음과 남북 제정당 연석회의

'선거 가능한 남한지역 단독정부수립의 유엔이관'은 이승만의 대미국 외교청원활동의 과실이었다. 트루먼 독트린과 함께 미국이 주도하는 유엔이 한국독립문제를 소관하게 되었다. 미군정의 입장은 반전되었고, 소련은 강력히 반발하며 황급히 대표부를 철수시켰다. 자칫 유엔대표단의 방북을 수용해야 할 처지가 될 수 있기 때문이다. 이제 급물살을 탄 남한 단독정부 수립론은 대세가 되었다. 이승만과 김구의 우익 공동정부 수립이 목전에 와 있는 듯했다.

그러나 1947년 12월 2일, 한민당 당수 장덕수가 암살되었다. 체포된 용의자들은 경찰·교사 등 모두 한독당 당원들이었다. 배후로 지목된 김구로서는 빼도 박도 못 하는 처지로 내몰렸다. 미군정 법정은 김구의 증인출석을 요구했고, 김구는 이승만에게 도움을 요청했다. 이승만은 거절했다. 이승만도 최근 두 차례 신원미상의 자들로부터 저격을 당했던 터이다. 이승만은 오히려 "김구가 배후일 리는 없다"라는 말로 우회하여 지목했다. 김구는 김좌진 장군의 기일에 참석하여 억울함을 토로했다.

"당신과 내가 같은 감옥에서 만났는데 당신은 먼저 가고 나는 남아 이 치욕을 당한다"는 게 그 요지였다. 그리고 김구의 행로는 전환된다. 이승만과 결별한다. 돌연 단독 정부수립 반대 입장으로 선회하고 '우리 민족끼리' 통일정부를 논의하기 위한 남북연석회의를 제안·강행한다. 이승만은 소련·김일성의 정치쇼에 당한다고 지적했고, 김규식 등 우익중도 계열도 말렸고, 이철승 등 학생연맹은 경교장 앞에서 "우리들을 밟고 넘어 가십시오"라며 데모했다. 김구는 담을 넘어 강행했다.

김구의 남북연석회의 결정·월북은 우익정치사의 결정적 오점을 남긴 사건이었다. 북쪽에서는 소련이 짜 놓은 정교한 플랜이 김구 일행을 기다리고 있었다. 35세의 신예 김일성을 71세의 임시정부 주석, 백범 김구 선생의 어깨 위에 태우는 정치적 쇼를 진행했다. 모든 공식 회의와 만남은 "김일성 장군 만세"로 시작하여 끝났다. 남북 통일정부 수립 방안 논의는 아예 없었다. 소련·김일성은 김구가 요구한 조만식 선생도 석방하지 않았고, 두 달 뒤에는 남한으로 내려 보내는 전력조차 끊어 버렸다.

김구는 연석회의 합의·선언대로 남한만의 단독 총선거에 참여하지 않았다. 단독정부 수립은 이승만의 주도로 건국하게 된다. 김구는 사실상 현실정치 리더십을 망실했다. 그리고 안두희의 총탄에 서거한다.

김대중은 김구의 이상주의적 오판에 따른 현실주의적 착오를 지적했다. 김대중은 "남북연석회의 참가결정은 이상주의적 오류였다"면서 "김구가 5·10선거에 참여하여 대통령이 되었다면 역사는 달라졌을 것"이라고 언급했다. 김대중의 말 뜻은 남북 연석회의는 정치인에게는 금기시되는 이상주의적 결정이었고, 현실적으로 5·10선거에 참여하여 이승만과 1, 2위를 다퉜어야 한다는 얘기다. 그리고 패배하더라도 2인자 자리를 확보하여 이승만·김구의 우익에 의한 여·야정치 구도를 구축했어야 한다는 지적이다.

김대중의 견해는 '상인적 셈법'에 따른 현실적 설득력을 갖는다. 한국전쟁 중 일어난 부산정치파동 등 난맥상은 김구의 공백으로 인해 이승만의 독주가 가능했기 때문이라는 분석이 설득력이 있다. 아무튼 장덕수의 죽음과 남북연석회의 사태는 이승만과 김구 노선을 완전히 결별시켰다.

2. 우남 이승만이 바라본 박정희·김대중의 역사

1) 박정희, 이승만 역사 절반의 계승·절반의 배반: 박정희 역사 최악의 배신: 전두환 신군부

한국 정치사를 논할 때 우파 지식인들은 부지불식간에 이승만·박정희·전두환·노태우·이명박·박근혜의 계보를 세운다. 이렇게 계보를 조립하면, 보수 우파는 자신들의 뿌리·생육과정·개화기와 결실기를 질서 있게 파악하지 못하는 혼돈(Chaos) 속에 휘말린다. 그 원인은 은연 중 박정희를 역사의 중심축으로 놓는 오류를 범하기 때문이다. 박정희를 현대사의 중심축으로 놓고 보수우파의 전체 정부들을 재배열하면, 두 가지 기현상이 초래된다. 전두환·노태우 정권이 정당화·합리화되고, 이승만 역사는 있으나 마나 한 존재라는 착시현상이 일어난다.

실사구시의 관점에서 볼 때, 최소한 전두환 정권은 '무어라고 말할 수 없음'의 역사적인 카오스(Historic Chaos) 정권이다. 전두환 정권은 박정희·노태우 정권처럼 선거에 의해 탄생한 민주주의 정권이 아니다. 알고 보면 기형적 정체성을 지녔다. 박정희의 후예인 듯하면서도 전혀 다른 모습을 지녔다. 우파 지식인들은 치열한 논쟁을 통해 전두환의 역사적 자리를 결정해야 한다.

또 박정희 정권이 이승만 정권을 계승했다는 논리도 절반의 설득력을 지닐 뿐이다. 이승만이 대한민국을 계승했다고 해서 조선 고종황제를 잇지는 않았다. 오히려 이승만은 고종황제를 망국의 구악으로 정리하고, 고종 폐위론 공모 죄목으로 투옥·종신형을 받은 역적이다.

5·16 군사정변에 성공한 직후, 박정희는 이승만을 "썩어 문드러진 해방귀족"으로 규정했다. "노인의 눈 어두운 독재와 썩어 문드러진 자유당과 관의 권리를 중심으로 한 해방 귀족이 날뛰었다"고 평가했다. 박정희 군사정변은 원래 이승만·자유당의 구악폐습 청산을 목적으로 하고 있었다. 제2공화국 윤보선 대통령·장면내각은 이승만 정권 청산에 한계와 무능력이 검증되었기 때문에, 군인·군대가 들고 일어섰다는 것이 대의명분이었다.

1960년 6월 15일(~ 61년 5월 16일)

1960년 4·19 혁명으로 이승만·자유당의 제1공화국이 붕괴된 뒤, 대통령 윤보선, 국무총리 장면의 제2공화국이 들어선다. 헌정체제는 의원내각제 중심의 헌정체제였고, 국무총리 장면, 대통령 윤보선이었다.

민주당 정권은 국정비전을 자유민주주의 정치이념·경제개발 산업입국으로 내세웠다. 그러나 민주당·신파 윤보선과 민주당·구파 장면으로 갈라져 치열한 내부 권력투쟁에 몰입하여, 국정추진 리더십과 4·19혁명에 나타난 국민적 요구(= 시대정신)를 수렴하지 못했다. 특히 군사반란의 조짐이 감지되었음에도 안이한 판단으로 일관하여 박정희의 군사정변에 속수무책으로 정권을 강탈당했다.

1961년 5월 16일, 박정희 등 군부가 심야에 육·해·공군을 동원하여 일으킨 군사정변의 숨은 표적은 신생·무능·내부분열에 휩싸인 윤보선·장면 민주당 정권이 아니었다. 이들 군사정변의 주된 명분은 '구악' 이승만 정권 폐습의 일소와 혁명에 있었다.

정변 당시 수많은 인사들의 지지성명이 줄을 이었다. 오죽하면, 장준하는 사상계 6월호에서 "과거의 방종, 무질서, 타성, 편의주의의 낡은 껍질에서 탈피하여, 일체의 구악을 뿌리 뽑고 새로운 민족적 활로를 개척할 계기를 마련한 것이다"라며 지지했고, 송건호까지 나서 박정희·군사정변에 대해 지지를 표명했다.

박정희는 정변 직후 독립운동가들을 우대했다. 독립운동가 김학규를 사면·복권했다. 김학규는 해방 직후 만주 일본군의 해체와 함께 길을 잃고 광복군으로 찾아온 박정희를 휘하에 거뒀다. 환국 뒤에 안두희를 이승만에게 소개해 줬다가 '김구의 암살' 배후의 누명을 쓰고 투옥됐다. 박정희는 또 김구 선생의 아들 김신을 중용했고, 1962년 3월 1일과 8월 15일 독립운동가 2천여 명에 대한 포상을 단행했다. 이승만과 단절된, 박정희만의 역사를 써 내려가기 시작했다.

반면, 박정희는 이승만에 대해서는 냉혹하기만 했다. '살아 있는 권력' 박정희는 '죽은 권력' 이승만을 "독재로 국민들의 기본권이 제대로 무시되었고, 거듭된 실책으로 경제를 파탄케 하여 우리 민족의 장래를 어둡게 한 인물"로 단죄했다. 1962년 박정희의 군사정변 뒤 이승만은 귀국하려 한다. 당시 김종필 중앙정보부장은 직접 나서 "국민들에게 '진사(陳謝)'해야 한다"고 말했다. 진사란 전쟁 중에 적장 앞에 나아가 무릎을 꿇고 사죄하는 행위다. 1637년 2월 24일 병자호란 때 삼전도에서 조선 인조 임금이 청 태종 홍타이지에게 항복한 사례이다.

박정희 또한 "정부의 허가가 없는 한 귀국해서는 안 된다고 총영사에게 지시하라. 사과문을 발표했더라도 국민감정이 풀릴 시간적 여유가 필요하다. 정치적 과오를 범하고도 국민에게 일언반구의 사과도 없이 도망하다시피 하지 않았는가"라며 막았다.(『우리민족의 나아갈 길』, 1962). 박정희 군사정변의 슬로건은 무능한 윤보선·장면정권을 전복하자는 게 아니라, "구악 이승만 정권의 폐습을 혁명하겠다"는 것이었다.

1965년 7월 19일, 그로부터 3년, 이승만은 하와이 호놀룰루 마우나라니 요양원에서 서거했다(향년 90세). 이승만에 대한 박정희의 적대감은 이승만 장례식에서도 여지없이 드러난다. 살아 있는 권력 박정희는 죽은 권력 이승만의 장례식을 두고 ① 국장·국민장·가족장 논쟁이 일어나자 "알아서 하라"고 말하여 가족장으로 치르게끔 하였고, ② 장례식에 참석하지 않았고, ③ 조사를 대독한 정일권이 지침을 묻자 "그냥 알아서 하라"고 말하여, 정일권은 노산 이은상에게 추모사를 부탁했다.

정일권이 대독한 추모사의 "독립운동의 원훈이요, 건국대통령" 언급이나, 김종필이 회고록에 남긴 "박정희는 우남 이승만 박사를 건국의 아버지로 생각했다"는 증언은 당대의 문필사가·노산 이은상 선생 개인의 생각이거나, 노회한 김종필의 새빨간 거짓말에 불과하다.

실사구시적 관점에서 볼 때, 박정희 혁명의 근본원인은 개인적 권력쟁취에 있었다. 그 대의 명분의 기치가 무능·파당의 장면내각으로는 "구악 이승만 역사를 혁신할 수 없다"는 데 있었음은 분명하다. 혁명직후 장준하와 송건호의 지지선언이 이를 반증한다.

시대정신에 입각하여 본다면, 박정희는 이승만이 닦아 놓은 반공·한미동맹과 시장경제를 발판으로 삼아, 세계적·역사적인 경제부흥에 성공했다는 점에서 경제부흥·산업화 혁명가로 기록된다.

그러나 혁명의 대가는 너무나 혹독했다. 다른 한 축 절반의 시대정신, 자유민주주의 체제완성은 박정희 독재에 완전히 유린되었다. 그 여실한 증거가 장준하의 야만적 죽음과 헌정중단·유신체제·인혁당 사건 등 학정이다. 우파사관은 실사구시에 입각하여 이승만과 박정희의 공과를 분명히 해 놓아야만 한다. 그렇지 않으면 좌파의 역사관, 즉 두 정권을 싸잡아서 "박정희와 이승만은 모두 독재정권"이라는 공격을 방어할 수 없다. 다행스러운 일은 재건최고회의 의장직을 내려놓고 대통령직선제를 통해 집권한 사실이다. 정통성과 법통이 이어졌다. 18년 뒤 전두환은 이 점을 간과했다. 전두환은 박정희 계승이 아니다.

결국 한국 현대정치사는 이념·진영논리를 떠나서 실사구시와 실용, 그리고 시대정신에 입각하여 정립되어야 한다. 한국 현대사는 미·소 냉전으로부터 시작하여 미·중 신냉전에 이르는 국제정세의 변동을 파노라마로 하여, 이승만을 출발점으로 놓고 시간에 따라 정권을 배열하게 된다.

이승만을 중심으로 그 오른쪽 한 축은 **이승만·박정희―**(전·노) ―
(김영삼) ― 이명박·박근혜로 계보화 된다. 또 다른 왼쪽 한 축은 이
승만(김구)―김대중·(박정희) ― (노무현·문재인)정권으로 명맥이 이어진
다. 양분된 좌·우 진영논리에 휩싸여 바라보면 실체적 진실을 허
구의 역사, 허구의 역사를 실체적 진실로 왜곡·둔갑시키는 **역사조
작의 함정**을 피할 수 없다. 예를 들어 김영삼 문민정부의 정체성을
규정하기란 쉽지 않다. 분명히 존재하는 역사적 실체이지만, 유감
스럽게도 보수·우파에도, 진보·좌파에도 소속될 수 없는 허구의
잡탕정권이 된다.

2) 김대중, 이승만 역사 절반의 회복, 절반의 계승

〈김대중 정치의 뿌리를 김구에게서 찾는 지식인들이 있다. 김대
중의 어떤 부분이 김구를 계승했는지를 되묻지 않을 수 없다. 우리
는 착각 속에 살아왔다. 김대중의 정적 박정희는 김대중의 얼굴에
빨갱이라는 주홍글씨를 새겨 넣었다. 괴물정권 전두환은 더 말할
것도 없다. 그 결과 김대중의 정체성은 오도되고 왜곡되었다. 박정
희의 민낯부터 기록한다.〉

1946년 전남 목포 땅, **김대중**(1924.1.6~2009.8.18)이란 청년(24세)
이 있었다. 그 청년 또한 박정희 소령처럼, 해방 직후 신지식인의
유행사조에 휩쓸려 공산당 계열 조선신민당에 가입, 목포시지부 조
직부장을 맡았다. 그러나 청년은 공산주의자들이 "소련을 조국처

럼 여기는 풍토"에 반발·갈등을 빚으면서 여름에 탈당한다.

1946년 11월 31일, 9월 전국노조 총파업(전평)과 10·1 대구 시민항쟁의 불길은 전남 목포에도 닥쳐왔다. 목포에서 파출소 습격사건이 일어났고, 김대중은 그 배후조종 혐의로 체포된다. 10일간 경찰서 조사 끝에 당시 한민당 목포지부장이었던 장인 차보륜의 신원보증으로 "다시는 좌익단체에 관여하지 않겠다"는 서약서를 제출한 후 훈계·방면되었다. 그리고 김대중은 한민당에 가입하여 상무위원으로 활동한다. 백선엽의 박정희 구명사건 6개월여 전의 일이다.

김대중은 민주당 장면을 대부로 천주교에 입교하고, 그의 계보로 정계에 입문한다. 세 차례 도전과 낙선 끝에 1961년 5월 14일 강원도 인제 재보궐 선거에서 민의원에 당선됐다. 그러나 이틀 뒤 박정희 등의 5·16 쿠테타가 일어나고 국회가 해산되면서 의원 활동은 하지 못했다. 2년 뒤 1963년 민주당 소속으로 고향 목포에서 제6대 국회의원으로 당선되며 재선 국회의원이 된다.

1971년 4월 27일, 김대중(47세)은 제7대 대통령 선거에서 신민당 후보로 출마, 40대 기수론의 돌풍을 일으키며 박정희와 맞붙는다. 539만 표를 얻은 김대중은 634만 표를 얻은 박정희에게 패배한다. 당시 대선은 100만 표 이상 조작된 부정선거라고 주장했다. 게다가, 서울에서는 김대중이 39만 표로 승리했고, 부산에서도 40%가량을 득표하여 선전했다.

이후 김대중의 삶은 파란만장한 역경 그 자체이다. 71년 대선 마지막 장충단 유세에서 김대중은 "이번 선거에서 정권교체에 실패하면 총통제가 올 것"이라고 예고했다. '말씨대로' 서울 패배에 식겁했던 박정희는 1972년부터 계엄령·국회해산·헌정중단·유신헌법·긴급조치로 직선제를 폐기하고, 독재의 길을 걷게 된다.

　박정희 정권은 모든 권력을 총동원하여 바로 1946년 조선신민당 가입내력을 빌미 삼아 김대중에게 '공산주의자·빨갱이'라는 낙인을 찍어대기 시작한다. 1971년부터 1987년까지 16년간 '김대중 = 빨갱이'라는 주홍글씨는 이마의 화인처럼 박혔다. 그 첫 번째 행위자는 독재자 박정희 본인이고, 두 번째 행위자는 그가 양생한 '괴물' 전두환이었다. 박정희는 중앙정보부장 이후락을 시켜 생사람을 납치하여 포대 자루에 넣어 일본 앞바다에 수장시키려 했고(1973년 8월 8일), 전두환은 김대중을 내란음모사건의 배후조종자로 몰아 군법회의에서 사형을 선고한다(80년 5월 17일).

　당시 김대중이 군사법정에서 말한 "이 땅의 민주주의가 회복되면 먼저 죽어간 나를 위해서 정치보복이 다시는 행해지지 않도록 해 달라"라는 최후 진술이 전 세계에 알려지며, 전두환은 그를 죽이지 못하고 미국으로 추방시킨다.

　1971년부터 16년 동안 자유민주주의자 김대중은 독재자 박정희의 '밥'이었다. 박정희는 김대중을 빨갱이라고 때리고 반독재주의자라고 짓밟고 저항 민주주의자라고 망명시키고 높은 지지도 때문에 연금시키는 정치적 가학과 야만적 폭력을 가했다.

　시간은 모든 것을 말해 준다. 박정희의 잔학한 이면에는 젊은 날 '일황에 대한 충성맹서 혈서', '남로당사건과 무기징역의 이력'을 은폐하려는 내적심리 반동의 필사적인 몸부림이 있었다. 박정희가 양성한 '괴물' 전두환은 1980년 서울의 봄의 모든 책임과 5·18 광주의 책임을 몰아 계엄령하 군사법정에서 '김대중 내란음모사건'이라는 이름으로 아예 사형선고를 때려 버린다.

박정희 독재의 기원은 이승만에게 있다. 이승만의 부산 정치파동으로부터 시작된 독재는 박정희·전두환에게 잘못된 신호를 줬다. 사실 박정희는 틈만 나면 이승만을 까부술 칼날을 벼르고 있었다. 나폴레옹과 히틀러를 괜찮은 사람이라고 평했던 박정희는 '조국 근대화와 경제개발'이라는 미명 속에 독재의 진면목을 유감없이 발휘했다. 박정희는 이승만의 노년의 과오 독재를 잇고, 자신이 독재를 누리고, 또 전두환에게 상속시켰다.

다시 김대중으로 돌아온다. 박정희·전두환에게 납치·투옥·고문·망명·연금·사형선고를 당한 김대중은, 반공·자유민주주의, 대중 시장경제, 한미동맹, 인권과 인류보편의 가치, 평화통일노선을 굽히지 않고 지켜 갔다. 그리고 아시아민주주의 상징이 되었고, 박정희의 분신 김종필·박태준과 연합·화합하여 공동정부를 세웠고, 박정희의 경제 분신 정주영을 선구자로 삼아 북한 통일 경제일꾼으로 보냈다.

후술하겠지만, 김대중의 대북 포용정책은 국제정치 구조 추세로는 소련의 해체와 독일통일, 동유럽국가들의 자유화물결이 완성단계에 이르렀을 때 일어난 일이다. 북한은 고난의 행군 속에서 미국과 수교가 이뤄진다면 체제 전환가능성이 그 어느 때보다 높았던 상황이다. 김대중은 클린턴·한미동맹에 입각하여 중국 장쩌민, 일본의 고이즈미 내각과 합력하여 남북·동북아 외교를 주도했다. 김대중의 목표는 '북한·김정일의 친미국가화 노선 변경'에 있었다. 그러나 '천하의 간신' 박지원에 의해 현대의 대북송금자금이 김정일의 개인계좌로 넘어가는 크나큰 오점을 남기고, 노무현에 의해 대북 정책 노선이 송두리째 뒤집히고, 이명박·박근혜에 의해 축소된다. 실사구시에 입각하여 볼 때, 김대중처럼 이승만을 모방하고 닮으려 한 정치인물은 아직 없다. 독실한 크리스천(천주교에서 감리교로 개종), 반공·한미동맹주의자, 남북을 넘어 아시아 자유민주주의, 신자유경제주의를 실행했다. 모두 시대정신에 부합됐다.

김대중의 정치철학은 반공·민주주의를 토대로 하여 좌우 중도적 노선이 융합되어 있다. 극일·지일, 반공·민주주의, 친미·용미, 신자유주의·복지국가, 정보통신강국화, 북한의 개혁개방·친미국가화, 국내적으로는 김종필·박태준과 공동정부의 통합정치를 구현했다.

실사구시와 실용, 시대정신면에서 볼 때, 김대중은 이승만이 구축한 4대 입국론의 국가비전인 기독교·반공·민주주의·시장경제, 인권과 인류보편가치노선, 정보통신 강국을 임기 5년 동안 가장 압축적으로 구현했다. 박정희는 경제혁명을 제외하고는 민주주의 노선에서는 이승만 정치와는 정반대의 길을 걸었다. 박정희는 무신론자(불교)였고, 자유시장경제를 추진하지도 않았고, 자유민주주의와 인권과 인류보편가치는 아예 짓밟아 버렸다.

김대중의 '서생적 고뇌와 상인적 셈법'은 바로 실사구시와 실용을 의미한다. 역사적으로는 김구·장면의 현실정치 실패를 반면교사 삼아서 교훈을 찾아내고(실사구시) 이승만의 4대입국론에서 실용의 묘를 찾아내 수렴했다.

이승만은 주요 대국민 연설에서 **"죽었어야 할 이 몸이 하나남의 은혜로 살아 이 자리에 섰다"**고 말을 한다. 김대중은 **"여러 번 죽을**

목숨을 하나님이 살려 주셔서 여러분 앞에서 섰다"고 입을 열곤 한다. 김대중 휘호 경천애인(敬天愛人)은 이승만의 휘호 경천애인(敬天愛人)을 계승했다. 이승만의 승공·한미동맹, 용미·친미·실용외교, 대중·대일 현실주의 노선 또한 똑같다. 이승만이 꿈꾸고 목표로 한 세상의 최소한 절반은 김대중 시대에 와서 실현된 사실을 그 누구도 부인하거나 왜곡할 수 없다.

이 대목에서 수구적·반동·보수·우익 극단주의자들이나 맹동적·급진·진보·좌익 모험주의자들은 모두 이승만·김대중과는 상관없는 사이비 민주주의노선을 걷고 있는 현실이 가지런히 정리된다.(수구보수 우익은 부패하기 십상이고, 급진 진보좌익은 도덕성이 더럽혀지기 십상이다. 박근혜의 최순실, 문재인의 조국의 경우가 바로 그들이다. 역사를 거슬러 올라가면 이승만의 이기붕, 박정희의 차지철, 김대중의 박지원, 노무현의 문재인이다)

우리 현대정치사의 핵심 축 이승만으로 되돌아가면, 산업화·경제혁명가 박정희와 승공·민주주의 완성 김대중의 공적을 모두 수렴하여 정립된 세계관과 현실정치 속에서 온건한 진보·합리적 보수가 통합되고 공진할 수 있는 시공간이 열린다. 현대사의 근본(본뿌리)에 해당하는 이승만 역사를 잘라 내고, 줄기인 박정희나 김대중을 본 뿌리로 대체하려 하면, 신격화·우상화된 박정희와 김대중은 서로 무찔러야 할 적으로 돌변한다. 물론, 이승만은 사라진다. 역설적으로 박정희 경제혁명 업적은 전두환·노태우에 의해 더럽혀졌고, 이명박·박근혜에 의해 혼령까지 정치적으로 이용당한 뒤 감옥에 유폐되었다. 김대중 민주화 완성의 역사적 업적은 노무현에 의해 파괴되었고, '천간(天奸)' 박지원에 의해 왜곡됐고, 문재인에 의해 형해화되고 있는 중이다.

이승만·김대중 정치에 입각하면, 우파·보수(= 합리적 보수)는 스스로 수구적·반동·보수·우익 극단주의를 경계해야 하고 좌파·진보(= 온건한 진보)는 항상 맹동적·급진·진보·좌익 모험주의를 경계해야 한다. 후술하겠지만, 2020 현재 좌파 문재인 정권의 정치노선 정체성은 재검토가 필요할 정도로 급진·교조적·모험주의 성격을 노출하고 있다. 이는 이승만과 김대중의 세계관과 정치철학, 김구와 장면정부의 실패의 교훈에 대한 학습부족과 자기성찰의 결핍에서 기인한다.

3. 이승만·박정희·김대중은 하나인가, 둘인가, 셋인가:
이승만·박정희·김대중 공과 비판론 제언

1) 불우한 성장과정, 사형선고, 죽음의 문턱을 구명한 은인들

① 타고난 환경을 개척, 뚜렷한 목표관과 교육열정

이승만(1875년 3월 26일)**은 구한말**, 황해도 평산에서 아버지 이경선과 어머니 김해 김씨 사이에서 양녕대군 제 16대손 6대독자로 태어났으나 가난했다. 14세에 천자문과 소학을 뗀 천재소년이었다. 18세까지 과거에 응시했으나 부패한 권력의 매관매직 풍조는 과거시험을 더럽혔다. 이승만은 9회 모두 모조리 낙방했다. 그리고 19세에 그의 운명, 배재학당에 입교한다.

박정희(1917년 11월 14일)**는 일제 강점기 초기**, 경북 구미에서 아버지 박성빈과 어머니 백남의 사이에서 4남 2녀의 4남으로 태어났다.(이승만과 42년 차). 1940년 4월 1일 대구사범을 졸업, 만주국 육군군관학교(신징 군관학교)에 제2기생으로 입교, 1944년 4월 일본육사 제 57기로 최종 졸업한다.(성적 300명 중 3등)

김대중(1924년 1월 6일)은 **일제 강점기 중반**, 전남 신안에서, 아버지 김운식과 어머니 장수금 사이에서 태어났다.(이승만과 49년차, 박정희와 7년차). 1939년에는 5년제(중고등학제) 목포상고를 입학, 수석 졸업(1943년)하고, 목포상선 경리직원으로 취직한다.

이승만·박정희·김대중의 공통점은 ① 사실상 동시대인 구한말·일제강점기(초반)·일제강점기(중반)에 태어났고, ② 가난한 환경을 괘념치 않고 ③ 각각 뚜렷한 목표의식과 인생관, 향학열이 강렬했다는 것이다. 차이점은 이승만은 황해도, 박정희는 경북, 김대중은 전남이다.

② 사형선고: "목숨을 걸어보고, 목숨을 구걸하여 본 적도 있다"

세 사람은 생과 사의 문턱을 넘나든 공통점이 있다. 뜻한 바 목적을 위해 자신의 목숨(운명)을 걸어 본 적이 있다. 신념과 생존본능 사이를 오가며 "나를 죽이라"와 "살려 달라"가 공존한다. 각자 사명이 된 시대정신의 육신화 과정, 즉 행동하는 양심의 축적과정에 해당한다.

이승만의 경우, 1899년 (24세) 고종황제 폐위음모에 연루되어 투옥, 탈옥했으나 체포되어 종신형·곤장 100대를 선고받고 한성감옥에 5년 7개월 수감된다. 이승만은 하나님께 '살려 달라'고 기도하고 성령체험을 통해 인생이 전환된다. 한성감옥을 '학교'라고 불렀다. 아펜젤러 등 선교사들, 미국공사 알렌, 민영환 등이 나서 결국에 미국에 보낼 비밀특사로 지명되어 구명된다.

박정희의 경우, 만주 보병 제8단 소위로 근무 중 해방을 맞는다. 갈 곳이 없어졌다. 자칫 경솔하게 귀국했다가는 일본군으로 처단의 대상이 될 수도 있다. 9월 21일, 한국광복군에서 장교경험자를 찾는다는 말을 듣고 동료들과 베이징으로 건너갔다. 첫 번째 생명의 은인 김학규를 만나 휘하 광복군에 편입된다. 김구에게 인사를 드릴 때 부동자세로 서 있었다고 한다. 귀국 뒤 셋째 형 박상희에게 "그냥 선생질이나 하면 좋았을 걸 괜히 고집대로 했다가 거지가 되어 돌아오지 않았느냐?"고 핀잔을 받는다.

1948년 11월 11일, 4·3 군 반란사태 이후 숙군 작업 때 남로당 군 조직책으로 드러나 체포되었다. 1심에서 "파면, 급료몰수, 무기징역"을 선고, 2심에서 "징역 10년으로 감형하며, 감형한 징역을 집행정지함" 조치로 살아났다. 두 번째 은인 백선엽 때문이었다.

박정희는 "한번 살려 주십시오"라고 처연하고 결연하게 말했고 수사국장 백선엽은 자신도 모르게 "그렇게 해 봅시다"라고 동의한 뒤 구명작업에 들어갔다고 회고한다. 박정희는 목숨을 걸어 보기도 하고, 목숨을 구걸해 본 적도 있다.

김대중의 경우, 생사를 넘나든 파노라마의 역정이다. 1946년 목포경찰서 습격사건 체포와 장인의 구명, 세 번의 국회의원 낙선 뒤 첫 부인 차용애의 죽음, 1971년 유세길 교통사고 등등, 따라서 생과 사의 문턱을 넘나든 결정적 큰 사건 두 개만을 간추려 정리한다.

1973년 8월 8일, 도쿄의 히비야 공원에서 열릴 반(反)박정희 집회 참가를 앞두고 호텔 그랜드팰리스 2212호에 투숙하고 있던 도중 납치된다. 이후락·중정요원들에게 납치, 포대자루에 담긴 채

배에 실려 수장 당할 위기에, 일본 NHK방송의 헬리콥터가 하늘에서 선회하는 바람에 살아난다. 납치된 지 129시간 만에 돌연 서울 동교동 자택 부근에 서 있었다. 김대중은 그때 예수 그리스도를 만나는 성령체험을 했다고 한다.

1980년 5월 17일, 전두환 쿠테타 군은 비상계엄을 전국으로 확대하면서 김대중을 내란음모사건 주동자로 체포한 뒤, 군사법정에서 사형을 선고한다. 김수환 추기경 등 전 세계 기독교 지도자들과 미국정치인들은 김대중 생명을 구명운동했다. 전두환은 레이건 취임식 초청수락을 얻어내고, 김대중을 감형, 미국으로 사실상 추방한다. 그때 김대중은 전두환에게 "대통령 각하"로 시작하는 '정치를 하지 않겠다'는 요지의 탄원서를 제출한다. 김대중 또한 목숨을 걸어도 봤고 목숨을 구걸도 했고, 은인들도 있었다.

③ 소결

이승만의 반역과 종신형(은인: 선교사와 미국공사 알렌, 민영환), 박정희의 친일역적 곤경(은인: 독립운동가 김학규), 남로당 군조직책 곤경(은인: 백선엽 장군), 김대중의 박정희·이후락의 납치·살해기도(은인: 기독교계와 미국), 전두환의 사형선고(은인: 기독교계와 미국)가 주는 메시지와 교훈은 "목숨을 걸어도 봤고, 목숨을 구걸도 해 봤다"는 것. 즉 "나를 죽여라"와 "살려 달라"가 모두 한 몸에 묶여 있다는 것이다. 운명을 걸고 삶과 죽음의 문턱을 넘나든다는 것. 그것은 시대정신과 자신을 일체화하는 제2의 탄생과정에 해당한다. 특이한 사실은 구명의 결정적 은인들이 이승만·김대중의 경우 기독교계와 미국이고, 박정희의 경우 군 출신들이라는 점이다.

○ 2020년 현재 교훈

2020년 현실과 기록을 열람하여 본다면, 노무현·이명박·박근혜·문재인의 일기는 대통령직에 오를 때까지 목숨을 걸어 본 일이 전혀 없다. 이들은 모두 김대중·박정희의 훈장과 위폐와 영정, 흠향과 젯밥을 누렸을 뿐이다. 그리고 권력자가 된 뒤에는 시대정신을 내팽개치고 제각각 자신의 길로 가버린 공통점이 있다. 하여 과오의 무게가 공적을 누르고 남음이 있다.

2) 실사구시·실용, 전문성과 리더십, 절차탁마, 대기만성

세 거인의 공통점은 절차탁마 대기만성의 삶의 완성과정에 있다. 그 핵심은 실사구시와 실용에 따른 최고의 전문성 구축에 있었다.

이승만의 경우, 18세까지는 한학을 했고 19세부터 개화 신학문과 영어를 익혔다. 졸업 뒤 독립협회와 만국공동회의 젊은 스타로 활약했고, 한국 최초의 신문기자였다. 한성감옥에서는 저술과 한글학교 관련 활동을 하고 영어성경과 외국잡지를 읽었으며 예배를 인도하며 실력을 연마했다. 옥중학교에서 세계사와 신학, 독립한국의 국가비전과 목표를 모두 저술했다. 미국으로 건너가 조지워싱턴, 하버드, 프린스턴의 학사, 석사, 박사과정을 5년 만에 모두 졸업했다. 『일본의 내막』, 『미국이 주도하는 전시중립국론』, 『공산당 당부당』을 펼쳐 냈다. 이승만은 일생토록 성경과 세계정치사와 한반도관계를 천착했고, 세계 예언자적 석학의 반열에 올랐다. 휘호는 신선이 구름 위를 노니는 듯한 자유자재의 달필경지로 빛난다.

박정희의 경우, 5척 단신의 타고난 무골이다. 똥구멍이 찢어지게 가난한 환경에서 대구사범학교를 입학·졸업하고 3년간 문경에서 교사생활을 한다. 창씨개명은 다카키 마사오, 만주국 신징군관학교에 입학했고, 수석졸업하여 만주국 황제 푸이로부터 금시계를 하사받는다. 졸업성적 우수자 추천자격으로 일본육사 57기로 입학한 후 1944년 3등으로 졸업한다. 일제가 패망할 때까지 관동군 소위로 근무했고, 해방과 함께 베이징으로 건너가 광복군 김학규 예하 부대에 편입되고, 1946년 5월 8일 귀국한다. 그해 5월 조선 경비 사관학교 2기생으로 입학하여 12월에 졸업하고 다시 한국 육군소위로 임관한다. 194명 졸업생 중 3등이었다. 춘천 8연대 시절 연대 단위 기동훈련을 기안한 공로로 중위를 거치지 않고 대위로 진급한다. 1948년 육군소령으로 육본에서 근무 중 여순반란사건 연루로 체포, 1심에서 파면, 급료몰수, 무기징역에 처해졌으나 2심에서 징역 10년으로 감형 동시에 형집행정지 조치를 받았다. 49년 예편과 동시에 육군정보국 문관으로 군무 중 1950년 6월 한국전쟁 발발과 함께 소령으로 복귀하여 육군정보국 제1과장을 지냈다. 중령·대령을 거쳐, 1953년 11월 25일 육군준장으로 승진, 장군이 되었고, 1957년 육군소장으로 진급했다. 장군이란 전쟁의 신을 의미한다. 휘호는 웅혼한 힘과 기상이 넘친다.

김대중의 경우, 어린 시절 하의도에는 학교가 없어 서당에서 한학을 학습했다. 8살 때 마을 이장인 아버지에게 배달된 매일신보 1

면과 정치면을 주의 깊게 읽었다. 목포북교초등학교, 목포상업고등학교를 모두 수석으로 졸업했다. 그는 독서광이면서 정치와 영어, 작문과 역사과목을 좋아했다.

김대중의 독서생활은 유명하다. 국회의원시절, 그리고 옥중생활, 연금, 해외망명시절을 통해 평생토록 독서하고 통찰력과 영감의 지평을 열어갔다. 『분노의 메아리』(1967)로 시작하여 『김대중옥중서신』, 『행동하는 양심으로』, 『대중경제론』, 『김대중의 3단계 통일론』, 『옥중서신』 등 모두 29권의 자서전을 펼쳐 냈다.

영어를 자유자재로 구사했고, 토인비 역사를 관통했고, 세계문명의 변동에 달통했다. 그의 언어는 곧 역사가 될 정도로 문학적·감성적이었다. "춘향의 소원은 복수가 아닌 이 도령과의 재회", "행동하지 않는 양심은 악의 편" "자유가 들꽃처럼 만발하고 정의가 강물처럼 흐르며, 평화가 무지개처럼 피어나는 대한민국을 만들겠다" 등등.

고졸 출신인 김대중은 민주 지도자 시절 이미 전 세계 석학의 반열에 올랐다. 싱가포르 이광요와의 대화에서 아시아에는 아시아만의 독특한 사상체계가 있다고 설파하여 세계지식인층을 감동시켰다. 정치 9단으로 불리었다. 서예는 자유자재하면서도 영감이 서린 신인경지의 달필이다. 김대중의 사상체계의 발전과정을 깊숙이 들여다보면, 이승만을 인생의 모델로 삼았다고 할 정도로 흡사하다.(이와 관련 김대중의 언급은 없고 필자의 주관적 인상일 뿐이다)

3) 시대정신 구현: 건국,
가난으로부터의 해방, 민주주의 국난극복

세 거인은 모두 실사구시와 실용에 의한 실력배양을 통해 자신의 분야에 있어서 전문적으로 최고의 경지에 올랐다. 그리고 시대정신을 자신의 운명에게 주어진 사명으로 여기고 현실로 구현했다.

이승만의 경우, 독립과 건국의 시대정신을 구현했다.

한성감옥 학교에서 세계관, 세계사, 국제관계, 강대국과 한반도 관계를 섭렵한 뒤 기독교 근본국가론, 미국·영국식 자유민주주의와 시장경제, 영세중립국가론의 비전을 설계했다. 건국과정에서 변수 공산주의와 좌우합작론의 거센 물결을 이겨 내고 유엔이 주도하는 단독정부입국에 성공했고, 한국전쟁에 승리했으며, 향후 수백 년의 생명력을 가진 한미동맹을 문서화·실질화했다. 대한민국이 살아 있는 한, 한미동맹이 굳건한 한, 외침은 없다. 건국대통령 이승만의 공훈이다.

박정희의 경우, 구체제를 일소하고 산업화 혁명의 시대정신을 구현했다.

국민들을 배고픔으로부터 해방시켰다. 조선조 이래로 해갈하지 못한 빈곤과 질병을 5척 단신 군인은 결국 해결하고 풍성하고 기름지며 강성한 나라의 물질적·산업적 토대를 세웠다.

이승만의 국가주도 경제부흥전략을 모두 계승했다. 한일협약과 베트남 파병을 통해 국운부흥의 기회를 잡고, 한강의 기적을 이뤘

다. 건설, 중화학, 조선, 자동차, 원자력, 제철산업에 이르기까지
아시아 최고 산업강국이 되었다. 경부고속도로와 항만, 공항 등 전
국토를 교통망화 했고, 국토의 75%인 산악을 모두 녹지로 변모시
켰다. 88서울 올림픽이 열릴 때까지 국제사회는 한국이 얼마나 부
강한 나라로 성장했는지 몰랐다. 그로부터 10년 뒤 세계 검은 경제
손들이 한국을 노린다. IMF 환란위기였다. 현재 우리가 누리는 정
보통신 강국, 첨단반도체 산업의 토대는 모두 박정희 리더십의 공
적이다.

**김대중의 경우, 민주화와 인권, 국난 극복과 한반도평화의 시대
정신을 구현했다.**

독재를 타도하고 민주화 혁명과 IMF 국가환란위기에 대처하는
시대정신을 구현했다. 이승만의 건국정신 자유민주주의를 계승지
에 회복하여 자유가 들꽃처럼 만발하는 세상을 만들었다. 서울역
등 노숙자가 넘쳐 나던 눈물겨운 IMF 국난상황을 지일파 김종필·
박태준 등과 합력하여 이겨 내고, 삼성 사장 출신 남궁석을 정보통
신부장관으로 기용하여 20조를 쏟아부어 정보통신강국, 반도체 산
업강국의 토대를 세웠다. 박정희의 경제분신 정주영을 선발대장으
로 내세워 북한의 문을 평화롭게 열었고, 김정일·비핵북한의 친미
국가 노선을 유도하여, 거의 완성할 뻔했다. 그러나 그 전략적 모
델은 후세에 상속된 유산이다. 보복 없는 정치라는 시대정신도 구
현했다. 서거 앞에 문상을 온 전두환은 "김대중 대통령 시절이 가
장 평온했고, 화평했다"고 감사했다.

4) 국가전략, '죽어 1000년':
살아 있는 교훈 이승만·박정희·김대중

이승만의 경우, 한국전쟁·미소냉전 돌입의 국제정세 속에서 재임 12년 동안, 반공(반소, 반북)·반일·용미(친미)·친 대만, 한미동맹 노선을 지향했다. 미소공위의 좌우합작노선을 한국정부수립의 유엔이관노선으로 전환시키는 데 성공, 반공·자유민주의 유엔이 세우고, 승인하고, 참전한 한반도 유일의 합법적 정부를 건국했다. 기독교정신 토대론, 미국식 민주주의, 자유시장경제, 한미동맹의 4대입국 틀을 완성하고, 유엔이 주도한 한국전쟁에 승리했고, 독도 영해권을 수호했고, 유상몰수·유상분배의 토지개혁을 성공, 자본주의 시장경제의 터전을 닦아, 한미동맹 영구평화의 미래를 물려줬다. 한반도·한민족 역사와 국가와 자신을 예수 그리스도에게 바친 영성과 현실을 겸비한 예언자적·실천가적 지도자였다. **"내 일생 예수 그리스도와 독립국가와 함께, 경천애인"**

박정희의 경우, 냉전·남북대결의 국제정세 속에서 재임 17년 동안 반공(반소, 반북, 대화)·용일(화일)·용미(친미)·한미동맹 노선을 지향했다. 뼈저린 가난의 역사를 극복하기 위해 국민총화 단결로 민족중흥의 길을 걸어갔고, 결국 민족을 배고픔으로부터 해방시키는 데 성공했다. 과거 원조를 해준 적 있었던 독일이 부러워할 정도의 근대화·산업화를 18년 만에 이룩했고, 베트남전쟁 참전으로 한미동맹을 완전한 혈맹차원으로 격상시켰다. 일본과 화해·경제발전의 파트너로 삼았고, 국가경제 100년 대계의 터전을 닦아 후대에게 물려줬다. 김일성과 남북공동성명을 불사한 산전수전공중전을 정면돌파한 검투사적·영웅적 지도자였다. 그가 흠모했던 히틀러나 나폴레옹처럼 그의 최후도 남성적으로 장렬하고 깨끗하다. 심지어 국립묘지 산소터도 고지와 같은 산중턱이다. **"내 일생 민족·조국과 더불어 근대화·산업화를 위해, 멸사봉공"**

김대중의 경우, 냉전해체·독일 통일의 국제정세 속에서 재임 5년 동안, 등소·등중·북한포용·용일·용미(친미)·한미동맹 노선을 지향했다. 박정희의 분신들 김종필·박태준·정주영과 함께 통합 공동정권을 세웠으며, 냉전해체·독일통일·북한의 체제위기를 포용하여, 김정은 체제를 친미국가로 전환시키려는 포용정책을 꾀했다. 1998년 외환위기를 극복·졸업했고, 6·15남북 공동선언, 2002년 월드컵 4강, 노벨평화상 수상으로 한국의 국격과 기운이 지구적 차원에서 상승했다.

파노라마 같은 역경을 모두 승화해 내고, 끝내 박정희 분신들을 껴안고 정권을 창출한 화합의 인간, 세계사에 기록될 위대한 남아프리카 공화국의 넬슨 만델라와 함께 아시아의 민주주의와 인권을 세운 자랑스런 지도자이다. 평화로운 그는 죽어서도 한국 대통령 최초로 국민들의 "박수 속에 영면하는" 호상을 선물받았다. 서생적 고뇌와 상인적 계산을 강조하면서 부드럽고 여성적이고 다정다감한 천성을 평생 숨겼다. 많은 성품으로 이승만을 가장 많이 닮은 정치인이다. **"내 일생 행동하는 양심으로 민주화와 인권을 위해, 경천애인"**

○ **죽음**

이승만의 경우, 1965년 7월 19일, 하와이 호놀루루 마우라라니 요양원에서 서거했고, 관으로 환국한 건국대통령은 국민들의 애도 속에 국립묘지에 안장되었다.(가족장, 향년 90세)

박정희의 경우, 1979년 10월 26일, 궁정동 안가에서 오른팔 김재규 중앙정보부장에 의해 총격으로 서거했고, 국장으로 국립묘지에 안장되었다.(향년 62세)

김대중의 경우, 2009년 8월 18일, 세브란스에서 지병으로 서거, 교황 베네딕트 16세, 오바마 미 대통령 등 전 세계의 애도의 물결 속에 국장으로 국립묘지에 안장되었다. 김대중 묘소는 이승만 묘소의 오른편 아래 지근거리에 있다.(향년 85세)

이들의 삶은 오로지 모두 실사구시와 실용, 시대정신으로 일관된다. 이승만·박정희 연결선은 냉전과 남북대결 속에서 극우 반공 안보·자주독립·국가주도하의 경제발전·한미동맹·자주국방(핵 무력개발)으로 나아갔다. 이승만·김대중 연결선은 냉전해체와 독일 통일 속에서 민주주의 완성, 한반도 평화와 시장경제와 복지정책 기초, 한미동맹·대북포용(북한 체제전환·친미국가화)·정보통신강국을 꾀했다. 이승만·박정희·김대중은 각각 세 명의 정치적 행위자이자, 한 명의 역사적 행위자이다. 이승만·박정희·김대중이 한 몸으로 엮여진 게 대한민국 역사이다. "몸은 흙으로 돌아갔으나, 그 정체성은 1000년의 미래 대한민국 역사와 함께 살아 있다."

5) 과오: 이승만·박정희·김대중 얼굴의 일그러진 이면

○ 이승만의 과오:

1952년 8월 5일, 이승만은 전시 중인 부산 임시 정부체제하에서 직선제로 개헌하고 대통령에 당선된다. 자유당 창당 ⇒ 총선 패배 ⇒ 계엄령 ⇒ 국회의원 감금 ⇒ 공당 처벌 ⇒ 발췌개헌 ⇒ 직선제 대통령 당선 이후 이승만은 브레이크 없는 권력독주 시대로 들어선다.

1951년 12월 17일 장택상·장면·이기붕을 주축으로 창당된 자유당은 이승만 권위주의 체제의 권력작동 메커니즘이었다. 이승만 한 사람·일당 자유당이 권력을 가위질하는 민주주의하 권력농단의 시대가 전개된다. 1954년 대통령 연임제 폐지, 사사오입 개헌, 3·15 부정선거에 이르는 과정은 권위주의 독재 그 자체였다.

1960년 4월 26일, 이승만은 4·19혁명과 함께 하야했다. 그는 "불의를 보고 국민이 좌시한다면 이 나라는 희망이 없다"며 학생들의 궐기를 높이 평가하며 우리 선열들의 독립투쟁과 3·1운동을 이어받은 것이라고 말했다. 이 대목, 4·19혁명 때 "스스로 책임을 지고 물러났다"는 점을 근거로 하여 독재자가 아니라는 주장도 있다. 그러나 직선제 대통령 당선 직후부터 이승만은 독재의 길로 접어들었음은 부정될 수 없다.

특히 박정희의 군사 쿠테타가 장면·민주당 정권보다는 이승만 실정의 폐단 개혁을 전면에 내걸었다는 점에서, 민주주의 독재는 군사독재라는 괴물을 잉태했다는 점에서 독재는 독재를 낳는다는 진리성을 자증한다.

잘못된 역사인식은 박정희의 이승만 정권 공과비판에 있다. 중국 덩샤오핑은 마오쩌둥 1인 우상화 및 독재의 결과로 최소한 3천여 명이 학살되고 아사한 문화대혁명과 대약진운동을 마오쩌둥의 과오로 평가하면서 공칠과삼(功七過三, 공적이 70%이며 과오가 30%라는 뜻)으로 칭하며, 실사구시에 의해 비판적으로 계승한다. 그러나 박정희는 이승만 정치의 모든 것을 부정하고, 살아 있는 사람으로서의 귀국도 막아 버렸다.

○ **박정희의 과오:**

박정희는 이승만 4대입국론의 가장 중요한 축인 자유민주주의와 시장경제체제를 뒤엎어 버리고, 이승만 정권 말기 독재를 계승하고 말았다. 박정희 독재는 '괴물' 전두환·노태우 군사정변 정권을 양성했다.

중앙정보부에 의해 날조된 인혁당사건(인민혁명당사건, People's Revolutionary Party Incident)을 보면, 1964년 1차사건에 반공법 적용, 1974년 2차사건은 국가보안법·대통령 긴급조치 4호 위반으로 기소, 1975년 4월 8일에 대법원 사형을 선고한 후, 불과 18시간 만에 동트기도 전에 사형을 집행하는 만행을 저질렀다. (인혁당사건은 2007년 1월 23일에 가서야 서울중앙지법 형사합의 23부·서울지방법원에 의해 무죄와 손해배상이 인정된다)

인혁당 사건은 70년대 최대의 시국사건인 민청학련사건과 맞물려 있다. 순수한 학생들을 배후에서 조종했다는 혐의다. 1974년 4월 전국민주청년학생총연맹(이하 민청학련)의 관련자 180여 명이 인혁당의 조종을 받아 국가전복을 기도하고, 공산정권수립을 추진했다는 혐의로 구속·기소됐다. 이철·유인태·김지하·서경석·김정길 등은 사형 및 중형을 선고받았으나, 사형이 집행되지는 않았다. 박정희 독재권력의 제도적 기구인 긴급조치와 유신헌법에 대한 반대와 민주주주의 주장은, 독재정권에게는 국가전복 공산당세력으로 판결되었다. 2009년 9월 재판부는 민청학련 사건에 대하여 무죄를 선고하였다.

1980년 12월 12일, 쿠테타에 성공한 전·노 군부세력은 인혁당사건·민청학련을 인용하였으며 이는 김대중 내란음모사건과 5·18 민주항쟁의 학살로 거듭난다. 시대정신을 도외시한 전·노 쿠테타 정권의 출범은 광주 5·18 유혈사태를 초래함으로써 태생적인 저항의 피와 씨를 뿌리고 말았다.

환기하자면, 1980년대 초 학생운동의 방향성은 군부독재타도·민주화투쟁 노선이었고, 이 노선을 숙주로 삼아 일부 종북·공산주의자들이 기생한다. 특히 386세대가 주도한 87년 6월 항쟁 이후 노태우·김영삼·김대중 정권을 거치면서 자유화·민주화의 물결 속에서 그 세력은 민노총, 전교조, 국회, 참여연대 등 시민 사회단체로 확장된다. 2003년 노무현 참여정부의 출범과 함께 공식적으로 정치집단화되고, 2016년 박근혜 탄핵의 주된 동력이 되고, 문재인 정권 탄생의 지분을 가진 권력집단으로 그 지위와 권력기반이 강화된다.

세칭 386(= 2017년, 586)학생운동 세대라 함은 정확히는 전대협세대, 즉 연세대 이한열 군의 장례식을 계기로 1987년 8월 19일 출범한 전국대학생협의회(제1기회장 이인영, 84학번)를 말한다. 84학번이 주된 이들은 마르크스레닌주의·마오쩌둥혁명사상·김일성주체사상을 융합하여 조국의 통일과 독재타도·자주적 민주정부 수립노선

등 새로운 학생운동 패러다임을 적용, 대통령직선제 개헌의 기폭제 역할을 해낸다. 전대협은 제2기 오영식에서 제3기 임종석 때 임수경을 평양에서 열린 제13차 세계청년학생축전에 전대협 대표로 파견한다.

전대협세대들은 80년대 후반 정치 제도권에 안착해 있던 이철·유인태·김정길 등 74년대 민청학련, 신계륜·김영춘·송영길 등 80년대 민주화의 봄 세대의 도움을 받아 국회·정당 등 정치 제도권에 보좌진으로 대거 진출한다. 대표적으로 안희정·이광재 등이 김덕룡·노무현·김홍신 등의 비서실에서 터를 잡는다.

박정희 서거 후, 1980년 시대정신은 민주화였음에 틀림없었다. 오랜 시간이 지난 다음에야 검증되었지만, 김대중·김영삼·김종필 등은 자유민주주의의 회복이라는 서울의 봄의 꽃을 피울 수 있는 경륜과 정치력을 갖추고 있었다. 이 시대정신에 피를 뿌리고 역행한 '괴물 군사정변집단'이 전두환·노태우 쿠데타 정권이다. 이들의 유일한 목적은 군부권력 기득권 유지 이상 아무 것도 아니었다. 괴물의 탄생과 함께 공산주의 혁명사상이 학생운동의 주류로 정착되는 시대착오가 일어났다. 후술하겠지만, 이들 학생 운동권들은 한국의 주요 권력집단의 중추세력이 되었지만, 아직도 20세 때 학습받은 혁명적 세계관에서 벗어나지 못하고 있는 정치인들이 다수다.

육사출신의 무신들이 정복한 국가체제 속에서 숙주한 학생운동 세력이 곧 386(2017. 586)세대 정치세력들이다. 본질적으로 똑같다.

○ **김대중의 과오: "87년 대선후보단일화, 2003년 대북송금사건, 노무현 충고"**

김대중 정치의 최대과오는 87년 후보단일화, 대북송금사건, 노무현에 대한 충고 3가지이다.

첫째, 김대중과 김영삼은 87년 12월 9일 대선에서 후보 단일화를 회피했다.

87년 대통령 직선제의 시대정신은 후보단일화에 의한 합법적 군부정권 종식을 가리키고 있었다. 그러나 한국 민주화투쟁의 양대축, 양 김 씨는 분열했다. 그리고 괴물 전두환·노태우 정권을 역사 속에서 합법적으로 소멸시키는 데 실패했다. 1987년 6월 항쟁과 개헌, 그리고 12월 16일 제13대 대선에서 나타난 후보단일화 실패는 김구와 이승만의 경우만큼이나 양 김의 정치적 오점에 해당한다. 양 김 분열의 심각성은 군부정권을 연장하는 것도 모자라 헌법·국민투표에 의한 군부 쿠데타 집단의 2인자 노태우 후보의 정치적·법적 승인에까지 이른다. 양 김의 권력욕과 각자 당선을 확신한 자만은 역사를 왜곡하고, 자기부정·자가당착의 씻을 수 없는 역사적 대역죄에 해당한다. 나아가 양 김의 분열은 훗날 김영삼의 민정당·민주당·자민련 등 3당 합당을 초래했다. 3당합당은 전노 신군부+김영삼 민주화 세력+김종필의 박정희 세력의 결합을 의미한다. 김영삼은 92년 대선에서 김대중에게 압승하며 집권한다. 그러나 정권을 창출한 뒤에는 전·노세력을 처단하는 해괴한 장면들이 전개된다. 슬로건은 "호랑이를 잡으려면 호랑이 굴에 들어가야 한다"는 명분이었다. 양 김 분열의 절반의 과오는 김대중, 절반의 과오는 김영삼에게 있다.

둘째, 박지원 · 임동원의 김정일 개인계좌 대북송금 사건을 방치했다.

역사적인 2000년 남북정상회담과 6·15 공동선언은 전 세계를 감동시켰다. 그러나 그 숨은 이면에 현대그룹의 자금 2억 달러가 태국의 방코델타 김정일 개인계좌로 입금되었다는 의혹이 야당에 의해 제기되었다. 2003년 취임 초기 노무현은 의도적으로 야당의 특검을 수용했다. 그때는 김대중 정권 적폐청산을 통해 야당을 구악으로 몰아세우고, 2004년 총선에서 노무현 독자권력을 구축할 수 있는 절호의 기회였다. 조사 결과 김정일 개인계좌로 흘러들어간 사실이 확인되었다.

대북송금의 장본인으로 밝혀진 박지원 · 임동원은 구속되었고, 정몽헌 현대그룹 회장은 자결했다. 김대중의 총신(寵臣) 박지원이 왜 현대그룹의 공식적 투자자금이 아닌, 국정원을 동원한 비자금으로 송금했는지는 그만이 알 일이다.

그때 당시 노무현 정부 초기 "나는 새도 떨어트린다"는 '칼의 권력'을 가진 자가 청와대 민정수석비서관 문재인이다. 고 정주영 현대그룹 회장은 박정희의 경제분신이었다. 선대 정주영의 대북사업을 계승한 정몽헌 회장의 돌연하고 억울한 주검 뒤에는, 김대중의 총신 · 박지원과 노무현의 총신 · 문재인이 서 있다.

임금의 권세를 등에 업고 권력을 농단하는 자를 간신(姦臣)이라고 칭한다. 박지원은 김대중 권력을 자기화하기 위해 주군의 권력을 왜곡했다는 점에서 간신(奸臣)이다. 문재인은 노무현 비리의 변호인단 수장으로서 그의 죽음을 예방하지 못했다는 점에서 간신(奸臣)이다. 간신(奸臣)이란 "하늘을 덮고 바다를 건너는 기망의 재주를 부려

(도광양회, 韜光洋灰)", 주인을 욕되게 하거나 죽음으로 몰아간 역적을 뜻한다. 중국 덩샤오핑이 말한 도광양회의 인물의 표상이 한국의 박지원·문재인이다.

실사구시는 인간이 아닌, 시간과 사건을 중심축으로 역사를 들여다본다. 시간은 모든 것·진리를 스스로 밝혀 준다. 그 자명한 역사에 따르면, 박지원은 김대중의 간신(奸臣)이고, 문재인은 노무현의 간신(奸臣)이다. 두 사람 모두 자신들의 권력을 위해 주군들의 눈을 속여 바다를 건넌 만천과해(瞞天過海)의 장본인들이다.

셋째, 노무현의 대북정책 노선의 변경과 왜곡을 저지하지 못했다.

'새천년 2000', 김대중 정부의 시대정신의 한 축은 분명히 비핵·한반도평화 협력체제 구축에 있었다. 소련붕괴와 함께 냉전은 해체되었고, 동유럽 국가들은 체제를 전환했고, 독일은 통일되었다. 한반도는 세계 유일의 분단국가로 집중 부각되었다. 중국 장쩌민체제는 저개발빈곤국가 중국의 근대화 출구전략에 여념이 없었고, 일본의 고이즈미 내각은 김대중에게 우호적이었으며, 미국 클린턴은 김대중을 존경하는 '정신적 친구'에 다름 아니었다.

북한 김정일 정권은 국제적 고립(= 유훈정치)과 자연재해 속에서 고난의 행군이라 칭하는 최악의 경제난에 허덕이고 있었다. 이때 김대중은 철저한 한미동맹 틀 속에서 북한의 개혁개방을 유인했고, 김정일은 김대중의 손을 잡고 미국을 향하여 거의 세상 밖으로 이끌려 나왔다. 김대중의 숨은 목적은 핵 개발을 미연에 포기시키고, 북한을 개혁·개방시켜 친미국가로 연결, 자유민주주의체제로 전환시키는 데 있었다. 따라서 김대중은 "북한 핵개발이란 미국에 비하면 장난감에 불과하다. 북한은 핵개발을 하지 않는다. 내가 장담한다"고까지 언급했다.

그러나 사태는 급변한다. 2001년 미국 대선에서 당선된 '전쟁광' 조지. W. 부시의 돌연한 '악의 축' 발언은 한반도의 시계를 냉전시대으로 되돌려 났다. 클린턴의 방북은 취소되었고, 2003년 취임한 노무현은 클린턴·김대중·김정일의 시계를 깨뜨려 버렸다. 김정일은 노무현의 대북송금 특검 수용결정과정을 예의주시하면서 공산주의 체제에서는 미증유인 선거체제의 모순을 학습하게 된다. "남한의 새로운 정부는 전 정권의 정상 간의 협약을 뒤집어도 되는구나"라는 잘못된 신호였다.

나아가 부시는 북한 핵개발의 원천적 저지를 위한 6자회담 협의체를 구성하면서 중국에게 중재 주도권을 넘겨주고 말았다. 핵안보 주권은 한국의 고유 안보주권이다. 당시, 북한이 핵개발에 성공한다고 하더라도 중국·러시아·미국·일본을 향해 절대 사용할 수 없는 무력임에 틀림없다. 그런데 강대국 정치 중심의 부시는 당사국인 한국의 중재주도권을 빼앗아 강대국인 중국에 넘겨주는 과오를 저지르고 말았다. 이때 노무현은 부시를 향해 당당하게 주장했어야 한다.

"북한핵개발 억지를 위한 6자회담이란 결국 한국의 안보주권에 해당한다. 한국의 안보주권을 중국에게 넘겨줄 수는 없다. 따라서 우리는 이승만·박정희의 역사노선을 따라서 독자적인 핵개발에 나설 수도 있다"고 이승만식 공갈협박, 박정희식 깡을 부리면서 김대중식 협상을 준비했어야 한다. 그러나 노무현의 관심은 전혀 다른 곳에 쏠려 있었다. 전쟁 절대무력 핵 무력이 한반도에 미칠 영향보다는 국내정치의 노무현 권력집단 창출에 매몰되어 있었다. 김대중은 이때 노무현을 향해 깊고·강하고·냉정한 충고를 던졌어야 한다.

아시아 민주주의의 상징·세계적 인권운동가로서 권위를 가진 김대중의 대북포용정책과 6·15 공동선언은 분명히 실사구시와 실용과 시대정신에 입각하고 있었다. 김대중은 일평생 '행동하는 양심'을 강조해 왔다. "담벼락을 향해서 침을 뱉으면서라도 억울하다고 소리치라"고 강조했다. 그러나, 노무현이 시대정신을 역행하고 있을 때, '구권력' 김대중은 '신권력' 노무현을 향해 "당신이 지금 잘못하고 있노라"고 항의·충고하지 않았다.

그 결과 천명이 부여한 시대정신, 즉 대북 포용정책은 '대북 퍼주기', 6·15공동선언은 노벨평화상 수상을 위한 '사기극'으로 매도됐다. 그리고 꼭 10년 후 2013년 김정은·북한핵 무력은 완성·고도화되어, 미국을 향해 으름장을 놓을 지경에 이르렀다. '핵 고도화'란 핵 무력이 정치권력체제와 융합·일체화되어 김정일체제·국가생명으로 운명화되었다는 뜻이다. 지금 노무현을 계승한 문재인 정권은 "운명화된 북한 핵이 점진적·단계적으로 폐기될 수 있노라"는 망상 속에 오류·실책을 거듭하고 있다. 노무현의 오판·오점을 반성·성찰 없이 상속한 결과이다. 그때 김대중은 노무현의 오류를 '목숨을 걸고' 막았어야 한다. 김대중의 과오는 역설적이다. 노무현·문재인은 김대중의 정치를 깨뜨리고 왜곡해 오고 있다. 그 누구 한 사람 나서 김대중을 옹호하는 사람이 없다.(현실정치 속에서 노무현은 되살아 융성하고, 김대중은 설 자리조차 없다)

실사구시와 실용, 시대정신에 입각하여 이승만·박정희·김대중을 들여다본 결과, 결론은 "이승만 없는 박정희도, 박정희 없는 김대중도 없다"는 엄연한 삼위일체적 역사현실을 깨닫게 된다.

제3부

김일성의
나라

I.

김일성 · 북한
국가정체성

1. 김정은·북한체제에서
   살아간다는 것은 어떤 삶일까?

북한학은 미래의 주인·청년들이 국가 생존전략 차원에서 각별한 경각심과 함께 학습·통찰해야 하는 필수적인 현실정치 과목이다. 남북·한반도·한민족·국제관계 미래전략은 한국이 주도하는 통일전략의 핵심적 주제이다. 통일에 대한 비전과 프로그레스(progress)의 토대를 닦기 위해서는 김일성·김정일·김정은·북한의 실상에 대한 면밀한 학습과 통찰이 요구된다.

필자는 북한을 '수용소 종교국가'라고 정의한다. 좀 더 정확히는 '핵 무력을 보유한 수용소 주체사상교 국가'이다. 핵 무력으로 수용소 담장 밖의 세계를 협박하고, 내부에서는 북한·주민들을 인질로 삼고 있다는 얘기다. 인질들에게는 쉼 없이 대를 이어 김일성 유일사상체계(= 수령론·사회정치생명체론·주체사상·핵 무력)를 학습 세뇌하여 집단정체성을 고양·강화한다. 북한은 수용소 국가로서 김일성 유일사상 체계를 생활화·일체화·획일화하는 과정을 통해 사상화·집단화·운명화된 집단정체성을 구현하는 데 성공한, 전 세계에 하나밖에 없는 나라이다. 한국 청년·학생들은 그 실제들을 들여다보고, 토론하고, 자문·자답·자증을 통해 스스로의 지식과 판단력을 갖춰야 한다. 그 주제는 대략 네 가지 정도이다.

1) 문: 김정은·북한에서는 개천에서 용이 날 수 있는가? 답: 북한에서는 태어나는 순간, 부귀빈천의 신분이 결정된다

'한국의 대표적 진보'인 양 행세하던 한 지식인(= 조국)이 유행시킨 말이 있다. "모두가 용이 될 필요는 없다"는 '용'과 '붕어·가재·개구리'의 **신분결정론**이다. 이 황당한 구시대적·퇴행적 **신분결정론**은 북한사회에서는 99.99% 적용된다. 조국 교수는 북한체제의 현실을 말한 것으로 이해된다. 북한에서는 사람의 탄생과 동시에 그 신분이 결정된다. 북한판 카스트제도는 태어날 때부터 세 가지의 계급에 속한다. 철저한 출생성분에 따라 '핵심계층', '동요계층', '적대계층' 3계층으로 구분되고, 다시 51계 부류로 세분화된다.

성분은 일천즉천 원칙, 즉 수평이동의 원칙에 따라 수직상승은 거의 불가능하고, 상부와 하부가 섞이게 되면 수직하향 된다. 핵심계층이 동요계층 출신과 결혼하면 그 신분이 동요계층으로 하향된다. 따라서 계층을 뛰어넘는 학교선택권도 연애하고 결혼할 자유도 없다.

첫째, 핵심계층은 북한 전체 인구의 10~20%를 차지하는 핵심군중으로서, 김일성·김정일·김정은 3대와 연결된 북한체제를 이끌어 가는 통치계급이다. 김일성의 옥쇄정기를 물고 태어난 백두산 줄기, 한국전쟁 공헌자들의 핏줄인 낙동강 줄기, 김정일의 김일성 종합대학교 출신을 의미하는 룡남산 줄기, 그리고 2011년부터 김 정은 친위세력으로 꼽히는 아미산 줄기이다. 북한 정권수립 혁명유 족·적대세력 피살자가족·한국전쟁 등에 의한 전사자가족·후방가 족(장령급 가족), 과학기술 등을 맡는 훈장가족 등이다. 김일성대학을 가려면 여기에 속해야 한다. 세칭 태생적 금수저이다. 서울대 조국 교수(전 법무부장관)가 말한 용 계급이다.

둘째, 동요계층은 60-70%의 대다수 인민으로서 기본군중들이 여기에 속한다. 일반 노동자, 기술자, 농민, 사무원, 교원, 및 그 가 족을 중심으로 구성된다. 은수저·동수저이다.

셋째, 적대계층은 10-20%를 차지하는 복잡군중이다. 과거 지주 및 자본가 가족, 정치범 출소자, 기독교 신자, 간부·당원 박탈자, 친미·친일분자 등 불순분자·반동분자로 낙인 찍힌 자들이다. 조 국이 말한 '붕어·가재·개구리' 핏줄은 동요계층과 적대계층에 속 한다.

'북조선 민주주의인민공화국' 건국이념은 마르크스·레닌주의가 제시한 공산주의·공산당 혁명에 입각하고 있다. 공산주의·공산당 국가의 주체세력은 노동자·농민이다. 이론적으로는 어디까지나 노 동자·농민은 북한의 주인·주체·존립근거이다. 그러나 김정은·북 한에서 노동자·농민은 모두 동요계층에 속하는 동수저이거나 적대 계층에 속하는 흙수저에 불과하다. 이들은 연좌제 속에 살며, 교육· 결혼·성분세탁과 신분상승의 자유가 허락되지 않는다. 김정은·북 한은 공산귀족, 김일성식 카스트제도의 유일왕권 지배 사회이다.

2) 문: 북한에서는 재산을 축적하고, 이사를 가고, 직업을
   선택할 수 있는가?
   답: 북한에서는 재산 소유권, 거주 이전, 직업선택의
   자유가 없다

1946년 3월 5일, 소련·스탈린·공산당의 구상과 명령에 따라, 북조선 임시인민위원회(위원장 김일성)는 "무상몰수·무상분배"의 토지개혁을 실시했다. 이는 소련군이 점령한 38°선 이북에 인민위원회라는 이름의 실질적인 단독정부가 수립되었음을 의미한다. 김일성의 지지도와 권력기반이 구축된 뒤, 전 국토의 100%를 당·국가가 몰수했고, 인민들에게는 토지·건물·주택의 경작권·사용권만을 부여한다. 따라서 북한에는 이사철이란 게 없다. 거주이전의 자유가 없다. 거주이전의 자유가 없으니 직업의 자유도 없다.

2012년에 개정된 북한헌법(제 75조)에는 "공민은 거주·여행의 자유를 가진다"고 되어 있다. 그러나 '한정된 집단'을 위한 하늘의 별 따기다. 이사를 하려면 시·군 인민위원회 주택배정과의 직업과 주택사용 허락을 얻어야 한다. 주민들은 자신들의 적성·의지와는 무관하게 당국에서 배치하는 직장에서 일해야 한다. 도중에 직업을 선택하여 바꿀 수 있는 자유도 없다.

평양을 예로 들어 보자. 핵심계급만이 노동당 입당 자격이 우선적으로 주어지고, 평양에서 살 수 있는 권리와 평양을 출입할 수 있는 권한이 주어진다. 평양으로 가는 기차를 타더라도, 동요계층과 적대계층은 평양의 길목인 평성역에서 모두 검열받고 하차해야 한다. 최근 평성역을 중심으로 장마당이 서는 이유도 여기에 있다.

조국의 비유를 들자면, 붕어·가재·개구리 등에게는 거주 이전의
자유, 직업선택의 자유도 없다. 조국은 북한의 실상을 말하지 않았
나 싶다.

3) 문: 북한에서는 교회나 절에 다닐 수가 있는가?
답: 북한에는 태어날 때부터 죽을 때까지 사상·종교·
정보·교육의 자유가 없다

남북·냉전기에 남북을 통틀어 최고·최악의 철학자는 황장엽이
다. 황장엽(1923~2010)은 김일성종합대학 교수(철학)와 조선 최고인
민회의 상임위원회 위원장을 역임했다. 황장엽은 1970년 초반 김
일성·김정일 핏줄 권력승계를 위한 철학적 기초작업을 하명받고,
주체사상논리를 개발하여 김정일에게 보고했다. 그 사상적 기초는
기독교사상의 삼위일체적 원리와 김일성 가계의 기독교적 경험을
마르크스레닌 혁명사상과 결합하여, 인간중심 철학원리라는 주체
사상 체계를 구축한 것이었다.

"인간은 자주성·창조성·의식성을 타고난 지구상의 유일한 주
인·주체로서, 인간 스스로 자신의 운명을 결정·개척하고, 사회정
치적 구성체 집단으로써 영생한다." 인민대중(= 민족 = 집단)은 군·
당·국가, 뇌수(= 수령)와 함께 삼위 일체적 결합 양식 속에서 현재
진형형적인 역사의 진보를 추동해 나간다(= 민족형식론).

김일성 유일사상체계는 1972년 이전까지는 수령관, 1972부터
1994년 김일성 사망 시기까지는 주체사상, 1994년 이후 2008년

김정일 사망까지는 선군정치론, 그리고 2013년 핵·로켓 완성 후에는 핵 무력의 조선운명 일체화론, 그리고 핵 무력·경제병진론의 형태로 나타난다. 2013년 필자 박요한은 **"북한 핵 무력은 김일성 주체사상의 물리적 구현"**이라고 정의한다.

유일사상체계는 종교·사상·교육·철학·문화·예술·체육 등 전방위적 분야에서 일체화·세뇌화·집단의식화·강제화하는 '주체강화사업'으로 나타난다. 크게는 정치사상·과학기술·체육으로 구분된다. 특히 정치사상 교육은 김일성·김정일·김정은의 혁명역사와 백두산 3대장군(김일성·김정일·김정숙)과 김정은의 위대성에 대한 충성의 일체화 사업에 집중된다. 김일성·김정일·김정은 3대 유일사상체계와 교시 속에서 당·군의 지시와 주민 개인의 운명을 충성으로 일체화하는 자발적인 과업수행이다. 최고 존엄 '수령'의 교시와 절대적 정당성을 지닌 당의 폭력, 그리고 대를 이은 인간의 자발적이고 무의식적 수준의 충성심에 따른 혁명열사로서의 재탄생이라는 점에서, 김일성 주체사상은 초월적 종교를 넘어서게 된다.

즉, 김일성·제2의 김일성(= 김정일)은 영생하는 절대자이고, 김정은은 살아 있는 제3의 김일성이라는 현재진행형의 화신(化神)으로 정립된다. 황장엽이 입론한 사회정치 생명체론과 주체사상론에 따르면, 김정은의 정체성은 김일성의 손자가 아니라 제3의 김일성이다. 김정은의 연령은 36세가 아니라 제1김일성(82세)+제2김일성(김정일, 70세)+제3김일성(현재 김정은, 36세)가 축적된 188세이다. 3대에 걸친 영세불사 장군의 생명역사가 현재진행형화 되고 있다.

따라서 한국 지식인들과 청년들은 경각해야 한다. 한국에도 김일성·김정일·김정은의 대를 이은 주체사상과 핵 무력의 세계관·

역사관·정치철학을 '민족자주'라는 아름다운 이름으로 묘사하고 인정·호감을 펼치는 지식인이 있을 수 있다. 그들은 마르크스레닌의 공산주의·공산당혁명이론을 초월한 '현재진행형의 화신'으로서 '신' 김정은을 숭배하는 김일성 주체종교의 신도와 같다는 사실을 주목해야 한다. 2010년 7월 미국 종교관련 사이트인 'Adherent. com'은 세계 김일성 주체사상 교를 신도 1,900만 명을 보유한 세계 10대 종교에 올렸다.

무엇보다도 김일성 주체사상의 입장에서 볼 때, 자신들의 원전인 기독교·성경은 김일성 왕조체제를 쓸어버릴 **사상적·신앙적 원자폭탄**임을 잘 알고 있다. 황장엽은 기독교 세계관의 근간인 초월적·창조적·절대자적 삼위일체의 구조와 믿음을 그대로 베껴 김일성 유일숭배 종교로 덧씌웠다. 그 결과 김정일의 핏줄에 의한 후계계승을 가능케 했다.

공산주의자가 선거 때 표를 얻기 위해 크리스천을 위장하고 교회에 출석한다면, 그를 판별해 내는 방법은 간단하다. 당신은 크리스천이냐고 물으면 '예'라고 할 것이고, 그러면 성부·성자·성령 삼위일체를 믿느냐고 물으면 '예'라고 대답할 것이요, 그렇다면 예수 그리스도가 구세주요, 하나님인 것을 믿느냐고 묻는다면 '예'라고 대답할 것이요. 그렇다면, 황장엽이 김일성·김정일·김정은을 화신(化神)으로 만들기 위해 기독교 삼위일체를 인간에 적용하여 주체사상으로 이름을 붙인 것을 인정하느냐고 물으면, 대답을 못 하고 입을 다물거나 딴청을 피운다.

기독교 성경 속의 삼위일체를 베낀 것이 인민·당군 국가·수령 삼위일체론이기 때문에 북한은 개혁개방 하는 순간, 기독교에 노출된다. 동굴 속의 사람들이 빛을 보게 되면 더 이상 벽에 비친 그림자가 진리가 아님을 알게 된다. 내부·정신세계·주체사상으로부터 김일성·북한·인민·사회는 무너지게 된다. 따라서 사상·정보·종교·교육·문화 통제의 벽이 뚫리는 순간 맹목적 신앙화된 주체의 세계는 모두 붕괴된다. 김정은·북한이 중국과는 달리 개혁·개방을 할 수 없는 본질적인 이유다. 개혁개방을 할 자신이 없는 한 김정은 체제가 핵 무력을 포기한다는 논리는 성립되지 않는다. 북한 김정은 체제의 핵심적 딜레마는 '개혁개방의 구조적 제한'에 걸려 있다는 점이다.

4) 문: 북한의 주인은 인민인가? 김일성 3대인가?
답: 북한은 김일성의, 김정일 왕조에 의한, 김정은 통치를 위한 소유재산이다

블룸버그 통신에 따르면, 2019년 세계 제1의 억만장자는 약 1,420억 달러(약 157조 원)를 자산으로 보유하고 있는 제프 베조스 아마존 CEO이고, 2위는 약 942억 달러(약 100조 원)을 소유한 빌 게이츠 마이크로소프트 창업자, 3위는 마크 저커버그 페이스북 최고경영자(CEO)이다.(블룸버그 2019년 7월 7일)

그러나 이는 정상국가의 기업인 자산 순위에 불과하다. 세계 제1위의 재산가는 김정은(36세)이다. 무함마드 빈 살만 사우디 왕세자(35세)도 사우디아라비아의 위임 통치자일 뿐이다. 그러나 김정은은 '북조선 민주주의 인민공화국'을 상속받은 명실상부한 소유주다.

북한의 모든 재산권은 국가·당의 소유이고, 김정은은 당·국가 자체이다.

따라서 그의 생물학적 연령이 끝나지 않는 한 소유권은 변함이 없다. 국제사회의 위협으로부터는 핵 무력으로 자신의 재산을 방어하고, 국내의 반역은 강력한 처형으로 저항의지의 싹부터 초토화시켜버린다. 장성택 처형·친형 김정남의 암살이 대표적이다. 2020년 현재 북조선민주주의 인민공화국이라는 국가는 김정은이 아니라면 아무런 의미와 가치가 없다. 김일성유일사상체계이자, 그 물리적 구현인 핵 무력 자체이기 때문이다. 북한의 운명은 곧 김정은·핵 무력이다. 그러나 김정은에게는 위기가 다가오고 있다.

2019년 9월 21일, 트럼프 미국 대통령은 북한을 방문할 예정인가라는 질문을 받고 "아직 준비가 안 돼 있다"면서 "북한에게 수십 년을 속아 왔다"고 언급했다. 준비란, 북한이 빅딜을 통한 개핵개방에 나설 준비가 안 돼 있다는 뜻도 되고, 미국이 북한을 물리적으로 때려 버릴 만한 시간이 아직 아니라는 뜻으로도 해석된다.

트럼프와 미 행정부는 북한국가정체성의 모든 본질을 꿰뚫게 되었다. 후술하겠지만 미중패권전쟁은 김정은의 의지와는 달리 북한 핵을 종속적·부수적 차원의 딜레마로 왜소화시키고 있다.

2. 북한에는 왜 김일성 외
   항일 독립투쟁의 역사가 없을까?
   : 김일성 유일사상체계국가의 정립과정

한국의 청년지식인들이 처음 북한을 학습할 때 이해를 할 수 없는 역사적 사실이 있다. 북한은 조선사를 봉건시대로 규정한다. 여기까지는 한국의 사관과 비슷하다. 그러나 일제강점기하에 전개된 다방면의 독립투쟁 기록은 아예 없다. 북한의 모든 역사책에는 독립운동기 민주주의 김구·이승만은 물론 공산주의 박헌영·김원봉의 역사도 없다.

대한민국 헌법 전문은 건국의 기원을 3·1운동과 상해 임시정부로부터 시작한다고 명시한다. 그러나 북한의 역사는 우리와는 전혀 다른 차원과 기원에서 시작한다. 북한 건국의 기원은 항일 독립투쟁으로부터가 아닌, 항미 투쟁의 역사로부터 시작된다. 나아가 건국사는 오직 김일성·최용건·김책 등 주류로 살아남은 자들만이 혁명역사의 진리로서 존재한다.

『조선전사』, '조선력사', '백과사전', '정치사전', '철학사전' 등 북한의 모든 역사서는 물론, 김일성 회고록 『세기와 더불어』까지 북한의 근대조선 역사는 '영웅 김응우'라는 한 인물로부터 시작된다.

"증조 할아버님이신 김응우 선생님께서는 미국놈들이 침략선 '셔먼'호를 타고 대동강으로 침입해 왔을 때 인민들의 앞장에서 용감히 싸워 놈들의 배를 불태워 버리시었다."

"1866년 우리 인민은 평양 대동강에 기어든 미국 해적선 '셔먼호'를 격멸하였다. … 중략 … 놈들의 만행에 치솟는 격분을 참을 수 없었던 평양 인민들은 셔먼호를 격멸하기 위한 투쟁에 한결같이 떨쳐나섰다."

"이 투쟁의 선두에는 경애하는 수령 김일성 대원수님의 증조할아버님이신 김응우 선생님께서 서 계시였다. 선생님께서는 셔먼호가 두루섬까지 올라와 머물렀을 때 마을 사람들과 함께 집집의 바줄물을 다 모아 강 건너 곤유섬과 만경봉 사이에 겹겹이 건너지르고 돌을 굴리면서 해적선의 앞길을 가로막으셨다. 선생님께서는 그후 셔먼호가 양각도에 기어들어 살인, 략탈 만행을 감행할 때에는 만경대 사람들을 데리고 평양성으로 들어가시어 화공전술로 침략자들을 소멸할 데 대한 창발적인 발기를 하시였다.

(…) 7월 하순 셔먼호를 격멸하기 위한 총공격이 시작되었다. 애국적인 군인들과 인민들은 김응우 선생님의 지도 밑에 결사대를 조직하였다. 결사대원들은 수많은 작은 배들에 나뭇단을 가득 싣고 류황(유황)을 뿌려 불을 붙인 다음 강 웃 쪽에서 셔먼호 쪽으로 떠내려 보냈다. 당황한 미국 침략자들은 총과 대포를 쏘며 급히 도망치려고 서둘렀으나 썰물이 시작되자 강물이 줄어들면서 셔먼호는 여울목에 걸려 움직이지 못하게 되었다. 드디어 수많은 불배들이 셔

먼호에 가둬아 침략선은 불길에 휩싸여 폭발하였다. 거기에 탔던 침략자들은 전멸되었다."

북한의 역사는 1866년 8월 21일(고종3년, 음력 7월 12일) 평양 대동강변을 거슬러 침략해 온 미국상선 셔먼호를 침몰시킨 '영웅 김응우'로부터 시작된다. 김응우는 김일성의 증조할아버지이다. 북한은 1986년 대동강변에 제너럴 셔먼호 격침비를 세워 이를 반미항쟁의 상징물로 선전하고 있다.

고종실록·패강록·평양지에 따르면, 셔먼호 사건의 전모는 비교적 자세히 기술되어 있다. 셔먼호 사건은 1866년 8월 대동강을 거슬러 올라온 미국상선 셔먼호를 평안도 관찰사 박규수, 퇴역장교 박춘권을 비롯한 군민합동작전으로 격침시킨 사건이다. 셔먼호는 80톤급 증기 상선으로 12파운드의 대포 2문, 23명의 승무원이 완전무장을 하고 있었다. 셔먼호는 영국과 청나라에서 가져온 비단, 유리그릇, 천리경, 자명종 등을 조선의 쌀, 홍삼, 호랑이가죽 등과 교역하기를 요구했다.

당시 15세 고종황제(즉위 3년)의 섭정 흥선대원군의 쇄국정책에 따라 평양감영은 이현익을 보내 셔먼호를 돌아가도록 설득했으나, 셔먼호 선장 페이지(Page)는 이현익을 납치하고 구경나온 평양시민들을 대포와 소총으로 위협했다. 셔먼호가 양강도까지 물러나자 평양감영의 퇴역장교였던 박춘권이 작은 배를 타고 셔먼호에 올라 억류되었던 이현익을 구출하고, 평안도 관찰사 박규수(1807-1877)·철산 부사 백낙연·박춘권 등이 대동강물에 기름을 풀고 불을 붙여 선박을 불태워 격침시켰고, 승무원 전원은 죽었다. 이 사건은 5년 뒤 신미양요(1871년 6월 1일)의 원인이 된다.

문제는 어떤 문헌에도 김응우라는 이름이 존재하지 않고 시대와 연령이 전혀 맞지 않는 데 있다. 김응우가 결사대를 조직했다고 하는데 공훈록에도 없고, 뒤에도 김일성 일가는 가난하게 살았다. 또 김일성 부친 김형직(1894년 7월 10일~1926년 6월 25일)의 연령을 보면, 조부 때까지 최소 연령 20년, 증조부까지 20년 등 40년을 추적하면, 당시 김응우의 나이는 12세에 불과하다. 따라서 역사가들은 완전히 날조라고 평가한다.

서옥식에 따르면, 북한은 1968년 백봉의『민족의 태양 김일성 장군』이라는 역사책에서 셔먼호 사건의 주인공으로 김응우를 세우고, 실질 주인공 박춘권을 보조자로 대체·조작했다. 당시 평안도 관찰사 박규수가 조정에 올린 민관군 포상대상자 27명에 김응우라는 이름이 없으며, 북한은 이와 함께 행위자가 불확실한 1950년 10월 '황해도 신천군 학살사건'을 반미항쟁의 교양교육으로 삼고 있다고 지적했다.

요컨대 '북조선 민주주의 인민공화국'의 역사의 기원은 김일성의 증조부라는 인물로부터, 항일무장투쟁이 아닌 항미투쟁으로 시작된다. 여기에는 무시무시한 역사 날조와 왜곡이 숨어 있다.

항일무장투쟁 가운데 최소한 공산주의 계열의 항일무장투쟁을 역사화한다면 김일성의 항일 무투는 보잘것없다. 김일성의 최고 업적이라고 자랑하는 1937년 보천보 전투 또한 날조라는 조선인민군 부참모장 이상조의 증언이 설명력을 지닌다. 1937년이면 김일성의 나이 24세이다. 어찌됐든 김일성·북한은 항일무장투쟁의 역사가 일천하게 된다. 그 결과 항미투쟁을 건국의 기원으로 삼는 것이다. 이는 김일성 유일사상체계와 맞물리고, 유일사관으로 직결된다. 유일사관은 김일성 주체사상과 혁명역사의 핵심근간이다. 김일성 외의 항일무장투쟁도, 항미무장투쟁의 역사도 부각되어서는 안 된다.

또 그 시기에 함께 존재했던 한국 건국 대통령 이승만에게 뒤처져서는 안 된다. 이승만(1875-1965년)이 1919년 3월 상해임시정부 대통령으로 추대·취임한 나이는 45세였다. 김일성(1912년-1994년)의 연령은 고작 6세였다. 항일 독립 투쟁 역사를 비교할 수조차 없다. 따라서 시간을 셔먼호사건(1866년)이 있었던 증조부 김응우까지 끌어올렸다.

1945년 9월 19일, 김일성은 항일연군 대위로 소련군 수송선을 타고 원산에 들어온다. 김일성은 소련의 태평양전쟁쇼 한반도 38°선 이북의 대일본 작전에도 투입되지도 않았다. 김일성은 소련군을 따라 한반도에 '공짜로' 무혈 입성했다.

소련·스탈린은 김일성의 항일무장투쟁의 역사가 너무나 일천한 결과 항미투쟁으로 방향을 바꿨다. 아무튼 북한의 반미 독립투쟁의 역사는 1866년으로 거슬러 올라가게 되었다. 1940년 말 김일성이 소련국경을 넘어 도착하여 배정된 동북항일연군 88여단에서의 김책·최용건·최광·최현·김일·강건 등과의 만남, 그리고 분단과 해방의 시공간 속에서 북조선 건국과정의 역사만이 남았다. 결론적으로 북한의 현대사는 항일무장투쟁이 아니라 반미투쟁의 역사로부터 시작된다.

II.

북한 핵 무력은
김일성 주체사상의 물리적 구현

1. 우리는 북한을 똑바로 응시하고 있는 가?: 2003 부시, 노무현의 정책실패가 북한 핵 현상화를 초래

　우리는 한반도·한민족·남북·비핵화·평화 통일론 논쟁에 앞서, 반드시 통과해야 할 질문의 관문이 있다. 그 물음은 우리는 북한을 똑바로 응시하고 있는가이다. 응시(contemplation)란 상대의 내면을 뚫어지게 들여다보는 고뇌이다. 응시하려면 솔직해야 한다. 나의 시력에 문제가 있다면 안경의 도움을 받아 시력을 교정하고, 망원경과 현미경을 번갈아 들여다보며 조망과 압축을 병행해야 한다.

　2003년, 노무현 정부가 출범한 해가 변곡점이다. 부시·노무현·후진타오에 의해 북한·김정일이 김대중·클린턴과 맺었던 개혁개방·친미·세계화전략은 중단되었고, 북한은 핵 무력개발을 공식화한 변곡점(Turning Point)의 한 해이다. 2003년 이후부터 북한·김정은 체제의 노선은 전혀 변함이 없다. 그러나 한국정부는 정부의 성격에 따라 화해협력과 적대대립이라는 양극단의 시계추노선을 반복하고 있다.

　2013년 2월 11일, 인공위성 발사 성공(2012년 12월 12일)에 이은 제3차 핵실험 성공(소형화, 경량화, 다종화)의 의미는 너무나 깊다. 북한 핵 무력은 체제와 함께 진화·고도화되었고 한반도 안보 주도권은 북한·김정은에게로 넘어갔다. 좋든 싫든 북한은 핵보유국이 되었고, 한국은 비핵국가인 현실을 인정할 수밖에 없다.

북한 핵의 성공과 한반도 안보주도권의 북한 획득은 노무현 정부의 과오로부터 비롯되어 이명박·박근혜·문재인 정권까지 축적된 '예정된 실패'의 결과이다. 왜 그랬을까? 그 착오·실패의 근본원인을 진단해야만 적합한 처방을 할 수 있다. 그 진단은 다음과 같은 핵심적 물음들을 맞물고 들어오며 해답을 요구한다.

① 도대체 핵 무력의 정체성은 무엇이고, 6자회담은 왜 실종되었는가? ② 왜 북한은 핵 무력을 국가운명이라고 하고, 국가운명을 포기할 수 있는가? ③ 북한·김정은은 체제전환을 하여 개혁개방의 길을 도전할 수 있는가? ④ 남한의 비핵화 중재는 가능한가? 장애물은 무엇이고, 그 장애물을 극복할 대안은 마련되어 있는가? ⑤ 미국은 북한핵·시설을 때릴 수 있는가? ⑥ 중국의 입장은 무엇인가라는 질문 등이다. 먼저 현실적으로 입증된 해답을 정리해 두어야 한다.

2. 북한 핵 무력은 한국이 중재·포기· 협상할 수 없는 국가운명이다

첫째, 6자회담은 종이 위에 그린 기구였다.

'비핵확산'이라는 의제(Agend)는 지구적 차원(UN)에서 공동 대응해야 할 '가치'(value) 차원의 안보딜레마이다. 그러나 미국·부시와 중국·후진타오는 이를 6개 나라의 '이익'(interest)으로 규정·강제화하는 오류를 범했다. 미국·부시는 어리석었고, 중국·후진타오는 기만극을 벌였고, 한국·노무현은 그 심각성을 인지하지 못했고, 북한·김정일은 벼랑 끝으로 몰렸다.

그 결과 (2003~2013년) 10년 동안 중국은 WTO 개도국지위 및 미국시장의 최혜국대우를 받아 고도경제성장을 구가했다. 그러나 제제와 봉쇄 속의 북한은 중국으로부터 오가는 무역과 원조 외에는 받은 게 없다. 북한으로서는 중국은 북한 때문에 풍요한 경제를 누리고, 북한 경제는 간당간당 연명할 수밖에 없는 처지에서 중국에 대한 불만이 높을 수밖에 없다. 러시아·일본·한국·미국은 주도권을 가진 중국에게 비핵억지의 책임을 미루고 관망했다. 사실 중국이 북한과 연결된 송유관과 식량 등 생필품 무역로를 6개월간만 통제한다면 북한 경제와 체제는 무너진다는 게 부시 미 행정부의 판단이었다. 그러나 중국은 북한 핵개발억지를 위해 종이 한 장 나르지 않았다. 중국의 입장은 한결같았다. "중국은 '원칙적으로' 한반도의 비핵화를 원한다." 여기서 핵심적인 단어는 원칙적이다. 게임오버(Game Over)!

둘째, 미국의 안보역량은 99.99% 북한핵·시설을 선제·선택적·정밀타격, 때려 버릴 수 있다. 그러나 미국은 0.001% 북한을 타격하지 못했고, 앞으로도 못 한다.

미국은 2006년 노무현·김정일 시기에 제1차 핵실험을 감행할 때까지 중국을 믿는 오판을 했고, 이후 북한핵은 진화·고도화에 성공했다. 미국은 북한을 때리지 못한다. 핵 무력 상호불가침의 원리가 지닌 0.001%의 가능성 때문이다. 완성된 핵 무력은 인간(= 결정권자)과 결합하는 순간 절대무력의 행위자로 그 지위가 격상된다. 피그미가 슈퍼 자이언트로 비월한다. 그 증거와 광경이 트럼프와 김정은의 만남이다. 특히 우파진영의 한국 정치학자들 중에 미국의 북한 핵 타격 가능성론을 주장하는 학자들이 많다. 그들은 모두 오판·거짓·허구·무지를 대표하는 어리석은 이들일 뿐이다.

미국이 북한을 때리지 못하는 핵심적 이유는 ① 조중동맹(1961년)의 장벽, ② 북핵의 남한지역 타격 위협, ③ 미국의 침략국가화 여론, ④ 중국실속: 북한·김정은 붕괴 시 친중 정권 수립에 있다. 따라서 미국의 북핵시설 타격은 원시적으로 불가능하다. 실례로 이라크·사담후세인, 리비아·카다피 등은 모두 핵개발의 완결성 이전에 때린 것이고, 남아프리카공화국의 경우에는 사실상 자의적 결정에 이해 핵물질을 미국으로 이관했을 뿐이다. 다만, 미국의 김정은 참수작전은 가능하다. 미국이 김정은 참수작전에 성공한다고 해도 중국이 개입할 개연성이 높다. 미중 패권전쟁의 핵심적 딜레마이다. 트럼프도 알고, 시진핑도 알고, 김정은도 알고 있는 사실이다. 게임오버(Game Over)!

셋째, 북한·김정은은 핵 무력을 포기할 수 있는가라는 물음이다. 상상불가의 절대 영역의 아젠다이다. (Absolutely unimaginable)

2013년 완성된 북한 핵 무력은 35세 세계 최약체·빈국의 지도자 김정은을 세계최강국 트럼프와 어깨를 나란히 하게 만들었다. 라이트플라이급 선수가 슈퍼 헤비급 선수와 링 위에서 평화협상 테이블에 앉는 데 성공했다. 선대 김정일과 충신 김계관이 언명한 "핵은 조선의 운명이다"는 진리성이 세 차례의 북·미 정상회담을 통해 입증되었다. (2018년 6월 12일 싱가포르, 2019년 2월 27일 베트남 하노이, 2019년 6월 30일 한국 판문점)

지구상에 있는 범유엔 차원의 국가는 196개국(유엔승인 193개국, 비승인 3개국)이 존재한다. 전 세계사를 통틀어 국가와 민족의 운명 줄을 내놓을 지도자는 단 한 명도 없다. 그러면 한국의 지식인들은 역설적 질문에 봉착한다. 그렇다면 김정은은 왜 트럼프와 한반도비핵화, "영구적이고 검증 가능하며 되돌릴 수 없는 북한 WMD의 폐기"(PVID: permanent, verifiable, irreversible dismantling of North Korea's WMD program) 협상에 나서게 되었는가라는 질문이다.

실사구시적 입장에 따르면, 북한·김정은은 한반도비핵화에 대한 대가로 미국에 핵군축 협상을 요구한다. 핵군축 협상은 공식적으로는 UN 상임이사국(미·영·프·러·중)의 테이블에 끼워 달라는 요구에 다름 아니다. 완결된 핵 무력은 북·미·중·한·일·러 차원을 넘어서 지구적 차원의 의제(Agenda)임을 분명히 하자는 것이다.

이 지점에서 크나큰 오해와 혼동이 일어났다. 한국정부와 언론, 지식인들은 북·미 정상회담은 포괄적 핵 폐기를 위한 첫 걸음(= 단계론, small deal)이라고 하였다. 김정은은 상상조차 못 할 일을 한국정부와 언론은 내일이라도 당장 한반도비핵화와 경제협력시대가 열릴 듯이 선전·보도했다. 그러나 이는 기대감에 찬 주관적·임의적인 한국만의 번역일 뿐이다.

미국·트럼프는 북한 핵의 영원한 폐기와 핵물질의 미국이전(= PVID)을 요구하고, 북한·김정은은 핵군축 협상(= Nuclear disarmament negotiations)을 요구하고 있다. 핵군축 협상의 본질은 "한반도 미북비핵화 ⇒ 중국·러시아 핵군축 ⇒ 일본의 핵무장 금지"라는 지구적 차원의 의제로 확장된다.

북한이 원한다고 해서 트럼프·미국이 나서 해결할 수 있는 차원과 규모가 아니다. 재선을 보장한다고 해도 트럼프의 임기는 6년에 불과하다. 반면, 김정은 임기는 종신제이다. 모든 외교 속에는 정책의 일관성 여부를 결정짓는 시간전쟁이 그 핵심이다. 미국과 북한은 완전한 동상이몽이다. 트럼프와 김정은의 만남을 중매·촉매한 문재인이 북핵협상에 전제된 이와 같은 핵심적 딜레마를 인지했는지는 알 수 없다.

그렇다면, 세 차례 진행된 북·미 정상회담의 승자는 과연 누구인가? 김정은과 트럼프는 모두 반반의 승점을 쌓았다. 트럼프는 미국민들에게 핵을 쥔 세계적 젊은 깡패 김정은을 요리할 수 있는 역량을 과시했고, 김정은은 전 세계를 향해 슈퍼헤비급 세계챔피언과 동등한 자격을 과시하는 승점을 쌓았다. 엄밀히 말해 승자도 없고 패자도 없다. 그러나 김정은은 한 가지의 치명적 실수를 범하고, 한 가지 딜레마를 떠안게 되었다.

① 김정은은 "미국은 북한의 풀 한 포기·바람 한 줄기 터치할 수 없다"는 전제하에 미국·트럼프를 만났다. 그러나 김정은은 (한미동맹관계의 수준으로) 북·미관계가 운명공동체로 일체화될 때까지는 '핵 포기 절대불가'라는 기본입장을 노출하고 말았다. 역설적으로 말하자면, 길어야 6년짜리 미국 대통령이 약속할 수 있는 시간의 길이가 아니다.

② 김정은은 미중 패권전쟁의 결과에 따라 체제붕괴 위기에 직면한다는 공포의 시간을 확인했다. 미중 패권전쟁의 핵심은 중국의 체제전환이다. 그 핵심 아젠다 가운데 하나는 세계 보안관 국가 미국이 북한 핵을 때린다고 해도 '동맹'으로 전환한 중국은 불개입한다는 조약을 맺는 데 있다. 1961년 김일성·저우언라이 간의 조중조약보다 상위차원의 미중 조약을 맺게 되는 경우다. 김정은에게 구현될 오늘(= 미래)의 시간은 "북한은 더 이상 중국의 보초병이 아니다"라는 메시지를 던지고 있다. 김정은의 미래 시간은 피폭·암살·붕괴·경제위기·미중 양자택일에 휩싸인 공포의 시간으로 돌변한다. 김정은 체제는 게임오버(GAME OVER)이다. 말려 죽이겠다는 것, 이것이 사업가 출신 트럼프 시간의 정치가 갖는 악마적 일면이다.

넷째, 그렇다면 한국·문재인 정부의 한반도비핵화와 평화경제 협력을 위한 북·미 간 대화·중매 노력은 헛된 것인가? 그렇다. 무지·오만·편견·독선이 낳은 '뻘짓'(갯벌에서의 삽질·쓸데기없는 짓을 뜻하는 전라도 방언)에 불과하다.

① 무지란, 핵 무력의 정체성을 모르거나 호도하고 있고, ② 오만이란, 한반도 운전자론이라는 권력의 자아도취된 비현실적 외교 비전을 말하며, ③ 편견이란, 북한·김정은 노선을 미리 자의적으로 예측하고 행동하며, ④ 독선이란, 국내 반대 여론을 깡그리 도외시하고 안보와 경제기조를 대북전략과 맞물려 '몰빵'(ALL-IN)하는 행태이다.

"핵 무력은 핵 무력끼리"만 대화(상호작용과 공명, 교직과 융합)한다. 따라서 비핵국가 남한이 북·미를 만나게 소개해 줄 수는 있으나, 그다음에는 아무런 할 역할이 없게 된다. 핵 무력 국가끼리 대화하고, 비핵국가는 자동적으로 패싱된다. 그리고 뒤에 경제적 대가만 요구받게 된다. 자칫 남한·문재인 정부는 국가정체성의 전몰적 상황을 맞을 수도 있다.

김정은이 남한 정부와 대통령을 비방하는 등 국가 원수에 대한 최소한의 예의범절까지 짓밟는 언동이 나오는 이유이다. 북한·김정은은 자주안보를 이룩한 핵보유 국가이지만, 남한·문재인은 주한미군에 의탁한 비핵보유국이라는 '침묵의 물음'을 넌지시 던지고 있다. 남한·문재인정부로서는 답변을 할 수 없다. 강조컨대 비핵국가가 핵 무력 국가들을 중재·촉매할 수 있다는 발상 자체가 존재할 수 없다. 필자가 무지·오만·편견·독선이라고 규정한 이유이다.

그렇다면 한국은 앞으로 어떻게 해야 하는가라는 최후의 물음,

최후진단, 그리고 처방전을 요구하게 된다. 그에 앞서 우리는 **"북한 핵 무력은 김일성 주체사상의 물리적 구현"**이라는 용어, 즉 북한의 국가정체성·김일성·김정일·김정은 3대 역사의 특성·북한 핵 무력의 정체성의 개념을 전염병 메르스의 병원균을 찾아내는 것처럼, 세밀·정확·냉정·간명하게 분석해 내는 학습과 통찰의 다리를 건너야 한다.

도전과 응전,
미국 핵 무력과 북한 핵 무력

1. 북한의 도전:
미국 핵 무력의 한반도 전쟁억지역량 '공포'

한국전쟁과 냉전 이후 북한에게 미국핵은 동아시아와 한반도 패권무력의 현상적 실체였다. 역사적 맥락을 잡고 봐야 한다. 1945년 출현한 미국 핵 무력은 세계안보의 구심점을 미국중심으로 집중시켰고, 1990년대 구소련 해체 이후에는 중국 핵 포위전략을 전개하여 왔다. 중국은 러시아-인도-파키스탄-(북한 핵)과 일본-(한국)-대만-베트남-호주-뉴질랜드 등 미국 핵우산동맹체제로 포위되어 있다. 북한은 북미·북일 수교에 실패한 뒤 1993년 자주적 핵개발 선언이라는 도전을 감행했고, 20년간의 시간획득전쟁을 벌인 끝에, 2013년 제3차 핵실험과 로켓발사에 성공함으로써 핵·운반수단 실력을 입증했다. 북한은 미국과 핵실력 입증(Logos Game)을 위한 최전선 게임을 벌여 가며, 시간비축 전쟁에서 승리했다.

제2차 세계대전 이후 미국은 미국달러의 기축통화를 기반으로 일본과 한국과 대만, 호주와 아시아권을 핵우산 안보동맹화 함으로써 인도 태평양 제해권의 안보와 이익을 사실상 독점적으로 유지하여 오고 있다. 잠재적 패권도전 국가인 중국은 대륙으로는 인도와

파키스탄, 러시아의 핵무기 무력권역에 의해 포위되었고, 태평양권으로는 일본, 남한, 대만, 호주라는 미국의 핵우산이 존재하고, 남중국해 쪽으로는 베트남, 말레이시아 등이 있기 때문에 중국의 태평양 진출이 자동적으로 저지되고 있는 형세이다. 1989년 소련 붕괴 이후 1990년대 '중국흥기론'이 제기되면서 펼쳐진 중국 포위전략의 핵심적 역량은 핵 무력 포위망체제였다.

이와 같이 미국의 핵 무력은 세계 차원의 안보역량을 창출하면서 무정부상태의 국제체제를 핵 체제 중심으로 번역하고, 핵 안보차원에서 국가 간 관계를 재조립·조정하는 총사령부와 같은 지위를 구축하고 있다.

미국의 안보정체성은 핵·절대무력과 미국의 결합에 따른 인물성(人物性, human-things) 네트워크의 총화이다. 핵 무력은 곧 국제체제이자 기구이며 현실적인 안보역량의 총화에 해당한다. 케네시 월츠가 정의한 "국제체제는 무정부상태"라는 명제는 재검토가 불가피하다. 한마디로 핵 무력은 인간화된 전쟁역량의 총화로서 세계 무력체제이자 권력기구이다. 미국 핵 무력은 패권무력의 현상적 실체이다. 미국 중심의 세계관계 속에서 북한은 국가적 실체의 존재성을 상실했다. 북한의 핵 무력 개발도전은 이와 같은 2차 세계대전 후 미국 핵 체제 중심 국제안보환경을 읽은 뒤 감행된다. 핵 없는 북한은 미국에게는 아예 없는 나라에 다름 아니다.(= 실사구시) 그리고 핵 개발을 선언·도전하자 존재감이 생겼다.(= 도전) 미국은 미·중·일·러·남한의 6자회담을 구성하고 북한을 고립·봉쇄조치를 취한다.(= 응전) 그리고 2013년 인공위성 궤도 진입 성공과 제3차 핵실험에 성공, 미국에게 승리했다.(= 수평화)

2. 미국 응전의 실패: 2003, 2006, 2013년 북한 핵의 세계무력 네트워킹
: 핵을 가진 오랑캐국가(= 중국)와 핵 무력 아카데미국가(= 미국)

1) 북한 핵 무력의 기원:
한국전쟁 · 냉전 · 정전체제 · 미국 핵 무력

역사적 맥락(historical streamings)에서 볼 때, 북한에게 미국 핵 무력의 정체성은 세계 제2차대전의 종결무력이자 제국주의 미국 패권의 현상적 실체였다. 또 한국전쟁을 공포의 심리전장으로 몰아넣은 로고스 게임(logos game)의 진원이자, 한국전쟁 이후부터는 끊임없이 김일성 체제를 공포(bunus fear) 속으로 위협하는 것이었다. 따라서 북한 핵 무력의 기원은 미국 핵 무력에 있고, 한국전쟁과 냉전을 거치면서 소련과 중국 핵 무력이 미국 핵 무력을 대리 억제하여 주었으나, 냉전와해와 함께 자생적 · 독자적으로 개발하여 보유해야 하는 자위적 안보무력으로 그 지위와 역할이 주어졌다.

한국전쟁은 핵 체제하에서 수행된 전쟁이었다. 중공군과 북한군은 핵 무력의 절대무력적 성격이 빚어내는 공포의 심리전(bunus fear)의 위력을 절감해야 했다. 이때의 학습과 경험은 구소련연방의 해체와 함께 북한이 1993년 핵개발의지를 선언하고, 대미국 공갈과 협박, 도발과 침묵, 협상과 지연전술을 펼치면서 핵개발과 진화를 위한 시간 쟁탈전쟁, 즉 진리성 입증게임(logos game)으로 재현된다. 그 양상은 전반기는 북한이 핵개발 능력이 있는가? 없는가?라는 공방전(북-미 직접협상, 1994-2002년)으로 나타났고, 후반기는 북한이 핵 무력 진화와 로켓실력이 있는가? 없는가? 의 게임양상(6자회담, 2003-2013)으로 전개되었다.

미국은 1945년 제2차 대전 종식 이후 세계중심축 국가로서의 지위와 역할에 국가의 운명노선(vector)이 획정되어 있었다. 국제정세는 탈냉전과 소련붕괴, 독일통일, 중국의 노선선회에 따라 엄청난 변동을 겪고 있었다. 북한 김일성-김정일 체제는 1991년부터 닥쳐온 대내외적인 체제몰락 위기를 극복하는 승부수를 찾았다. 자생적인 핵개발을 통해 국가 미래운명을 '핵을 가진 경제강성대국'으로 설계했다.

북한 핵 무력은 첫째, 김일성 주체사상의 물리적 구현체로서 사상과 물리력이 융합되어 있다. 둘째, 완성된 핵 무력은 전 지구적 차원의 핵 아카데미국가로 네트워킹을 시도한다. 셋째, 북한 핵은 북-미관계에서 "미국 핵과 운명을 함께(with)하겠다"는 미래 벡터를 자증하고 있는 물성적인 네트워크의 총화에 해당한다.

핵 무력은 북한 국가운명의 미래 벡터를 '핵 무력 아카데미 국가(Nuclear academy nation)'로 네트워킹 한다. 북한 핵 무력의 운명정체성의 미래상은 "핵을 보유한 경제강성대국"이라는 북한의 국가목표이자 백터로 디자인되어, 미래를 자증하여 주고 있다. 북한의 미래상은 주체사상(= 선군사상)과 핵 무력 국가, 그다음은 경제회생이다. 결국, 북한의 미래 국가이념은 "핵 무력을 보유한 경제 강성대국"이고, 1945년 미국이 그랬던 것처럼, 2013년 이후 북한 핵 무력은 한반도의 평화 안보를 위한 물적 체제이자 기구라는 기본적인 인식을 기반으로 하고 있다.

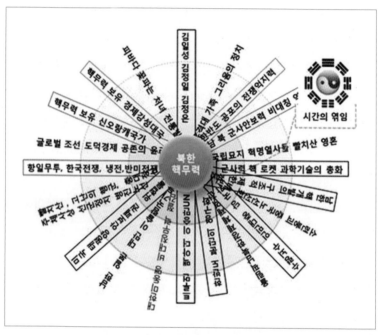

[그림] 핵 무력의 북한 국가정체성 구현 도해

북한 핵은 미국과 중국 모두에게 태평양의 세력균형과 국가이익 관계에 크나큰 상수의 출현을 의미한다. 중국으로서는 현실적 변강(邊疆) 딜레마이다. '핵 무력 북한'은 '역사적 혈맹의 동지국가'에서 '중국을 위협할 수 있는 상수(常數)'로서의 '핵을 가진 변강 오랑캐 국가'의 영구화에 해당한다. 새로운 변방 국가는 자주적 외교노선과 안보역량에 따라 기본적으로 '친미연중노선(親美聯中路線)'을 설정하고, 이 노선에 따라 중국과 미국 간의 갈등적 편승외교를 펼친다면 중국으로서는 최악의 변강상황이 발생하게 된다.

미국으로서도 딜레마이다. 미국에게는 '핵 무력을 보유한 북한'이란 체제는 '침공할 수 없는 강한 안보국가'에 해당한다. 그렇다고 북한의 핵을 인정할 경우에는 남한과 일본, 대만의 핵무장에 대의 명분을 제공하게 되는 현실적 고뇌의 핍진성이 맞닿아 있다.

따라서 미국은 북한에게 협상과 위협을 병행하며, 중장기적 관점과 입장에서 핵동결과 공동관리 체제를 이끌어내는 전략으로 전환할 수밖에 없다. 왜냐하면, '핵 무력 북한'은 태평양권에서의 미국의 사활적 국가이익에 대한 현실화된 위협으로 전환되었기 때문이다.

특히 미국이 상대적으로 소홀하고 취약한 지역인 중동 국가군이나, 아프리카 국가군, 남미의 국가군으로 북한의 핵 기술과 노하우, 혹은 핵 프로그램이 학습되고, 전수되고, 이동되는 상황이 발생한다면 전 지구적인 핵 편재화라는 딜레마에 봉착할 수 있다.

북한 핵 무력은 미국을 우선적인 대화와 협상국가로 선택할 수 있다는 외교적 지위와 권력과 자신감을 부여했다. 현재 미국은 북한 핵을 인정하지 못하고 폐기시키겠다는 입장이고, 중국은 북한 핵을 자신들이 핵수레가 되어서 싣고 가겠다는 입장에 설 수밖에 없다. 미국은 미-중-러-영국-프랑스 등 기존 핵 카르텔 국가들의 핵 무력만을 인정하고, 이들에 의한 **핵 독점관리의 원칙**을 갖고 있다. 이 같은 미국의 전략은 모든 힘이 미국으로 향한다는 점에서 구심형적 패권의 성격을 띤다. 따라서 핵 무력은 북한에게 동북아 안보와 세력균형에 새로운 국면의 생성이자, 새로운 맥락으로의 전

환이라는 지위와 역할을 부여하고 있다. 북한 자신조차도 초기에는
이와 같은 핵 무력이 지닌 국제무력으로서의 외교적 역량과 잠재적
위력을 인지하지 못했다.

요컨대 북한 핵이 미국패권에 미친 함의는 ① **전쟁의 성격 전환,**
② **군산복합체의 무의미화, ③보병군사력의 무의미화, ④태평양권**
세력변동이라는 환유적 학습을 낳고 있다. 중국에게는 북한 핵 폐
기를 위한 목적으로 구성된 6자회담을 주도하는 동안 중국이 의장
국으로서 홀로 누려 왔던 국가이익에 대한 반성적 국면이 도달했다
고 할 수 있다.

중국의 입장에서는 '북한의 핵 보유'는 중화민족을 거스르는 '**핵**
을 가진 변강 오랑캐 국가'의 출현을 의미한다. 김정일 국방위원장
의 유서에도 적시되었듯이 북한체제는 공시적인 적으로는 미국, 통
시적인 적의 개념으로는 중국을 표적화하고 있다. 중국에 대한 역
사적 긴장관계와 김정은에게 전하는 경고적 성격을 담고 있다.

2) 2013년 북한 핵 완성 이후 국가 정체성의 변동

북한의 국가 운명정체성과 그 벡터는 표면적으로는 미국의 침략
위협으로부터 자위적·자생적 안보인 핵 무력을 보유한 뒤 경제적
강성대국을 실현한다는 데 있다. 2009년 2차 핵실험 단계에 이르
면 **"한반도 안보의 주도권을 쥔 행위자는 누구인가?"**라는 질문에
봉착하게 된다. UN 등 국제기구와 유엔헌장과 부속 협약에 따르
면 미국은 한반도에 주권을 주장할 수 없다. 즉, 행위자로서 북한
핵 무력은 한반도의 안보 주도권을 한미동맹에게서 빼앗아서 북한

에게로 넘겨 버린 것 아닌가?라는 역설적인 질문과 분석이 제기된다. 강조하자면, 핵 무력은 자기충분적이고 자기조직적이며, 전쟁의 절대무력적 위력을 가진 안보체제이자 기구이다.

김일성·김정일·김정일 체제의 핵 개발과 보유는 지구차원에서 핵 무력과 핵 무장 국가의 지위와 역할과 기능에 대한 재인식이라는 거대한 학습효과를 불러왔다. 북한에 대한, 남한의 주도권과 영향력은 '민족'에 천착하여 갈 때에만 직접 연관된다. 자칫하면 남한은 핵 체제 중심의 국제정치 정세 속에서 국가정체성의 보트-피플(boat-people) 신세로 전락할 수도 있다.

핵 무력이라는 거대 행위자와 결합한 북한이 북·미 간, 북·중간, 북·러 간 외교역량을 강화하여 가는 동시에, 한반도의 안보 주권 역량을 강제화할 경우, 한국이야말로 반쪽의 섬(isolated island, half-korea)으로 고립될 수 있다. 숨은 행위자(hidden actor)로서 시간과 핵 무력은 북한 핵 역량을 한반도 안보 주도권자로서 세워 가고 있다. 미국은 북한과의 직접 대화의 시간과 기회를 늘려 갈 수밖에 없고, 자칫하면 20, 30년 뒤에는 남한으로선 '한미동맹과 민족'이라는 두 개의 고리를 모두 놓치고 '국가운명 정체성의 초토화'를 초래할 수 있다.

필자의 분석대로라면, 2013년부터 북한은 핵 실력을 입증한 뒤 이제 미국에게 말을 넘어서 행동을 강요하는 단계에 이르고 있다. 질문은 "미국은 북한 핵을 인정하느냐, 안 하느냐"라는 질문의 단계를 넘어섰다. "미국은 북한 핵과 함께(with)갈 것이냐, 아니면 방치할 것이냐"라는 핵보유국 관리체제의 선택지를 묻고 있다.

이 질문은 북-미 간의 핵 실력 최전선 격돌의 마지막 단계이자,

핵 무력 간 상호작용과 공명의 시작이라고 할 수 있다. 그리고 미국으로선 북한 핵 무력을 인정하지 않을 방법이 없다. 북한을 침공할 수도 없고, 북한 체제는 지난 20년간 무너지지 않았다. "북한 핵무력은 주체사상의 물리적 구현으로 정의된다. 핵 무력은 주체사상의 현실화(Realizing), 구현(Embodying), 생성(Becoming)"을 의미한다. 생성에는 언제나 현재진행형인 'ongoing'을 붙여야 한다.

특히 부시 행정부와 김정일 체제 간에 전개된 최전선 격돌양상은 '시간은 우리 편'이라는 북·미 간 진리성 입증과정에 해당한다. 미국은 "시간이 흐르면 북한체제는 무너진다"는 가설을 세워 놓았고, 북한은 "시간이 흐르면 핵은 진화하고 미국은 협상의 장으로 나오게 되어 있다"는 정반대의 논리를 이어 갔다. 냉전종식 최전선 격돌과정이었다. 그리고 시간은 북한 편으로 입증되었다. 따라서 한반도에서 북·미 안보 주도권은 북한에게 돌아갔다. 트럼프 북미정상회담 수용이 그 증거이다.

3) 승리 이후:
출구전략, 핵 무력이 강제하는 한반도 영구 평화체제

핵 무력은 북한의 국가운명 정체성으로 네트워킹 되어 한반도와 동북아의 세력균형과 안보 권력 질서를 재편하고 있다. 북한 핵 무력은 남한, 미국, 중국 등 관련국들에게 인식의 전환과 새로운 대응책의 모색을 강요하고 있다. ① 한반도 안보주도권은 북한에게 넘어갔고, ② 중국에게는 핵 무력을 보유한 오랑캐국가의 탄생이며

③ 미국에게는 미국패권의 위협인 핵 무력 아카데미국가의 출현이다. ④ 무엇보다도 북한 핵은 세계경제 12위권 강국 한국에게 독립적인 핵 보유의 필요성을 유혹하고 있으니 미국으로선 딜레마이다.

첫째, 한반도는 핵 무력체제가 강제하는 평화, 공포의 억지가 구축되었다. 한반도에 더 이상 냉전적 사고와 전략, 그리고 철제무력체제하의 전쟁의 개념이 적용되지 않는다.

둘째, 북한 핵은 (미·중·일·러·)한국에게 종이호랑이다. 김정일 유훈 요지는 "민족을 때리면 이겨 봐야 공멸"이라고 김정은에게 경고한다. 남한 김대중 정권은 이와 같은 김정일 체제 목표와 그 벡터의 키워드를 정확히 읽어 내고 남–북 관계보다는 '북–미관계 우위 전략'을 내세웠다. 그 결과 남·북·미 간에 창조적인 네트워킹 국면이 생성되었다. 2020년 현재 남·북(민족)우위가 북·미(한미동맹) 관계를 압도하고 있다.

셋째, 북한 '핵 무력'은 '자주의 역설'과 '동맹전이의 역설'을 통해 남·미·중 관계의 재정립을 강요하고 있다.

북한 핵은 미국에게, 대 중국 동맹전의 세력으로 편입시킬 것인가? 아니면, 한반도의 안보주도권을 북한에게 넘겨주겠는가라는 양자택일을 강요하고 있다. 또한 중국에게도 역설적인 질문, 북한을 친미국가로 내버려둘 것인가에 대한 답을 강요하고 있다.

넷째, 북한 핵 무력은 미국에게 핵 무력의 남한 전이, 일본 확산, 대만 확산을 환유·환기·유혹, 경고하고 있다. 북한 핵 무력은 중국에게도 어떤 경우이든지간에 이로울 것이 없고, 참견할 수도 없는 국제관계의 핵심적 변동 요인이다.

3. 소결: '한반도 핵 무력의 역설'에 걸린 남과 북의 실존적 비극은?

1) 현실: 미국은 북한·김정은을 때릴 수 없다

한국의 지식인들은 네 가지 현실을 직시해야 한다. ① 남한은 핵 무력 개발의 구조적 제한에 걸려 있다. ② 미국은 북한 핵과 김정은을 때리지 못한다. ③ 북한은 개혁개방의 구조적 제한에 걸려 있다. ④ 중국은 북한 개혁개방을 억지해야 한다.

북한 김일성·김정일·김정은 3대는 자주국방에 성공했다. 자주적·자생적·자위적 핵 무력 개발·진화·고도화에 성공하여, '먼저 침공하지 않는 한 침략받지 않는 나라'가 되었다. 남한·한미동맹이 먼저 북한을 때릴 수는 없다. 심지어 북한·김정은 체제에 급변사태가 일어난다고 해도 조·중 안보협약(1961년)에 의해 중국군이 북한에 자동진주할 경우에 한미동맹은 UN의 승인 없이는 북한에 진주할 수 없다.

북한의 국가정체성은 '핵 무력을 보유한 안보 강성대국'이 되었다. 북한은 전 세계 역사상 미증유의 '예외국가'에 해당한다. 핵 무력 체제화된 북한은 더 이상 인민민주주의의 공산주의 체제국가가 아니다. 핵 무력을 구현한 김일성 유일사상체계는 초종교적 군중집단사회가 되었다. 절대 왕조 세습국가, 유일사상 종교국가, 핵을 보유한 1인 절대 독재국가로 정체화되었다. 필자는 북한을 '핵 무력을 보유한 수용소국가'로 규정했다.

'북조선 민주주의 인민공화국'(DPRK)이라는 국호는 '인민의, 민주주의에 의한, 인민을 위한 공화국'이라는 뜻이다. 그러나 핵 무력을 완성한 2013년 이후 북한의 국호는 완전한 '허구'이다. 오직 김일성·제2대 김일성(김정일)·제3대 김일성(김정은)의, 수령에 의한, 최고존엄을 위한 명실상부한 김일성의 나라로 재탄생했다. 지구상에서 유일하게 영토·인민·1인 절대주권·사상체계·핵 무력을 갖춘 유일무이한 나라이다. 유일한 약점은 세계최빈국이라는 데 있다.

따라서 '김일성의 나라'의 미래 국가목표는 세계최빈국을 벗어나는 데 있다. 그 첫 단계는 미국과의 핵협상을 통하여 단계적으로 고립과 봉쇄를 풀어 가는 방안이다. 동시에 '동맹전이의 역설'로 중국을 자극하여 미국·중국에 북한에 대한 중요성을 유도·집중시키는 데 있다. 북한 외교의 원동력과 자신감은 시간과 전략의 일관성에 있다.

북한의 최고의 장점은 '생물학적 수명이 허락되는 한' 김정은 영구집권체제이기 때문에 전략과 정책에 일관성이 부여된다는 점이다. 미국은 4년마다 정권이 바뀐다. 중국은 미국의 변화에 따라서 영향을 받는다. 한국은 한미동맹에 종속된다. 따라서 권력의 영속성 면에서 북한은 미국·중국·한국에 대하여 절대적으로 유리한 입장에 선다. 핵협상은 장기화되면 핵군축협상으로 변모하고, 북한핵은 "평화핵이라는 조건으로" 인정될 수밖에 없다. 시간은 북한·김정은 편이다. 다만, 현실은 미국도 중국도 핵 무력을 보유한 북한·김정은 체제가 세계최빈국을 벗어나는 것을 원하지 않는다.

한반도·한민족·안보주도권은 2013년에 김정은에게 이미 넘어갔다. 저명한 이춘근 박사 등 현실주의 계열의 전문학자들은 미국이 북한핵·시설·김정은을 때릴 수 있으리라고 기대하며 주장하고 있다. 단언컨대, 현실적으로 불가능하다. 물론, 미국이 북한을 때린다고 해도 북한은 99.99% 저항할 능력은 없다. 그러나 만에 하나 0.001% 경우의 수를 패싱할 수 없다.

첫째, 북한의 남한에 대한 핵 도발, 둘째, 조·중 안보협약 제2조 전시 자동개입조항(1961년)에 의해 중공군은 반드시 먼저 북한지역에 한미동맹에 앞서 진주한다. 0.001%가 99.99%를 제압하는 상황이 핵 무력 체제의 전쟁이다. 따라서 우리 한국 지식인들은 백지화와 원점상태에서 다시 남북안보와 통일전략을 재정립해야 한다. 현재, 문재인 정권의 한반도전략은 전통적인 자유민주주의 우방인 미국·일본·유럽 국가로부터 북한 핵의 승인·수용·포용 정책으로 오해받을 수 있다. 중국·북한에게는 치명적인 오판을 낳을 수 있는 잘못된 신호가 되며, 우방에게는 '배신'으로 평가될 수 있다. 또한 한국 국가정체성의 실종사태를 야기할 수 있다. 문재인 정권은 국민들로부터 '제2의 박헌영'으로 오해·오인되지 않도록 신중해야 한다.

결국, '북조선 민주주의 인민공화국'의 입장에서는 제3김일성(= 김정은)은 원조 김일성·제2김일성(= 김정일) 유일사상체계를 계승하여 핵 무력 고도화에 성공, 자주국방을 완성하고, 왕조 군사 유일 독재국가를 이룩한 **위대한 장군**이 되었다.

중국 헌법의 국가주석 연임 제한(2회) 조항이 철폐되었다. 이와 함께 시진핑 주석은 종신집권의 길이 열렸다. 시진핑은 2012년 주석직에 취임했고 2022년이면 10년 임기가 끝난다. 그러나 2017년 10월 19차 공산당 당 대회 때부터 임기 연장 가능성이 제기됐고, 2018년 3월 5일 전국인민대표대회(전인대)에서 시진핑이 맡고 있는 공산당 총서기와 중앙군사위원회 주석직의 임기제를 폐지하고 헌법선서문에 '강국몽(强國夢)'을 추가하는 헌법 수정안이 통과됐다. 이로써 시진핑의 위상은 영구집권체제를 갖추었다.

필자는 시진핑의 종신집권 체제는 북한 김일성·김정일·김정은 3대 세습체제의 벤치마킹으로 여긴다. 중국 덩샤오핑 체제가 박정희 독재 근대화를 학습하여 중국에 적용한 사실은 널리 알려져 있다. 시진핑은 북한 김일성 유일사상체제를 중국에 도입하고 있다. 2018년 이후 중국에서는 북한과 똑같은 형태와 양상으로 시진핑 신격화, 정치탄압, 언론 통제, 기독교 등 종교탄압 등이 함께 추진되고 있다. 시진핑은 마오쩌둥 영구집권의 꿈을 김일성식 유일사상 체계의 중화적 변형을 통해 시진핑 몽(dream)으로 시도하고 있다.

우리 한국 지식인들은 냉철하게 들여다봐야 한다. 북한이나 중국은 이미 마르크스레닌이 말한 사회주의 시스템의 궤도를 이탈·초월한 전혀 다른 그 어떤 체제로 나아가고 있다. **시진핑의 중국 몽, 김일성 주체종교·핵 무력 국가**는 공산당 일당 1인 영구집권 체제라는 공통점을 안고 있다. 히틀러의 나치즘·무솔리니의 파시즘·일본 천황 군국주의와 본질상 다를 게 없다.

여기에서 우리는 선인·이승만의 관점을 되돌아봐야 한다. 이승만은 모든 전체주의는 독재자를 요구한다고 경고했다. 나치즘, 파시즘, 일본군국주의와 공산주의를 성경 요한계시록의 붉은 용으로 비유하며 적대시했다. 북한 핵 무력은 우리가 현실적·외교적으로 극복할 수 있는 딜레마이다. 따라서 지레 겁을 집어먹거나 민족·자주라는 감성적 언어에 매몰될 경우, 방향성을 잃고 국가정체성 실종사태에 이를 수 있다. 그렇다면 이제 김정은 딜레마는 무엇인가를 찾아 정리해 보기로 한다.

2) 김정은 딜레마(핵 무력의 역설): '핵 체제, 개혁개방의 구조적 제한'

우리 한국의 수많은 지식인들은 속아 왔다. "중국은 '원칙적으로' 북한·한반도의 비핵화를 원한다"는 레토릭이다. '원칙적으로는' 허사이다. 중국은 북한 핵 무력 보유 유무에 개의치 않는다. 2003년 어리석은 미국·부시, 한국·노무현이 중국·후진타오에게 북한 핵 개발 억지를 위한 주도국 지위를 부여했을 때, 중국은 내심 만천과해·천재일우의 기회를 잡았다고 쾌재를 불렀을 것이다. 그리고 10여 년간 연평균 7% 이상의 경제성장을 구가했다. 반면, 미국·클린턴, 한국·김대중과 북한·김정일은 경악했을 것이다. 노무현과 부시노선을 확인한 김정일은 미국과 핵 개발을 위한 최전선 로고스게임을 벌여가며 숨겨진 시공간 속에서 핵 무력 개발을 진화시켰다.

2012년 12월 12일, 2013년 2월 12일, 김정은은 인공위성(은하 3호) 우주궤도 진입 성공과 제3차 핵실험을 강행, 전 세계를 경악시켰다. 뿐만 아니라 2020년 오늘까지 6자회담 주도국 중국은 "북한 핵개발 저지, 핵 억지, 미북 핵 협상을 위해 종이 한 장 나른 사실이 없다." 뒤늦게 이 비참한 현실사태의 심각성을 깨달은 미국은 대중국 전략과 정책 전반을 선회한다. 2018년 트럼프행정부에 의해 개시된 미중패권전쟁의 인화점(flash point) 중 하나이다. 중국의 역사적 딜레마는 미국과는 달리 자기 충분성의 대륙연합국가가 아니라는 데 있다. 중국은 사실상 98%의 한족 단일종족 국가이면서 정치·경제·문화적으로 통합되었다고 할 수 없다. 경제가 무너지면 대륙은 언제나 원심력이 작동되고, 흔들리게 된다.

그렇다면 중국에게 북한 핵 무력은 무엇인가? 중국은 북한 핵 무력은 **'한반도 보초병'**으로 간주한다. '어리석은 보초병 북한'이 핵을 매개로 하여 미국과 지속적인 긴장관계를 유지해 준 덕분에, 중국은 WTO와 미국시장에서 최혜국대우를 누릴 수 있었다.

그러나 2013년 북핵의 완성과 함께 중국의 '굴러들어온' 향략 생활도 끝났다. 북한은 핵을 보유한 오랑캐국가로 그 위상이 정립되었다. 북·중 관계는 고구려부터 조선까지 침공과 조공으로 이어진 역사적 긴장관계이다. 한국전쟁 이후 실례로 1958년 중국 마오쩌둥은 결코 북한으로부터 중공군 철수를 원하지 않았다. 이후 북한은 주체·수령의 길을 걸었고, 중·소 사이에서 등거리 외교를 펼쳤다.

'핵 체제 오랑캐국가 북한'은 미국과 중국에게 모두 위협이다. 이승만이 옥중에서 번역한 『청일전기』는 말해 준다. 청과 일본의 전쟁의 본질은 사자와 하이에나 떼의 '임팔라', 한반도 뜯어먹기이다. 북한에게 미국은 당면한 적대국이라면, 중국은 잠재된 역사적 위협국가이다. 친중 실력자 장성택의 처형과 친형 김정남의 암살, 시진핑 주석취임식이 있던 2013년 초의 핵실험 등 강력한 대응조치가 입증한다. 2013년에 들어와서야 미국 조야는 깨닫고 공감한다. 중국은 공산당 일당 시진핑 영구집권 체제 공산주의국가, 즉 중공이라는 사실을 인식한다. 2018년 본격화된 트럼프 미행정부의 미중 패권전쟁의 인화점은 북한에 있다.

미국으로선 비핵 북한을 껴안아 친미국가노선을 지향할 결정적 기회를 두 번 놓쳤다. 1994년 김일성 사망 당시 김정일을 온전히 포용했거나, 2003년 부시 미대통령이 김대중·김정일·클린턴 간에 맺어 놓은 프로그래스를 계승하여 추진했다면, 10년 뒤 2013년의 상황은 없었다. 부시는 아랍사회에는 전쟁광이자 한반도에는 실패한 외교의 장본인으로 꼽힌다.

이와 같은 현실인식을 토대로 할 때 김정은의 딜레마는 확연히 드러난다. 중국은 북한·김정은이 개혁개방·비핵화·친미국가·한미동맹 속의 남북경제협력이 되기를 바라지 않는다. 중국은 북한이 미국과 긴장관계를 지속해 주고, 그 대가로 중국은 북한에게 간당간당 체제유지만 할 정도로 지원·교역하겠다는 입장이다.

핵을 보유한 북한·김정은이 경제부흥까지 성공한다면 중국에게는 고구려와 같은 결정적 위협요인이 될 것이라는 두려움이 있을 것이다.

미국의 입장은 트럼프 행정부에 들어와 인식의 전환이 이뤄졌다. 중국을 적대국가로 인식하면서 북한이라는 존재성은 일단 껴안을 수도 있는 '비핵화와 친미국화의 대상'이 되었다. 베트남이 그 본보기이다. 트럼프가 베트남 사례를 강조한 이유도 여기에 있다.

결론적으로 김정은의 유일한 출구전략은 미국, 더 좁게 말하면 한국뿐이다. 한국을 통하지 않고서는 미국과 결합할 수 없다. 한국의 협력은 북·미 간에 북한 핵 포괄적 협상과 폐기에 대한 신뢰구축이 없이는 불가능하다.

좌파 문재인 정부가 북한을 지원하려고 해도, 한국민들의 동의, UN·IAEA(국제원자력기구)·NPT(핵확산방지조약), 한미동맹의 동의, 한국기업의 자발적 참여가 없이는 불가능하다. 불확실성 자체인 북한을 신뢰할 그 어떤 기업도 없다. 그렇다고 트럼프의 제안을 수용하여 쉽사리 개혁개방노선을 선택할 수도 없다. 개혁개방은 필연적으로 남한의 자본과 자유문명의 유입이 필연적이다. 특히 기독교는 북한 김일성 유일사상체계를 일소할 수 있는 신앙·정신방면의 핵무력이다. 김정은의 핵심적인 딜레마는 여기에 있다. 김정은은 사실 **'개혁개방의 구조적 제한'**에 걸려 있다.

설상가상으로 핵 무력을 깔고 앉았더라도 시간을 이겨낼 수 있는 장사는 없다. 고립과 봉쇄는 국내정치의 반동을 불러오고, 시간은 조금씩 김정은 체제의 권력을 갉아먹고, 부식되게 한다. 미국·트럼프는 중국·시진핑의 정체성, 북한·김정은이 쥔 카드와 딜레마를 모두 읽었다. 미·중 패권전쟁의 부상과 함께 북한 핵은 종속변수로 밀려나는 현상이 이를 반증한다.

한국 핵안보전략의 권위자 조성열 박사는 "(미중패권전쟁과 함께) 북한 핵이 '패'로 전환되었다"고 지적했다. 패란 상수가 아닌 종속변수이다. 조성열은 미중패권전쟁의 양상에 따라 북한 핵은 중대한 기로에 설 수 있음을 간파했다. 그러나 그의 분석과 전략이 문재인 정부의 안보·외교·통일 전략에 반영되는 것은 또 다른 차원의 문제이다.

미국·트럼프는 중국·시진핑에게 북한 핵의 완성은 바로 중국의 비호 때문이라며, 2003년부터 2013년까지의 10년 동안의 책임을 되묻고 있다. 2020년 현재 중국·시진핑은 북한·김정은에 대해 동맹도 적도 아닌 어정쩡한 태도를 취하고 있다. 시진핑은 2017년 트럼프와 가진 플로리다 첫 정상회담에서 북한을 역사적인 중국 속국으로 표현하며 자신감을 보였다가, 김정은으로부터 제6차 핵실험을 당한다. 미국은 중국이 대륙의 형님(big brother), 김정은의 후견국가도 아닌, 알고 보면 아무것도 아닌 '허풍선'의 공산당 일인집권 전체주의 체제라는 실체적 진실을 알아 버렸다.

트럼프는 전 세계 언론의 집중조명을 받으면서 전용열차로 대륙을 내려와 만난 김정은과의 회담을 결렬시켰다. 그 표면적 이유는 "단계적 해법인가, 포괄적 해법인가(small or big deal)"였으나, 그 심층적인 메시지는 "시간을 줄 터이니, 당신(= 김정은)은 지금까지 후견인·시진핑과 미래의 큰형님·트럼프 중 한 사람을 선택하라"는 고뇌스런 숙제를 안겨 줬다.

김정은이 2019년 2월 27일 베트남 하노이 협상결렬의 충격·분노·박탈감을 삭이고, 6월 30일 판문점 번개 정상회담을 수렴하여 만난 사건이 그 증거이다. 미중 패권전쟁의 세계적 상수화 속에서 미국에게 북한 핵은 종속변수에 불과하다. 한국정부가 종속변수를 상수로 착각한다면 한미동맹과 인도태평양 안보전략에 막대한 손실을 자초한다. 강조컨대, 김정은의 딜레마는 유일한 출구전략은 남한뿐이라는 데 있다. 한국이 하기에 따라 북한·김정은도 고뇌할수밖에 없다. 대화·협상·평화 일변도의 문재인 대응·전략은 세계정세의 변동추세를 읽지 못하고 있다는 점에서 이미 실패하고 있다.

IV.

이승만의 나라 · 김일성의 나라
국가 · 역사정체성 비교

1. 김일성의 나라:
핵 무장한 김일성 3대 왕조 소유 교도소국가

북한 국가정체성의 성격은 주체성·일관성·보편성·유기성·현장성 5가지로 분류된다. 김일성 유일사상체계에 따르면, 북한의 국가정체성은 인간의 자주성과 공산당 계급민족 주체성을 기반으로 항일빨치산 투쟁기를 통해 운명화되었고, '남조선 해방전쟁' 이후 미국이라는 제국주의에 대항하여 줄기차게 투쟁해 온 일관성과 지속성을 축적하고 있다.

김일성 주체사상의 요체는 결국 인간의 자주성의 실현이라는 점에서 보편성을 갖는다. 수령(= 뇌수 = 장군 = 전쟁의 신)이 국가와 전쟁의 일상화체제를 지휘·주도하고, 당·군·국가시스템과 인민대중이 반려적 역할을 수행한다는 점에서 유기성을 지닌다. 그리고 끊임없이 변동하는 국제구조환경과 한반도라는 지역단위 안에서 다양성·개별성·복합성을 지닌 미니 전쟁게임을 촉매제로 추동하는 현장성을 지니고 있다. 따라서 북한은 전쟁 상시화 체제국가이다.

북한은 한반도·한민족 분단국가이다.(민족·유기, 변강정체성)

북한은 중국·남한·러시아·미국·일본 등 강대국의 안보변강국가이다.(국제정체성)

북한·김일성은 분단과 해방의 시공간에서 소련·스탈린 체제의 아바타정권이다.(역사정체성)

북한·김일성은 공산주의·공산당 깃발 아래, 소련과 중공을 끌어들여 한민족 대량 살상 전쟁을 일으켰다.(역사, 이념, 민족정체성)

북한은 핵 무력을 보유한 중국의 변방 오랑캐국가이다.(역사, 역할정체성)

북한은 핵 무력을 보유한 반미·잠재적 핵 아카데미국가이다.(역할정체성)

북한·김정일은 김일성 유일사상체계 종교국가이다.(유형, 민족, 문화, 역사정체성)

북한 핵 무력은 김일성 주체사상의 물리적 구현이다.(국가, 이념정체성)

북한은 핵 무력과 야만이 공진하는 군선 전체주의 국가이다.(집단정체성)

북한·김정은 체제는 지구상 유일한 핵 무력을 체제화한 절대왕조·주체사상교·전체주의·군사독재·1인영구집권체제 국가이다.(국가, 집단, 유형, 역할정체성)

북한·김일성·제2김일성(= 김정일)·제3김일성(= 김정은)은 모두 똑같은 최고 존엄(= 원수님 = 수령님 = 장군님)이다.(역할정체성)

북한은 세계 최빈국·초종교·수용소·반인권안보·은폐국가이다.(유형정체성)

○ 박요한 박사 정리:

"'조선 민주주의 인민공화국'은 핵무장화 된 김일성 · 제2김일성(= 김정일) · 제3김일성(= 김정은)의 개인소유 왕조국가이다."(국가정체성)

2. 이승만의 나라:
세계 12대 첨단과학강국, 아시아 기독교 총본산 국가

한국 국가정체성의 성격은 자유성·다양성·창조성·유기성·현장성 5가지로 분류된다.

한국 건국의 4대원리는 기독교 입국론, 민주주의, 시장경제, 그리고 한미동맹이다. 2019년 문재인 정부는 상하이 임시정부를 건국으로 삼아야 한다고 주장했다. 역사철학의 무지·부재가 낳은 오류이다. 국가란 영토·국민·주권·국제승인 외에도 그 기축에 해당하는 건국원리가 포함되어야 한다. 건국원리는 국기(國基)에 해당한다. 상하이 임시정부는 '항일 국권회복 투쟁'이라는 한시적 목표는 있었으나, 통시적인 국기를 결여했다.

대한민국의 국가정체성은 좌파와 우파와 친일파 등이 모두 참여하여 치열한 생존투쟁·역사논쟁·권력투쟁·한국전쟁을 거치면서 성립되고, 유엔이 주관·참관·감독한 선거에 의해 탄생하고, 유엔이 승인한 한반도·한민족 유일한 합법적 정부이다.

그 정신은 기독교에 입각한 자유민주주의체제·시장경제였고,

한국전쟁을 거치면서 한미동맹으로 확장된다. 기독교정신인 자유와 평등과 창조성을 가진 인간존엄성, 삼권분립과 시장경제의 유기성, 분단·전정국가의 특징인 전쟁과 평화가 공진하는 현장성을 모두 지닌다.

제헌국회는 이윤영 목사의 기도로 시작되고, 초대 대통령선서는 성경과 하나님에 대한 선서로 시작되었고, 애국가에는 '하나님의 보우하심'이 명시된다. 건국 당시 30만에 불과했던 개신교 크리스천 인구만 해도 2010년 현재 1,300만에 육박한다.

4대 건국원리 속에서 한국은 자유성, 다양성, 창조성, 유기성, 현장성을 지닌 역동적인 사회로 진화하고 있다. 한국전쟁을 딛고 맺은 한미동맹은 경제화집중노선의 기반이었다. 박정희 산업화·김대중 민주화를 기반으로 자유롭고 활기찬 다이내믹코리아를 실현해 가고 있다. 박정희 산업화는 새마을운동과 "우리도 한번 잘살아 보세"라는 구호와 민족중흥의 길이라는 모토 아래, 한일수교·베트남전 참전·미국시장개방의 계기를 열며 인프라구축·자동차·철강·화학·조선 선진화를 이룩했다. 김대중은 IMF환란 위기와 국가구조조정의 심각한 상황 속에서도 김종필·박태준과의 공동정권의 역할분담 속에서 금 모으기 운동 등 국민을 한마음으로 일으켜 위기를 극복하고 정보통신강국·반도체강국·의료 선진강국의 토대를 구축한 현재진행형의 현장국가이다.

한편, 김대중 이후 노무현 정부부터는 정권교체기마다 전 정부의 전략과 정책노선을 논바닥 뒤집듯이 갈아엎어 막대한 국가동력을 낭비한다. 노무현의 세종행정도시 건설론과 국가균형발전론에 따른 생산동력들의 원심화, 이명박의 경부대운하·4대강 개발사업의 후폭풍·해외자원개발 등은 이후 정권에게는 시한폭탄이 되어 이양되고 있다.

이 같은 실패도 모두 다양성·자유성·창조성에서 비롯된다면, 창조적 동력으로 전환될 수 있어야 한다. 후술하겠지만, 좌파와 우파의 진영대립은 거의 망국적인 수준과 수위, 규모에 이르렀다. 한마디로 이승만의 나라는 한미동맹이 없으면 두 갈래로 분단될 나라이다.

한국의 정체성은 분단된 한반도·한민족 국가이다.(변강, 역사, 민족 정체성)

한국은 기독교 입국·자유민주주의·시장경제·한미동맹의 국가이다.(유기적, 집단, 유형정체성)

한국은 한민족을 중심으로 한 다문화 융합국가이다.(민족, 문화정체성)

한국은 한미동맹을 중심으로 한 한·미·일 집단안보체제의 국가이다.(집단, 역할, 유기정체성)

한국은 미국핵우산·핵개발 구조적 제한의 국가이다.(핵 무력 정체성)

한국은 신흥경제강국·조선·자동차·철강·화학·정보통신·반도체 강국이다.(집단, 유기, 역할정체성)

한국은 자유·인권·법치·범인류적 가치가 보장되고 지향하는 국가이다.(유형, 집단정체성)

한국은 북한핵 딜레마에 처한 국가이다.(핵 무력 정체성)

한국은 북한·미국·중국·일본에 에워싸인 고립된 섬나라와 같다.(변강, 유형정체성)

○ 박요한 박사 정리:

한국은 한반도비핵화와 통일전략에 대한 국민적 통합대안을 갖추지 못하면, 국가정체성 실종상태의 위기에 처할 수 있다: 한국은 고립된 섬이다.

실사구시의 정신으로 다시 쓰인
대한민국 현대사가 뜻있는 분들의
생각의 장(場)이 되기를 희망합니다!

권선복
(도서출판 행복에너지 대표이사)

대한민국의 지난 역사는 그야말로 '격동의 시대'라는 말이 부족함이 없을 정도입니다. 문명의 격변과 민족의 수난을 거쳐 잿더미가 된 국토 위에서 시작해서 세계 경제규모 10위권에 빛나는 동아시아 강국으로 우뚝 서기까지의 과정은 그야말로 놀랍습니다.

이렇게 복잡하고 역동적인 역사가 펼쳐진 한반도이기에 현대사를 바라보는 사람들의 시각 역시 극단적으로 나뉘곤 합니다. 대립되는 관점에 따라 특정 인물과 사건은 크게 조명되고, 반대되는 인물과 사건은 의도적으로 지워지거나 폄훼당하기도 합니다.

이 책 『이승만의 나라, 김일성의 나라』를 쓴 저자 박요한 박사는 역사, 특히 대한민국의 근현대 역사를 바라보는 관점에는 반드시 실사구시와 시대정신이 함께해야 한다고 이야기하면서 단순히 관성적인 분류로 역사를 바라보는 의식을 비판합니다. 그리고 이러한 관점에 따라 독립된 대한민국의 첫 번째 대통령, 우남 이승만 박사에 대한 분석을 중심으로 대한민국의 근현대사를 새롭게 짚어 나갑니다.

특히 이 책은 한반도의 시간 흐름에 대응되는 세 가지의 주제를 통해 이승만 전 대통령과 한반도의 역사에 대한 분석을 전개합니다. 이승만 전 대통령의 독립 조국에 대한 개념과 이상이 첫 번째 주제, 뒤이은 박정희·김대중 전 대통령이 그의 이상을 어떤 방식으로 계승하였는지가 두 번째 주제, 마지막으로 미중패권전쟁과 북핵고착화의 현실 속에서 미국과 러시아, 일본, 중국, 북한을 동시에 상대해야 하는 대한민국이 이승만 전 대통령에게 어떤 교훈을 얻어야 하는지가 세 번째 주제라고 할 수 있을 것입니다.

"역사는 과거와 미래의 대화"라는 말처럼 하나의 역사에는 많은 해석이 존재합니다. 역사와 그 해석에 대해 끊임없이 연구하고 고뇌하며 비판하거나 또는 받아들이는 것은 더 나은 미래를 위한 현대인의 책무이기도 합니다. 실사구시의 정신으로 대한민국 현대사를 다시 바라보는 이 책 『이승만의 나라·김일성의 나라』가 조국의 역사에 대해 관심과 뜻을 가진 분들에게 치열한 생각의 장(場)이 될 수 있기를 소망합니다.

도서출판 행복에너지의 책을 읽은 후 후기글을 네이버 및 다음 블로그, 전국 유명 도서 서평란(교보문고, yes24, 인터파크, 알라딘 등)에 게재 후 내용을 도서출판 행복에너지 홈페이지 자유게시판에 올려 주시면 게재해 주신 분들께 행복에너지 신간 도서를 보내드립니다.

www.happybook.or.kr
(도서출판 행복에너지 홈페이지 게시판 공지 참조)

장기표의 정치혁명

장기표 | 값 20,000원

저자는 지금 우리 사회에서 소모적인 갈등을 불러일으키면서 심각한 문제가 되고 있는 여러 문제들의 해법을 정보문명시대의 관점에서 제시하며 대안 없는 비판이 횡행하는 한국적 정치현실을 비판하고 있다. 한국 정치현실에 대한 예리한 비판과 함께 새 시대에 맞는 민주시장주의와 이에 기초한 정책을 강구해야만 모든 국민이 자아실현의 보람과 기쁨을 누리며 행복하게 살 수 있음을 밝히는 비전이 돋보이는 책이다.

명강사25시 - 세상을 향해 꿈을 품다

신경희 외 16인 지음 | 값 20,000원

사람에게 지식을 전달하는 사람을 강사라고 한다면, 사람을 감동시키고 변화시킬 수 있는 사람을 명강사라고 할 수 있을 것이다. '세상을 향해 꿈을 품다'라는 제목으로 새롭게 출간되는 이번 공저는 10여 년간 277명의 명강사를 배출한 교육의 산실 고려대 명강사 최고위과정 11기 수료 명강사들의 사람을 감동시키는 진실과 열정, 넘치는 인간미를 볼 수 있는 장이 될 것이며, 진정한 명강사란 무엇인지 생각해볼 수 있는 기회를 줄 것이다.

맑은 바다에서 긍정의 파도를 타다

이현숙 지음 | 값 15,000원

이 책에서 말하는 긍정이론은 언뜻 보기에는 평범하고 당연한 것으로 느껴질 수도 있다. 하지만 이 책이 가진 큰 사상적 특징은 긍정이야말로 인간의 지성과 감성, 인간이 만들어낸 학문과 종교보다 앞서서 존재하는 우주의 원리라는 점을 설파하고 있다는 것이다. 베트남 전쟁 상이군인인 남편과 함께 전쟁 트라우마를 극복하는 과정에서 체험과 감동으로 착안한 긍정의 진리는 우리의 삶에 매우 중요한 메시지를 전달할 것이다.

꽃으로 말할래요

임영희 지음 | 값 16,000원

임영희 시인의 제4시집 『꽃으로 말할래요』는 '꽃'으로 상징되는 자연의 다양성과 그 생명력, 거기에서 느낄 수 있는 근원적 아름다움에 대한 갈망을 느낄 수 있는 작품이다. 오로지 '꽃'이라는 소재를 사용한 160여 개의 작품으로 이루어져 우리나라에서 유일한 '꽃' 시집일 것 같은 임영희 시인의 『꽃으로 말할래요』는 우리가 오랫동안 잊고 있었던 미(美)에 대한 순수한 두근거림을 전달해줄 것이다.

그리워 한다고 말하지 않겠네

임영희 지음 | 값 16,000원

임영희 시인의 제3시집 『그리워한다고 말하지 않겠네』는 인간이라는 존재와 그 삶의 기저에 깔린 아름다움에 대한 시인의 탐미적 작품 세계를 잘 보여준다. 강렬하면서도 유미적인 시어로 전개되는 시인의 시 속에는 삶과 세상에 대한 날카로운 통찰과 초월적이고 이상적인 존재에 대한 강한 그리움이 동시에 존재하는 한편, 무엇보다 미래를 이끌어갈 새로운 세대의 삶을 응원하는 따뜻한 시선을 느낄 수 있다.

맨땅에서 시작하는 너에게

이영훈 지음 | 값 15,000원

젊은 사회적 기업가 이영훈의 자전적 에세이인 이 책은 맨땅에서 인생을 시작하는 청춘들에게 미래에 대한 희망과 충만감을 심어 주는 받침대가 되어 줄 것이다.
어린 시절 아버지가 돌아가시고 어머니는 떠나버려 동생과 함께 고아원에서 자란 과거는 언뜻 아픈 상처처럼 느껴질 수도 있다. 하지만 그럼에도 불구하고 이영훈 필자는 자신의 인생을 통해 따뜻한 마음과 활발한 개척정신을 이야기하며 우리를 도닥여 준다.

좌충우돌 교도소 이야기

정상규 지음 | 값 15,000원

같은 하늘 아래 살아도 대부분의 사람들은 전혀 모르고 살아가는 곳이 15척 담장 너머 사회에서 잠시 분리된 사람들의 공간, 교도소이다. 인생의 절반 이상을 교도관으로서 재소자들과 함께 지내면서 그들의 교정과 사회 복귀를 위해 노력해 온 정상규 필자가 보여주는 교도소 안 천태만상의 이야기 속에서 죄를 넘어선 인간에 대한 따뜻한 애정과 사회에 대한 예리한 통찰을 함께 느낄 수 있다.

세상에 그저 피는 꽃은 없다 사랑처럼

윤보영 지음 | 값 13,500원

2009년 대전일보 신춘문예로 등단하여 지금까지 19개의 시집을 낸 '커피 시인' 윤보영 시인의 이번 시집은 어떠한 기교 없이 담백하면서도 일상적인 언어로 우리의 가슴에 잔잔한 물결을 남기는 것이 특징이다. 우리가 평소 짧게 던지는 말들처럼 평범한 언어 속에 담긴 깊은 그리움과 감동은 우리가 일상에서 느끼는 모든 감정이 시의 재료이자 시 그 자체라는 것을 알려주는 동시에 이 책을 읽는 많은 이들에게 마음을 정화하는 행복에너지를 전달하게 될 것이다.

산에 가는 사람 모두
등산의 즐거움을 알까

이명우 지음 | 값 20,000원

등산 안내서기보다는 등산을 주제로 한 인문학 에세이라고 부를 수 있는 책이다. 등산의 정의와 역사를 소개하고, 등산이 가지고 있는 매력을 소개하는 한편 등산 중 만날 수 있는 유익한 산나물과 산열매, 야생 버섯과 꽃 등에 대한 지식도 담아 인문학적 요소, 문학적 요소, 실용적 요소를 모두 갖춘 등산 종합서적이라고 할 만하다.

감동을 팔고 직원들을 춤추게 하라

이수호 지음 | 값 18,000원

이 책은 '전주명가콩나물국밥'의 체인점주 사장 이수호 대표의 경영철학을 담은 따뜻한 에세이이다. 모든 것을 잃었던 필자가 '국밥집 사장'이 되면서 5년 만에 5개의 체인점을 갖는 등 성공의 반열에 오를 수 있게 해준 방법과 그만의 철학은 많은 이들에게 영감을 불러일으켜 줄 것이며 음식점 주인만이 아닌, 작은 사업을 하고자 하는 이들에게도 큰 도움이 될 수 있는 구성으로 그 가치가 빛난다.

Happy Energy books 좋은 원고나 **출판 기획**이 있으신 분은 언제든지 **행복에너지**의 문을 두드려 주시기 바랍니다.
ksbdata@hanmail.net www.happybook.or.kr 단체구입문의 ☎ 010-3267-6277

하루 5분 나를 바꾸는 긍정훈련
행복에너지

'**긍정훈련**'당신의 삶을
행복으로 인도할
최고의, 최후의'**멘토**'

'행복에너지
권선복 대표이사'가 전하는
행복과 긍정의 에너지,
그 삶의 이야기!

🛒인터파크
자기계발 분야 주간
베스트 1위

권선복 지음 | 15,000원

권선복

도서출판 행복에너지 대표
지에스데이타(주) 대표이사
대통령직속 지역발전위원회
문화복지 전문위원
새마을문고 서울시 강서구 회장
전 팔팔컴퓨터 전산학원장
전 강서구의회(도시건설위원장)
아주대학교 공공정책대학원 졸업
충남 논산 출생

책『하루 5분, 나를 바꾸는 긍정훈련 - 행복에너지』는 '긍정훈련' 과정을 통해 삶을
업그레이드하고 행복을 찾아 나설 것을 독자에게 독려한다.
긍정훈련 과정은 [예행연습] [워밍업] [실전] [강화] [숨고르기] [마무리] 등 총
6단계로 나뉘어 각 단계별 사례를 바탕으로 독자 스스로가 느끼고 배운 것을 직접
실천할 수 있게 하는 데 그 목적을 두고 있다.
그동안 우리가 숱하게 '긍정하는 방법' 에 대해 배워왔으면서도 정작 삶에 적용시키
지 못했던 것은, 머리로만 이해하고 실천으로는 옮기지 않았기 때문이다. 이제
삶을 행복하고 아름답게 가꿀 긍정과의 여정, 그 시작을 책과 함께해 보자.

『하루 5분, 나를 바꾸는 긍정훈련 - 행복에너지』

"**좋은 책을
만들어드립니다**"
저자의 의도 최대한 반영!
전문 인력의 축적된 노하우를
통한 제작!
다양한 마케팅 및 광고 지원!

최초 기획부터 출간에 이르기까지, 보도
자료 배포부터 판매 유통까지! 확실히
책임져 드리고 있습니다. 좋은 원고나
기획이 있으신 분, 블로그나 카페에 좋은
글이 있는 분들은 언제든지 도서출판
행복에너지의 문을 두드려 주십시오!
좋은 책을 만들어 드리겠습니다.

| 출간도서종류 |
시·수필·소설·자기계발·
일반실용서·인문교양서·평전·칼럼
여행기·회고록·교본·경제·경영 출

도서출판 **행복에너지**
www.happybook.or.kr
☎ 010-3267-6277
e-mail. ksbdata@daum.net